Brian Fleming, Research & Learning Library
Ministry of Education
Ministry of Training, Colleges & Universities
900 Bay St. 13th Floor, Mowat Block
Toronto, ON M7A 1L2

CHERS
VOISINS

Du même auteur

Ma rencontre avec un continent : écrits sur l'Afrique 1971-2011, Feu de brousse, Dakar, 2012.

Quel avenir pour la langue française ? Francophonie et concurrence culturelle au XXe siècle, Hurtubise HMH, Montréal, 2008.

Montréal, ville nouvelle, ville plurielle, Hurtubise HMH, Montréal, 2005.

Technologie et géopolitique à l'aube du XXe siècle, l'impasse, Hurtubise HMH, Montréal, 2003.

L'Enchaînement des millénaires, Hurtubise HMH, Montréal, 2001.

Une nouvelle Afrique à l'aube du XXIe siècle, Hurtubise HMH, Montréal, Maisonneuve Larose, Paris, 1999.

Le Monde en 2020, Fides, Montréal, 1999.

Lumière d'Afrique, Feu de Brousse, Dakar, 1997.

Le Pèlerin noir, Hurtubise HMH, Montréal, 1997.

Mondialisation, développement et culture : la médiation francophone, Hurtubise HMH, Montréal, 1995.

Des vies et des fleuves, Hurtubise HMH, Montréal, 1995.

La Francophonie, le projet communautaire, Hurtubise HMH, Montréal, 1993.

La Francophonie, l'émergence d'une alliance, Hurtubise HMH/Diffusion Hatier, Montréal, 1989.

1992, l'Europe du XXIe siècle, Hurtubise HMH, Montréal/Vander, Belgique/Macmillan Publishing Co. (langue anglaise), 1988/1991.

Terre féconde, Leméac, Montréal, 1979.

Le Choix d'un pays, le débat constitutionnel Québec-Canada, 1960-1976, Leméac, Montréal, 1978.

La Beauceronne, Marie à Georges à Joseph, Garneau, Québec, 1977.

La Marche des Québécois, le temps des ruptures (1945-1960), Leméac, Montréal, 1976.

L'Arche dans le regard, Garneau, Québec, 1975.

Édouard-Raymond Fabre, libraire et patriote canadien 1799-1854 : contre l'isolement et la sujétion, Hurtubise HMH, coll. « Histoires, Les cahiers du Québec », Montréal, 1974.

Rameaux de vieil arbre, Cosmos, Sherbrooke, 1973.

Les Frontières défuntes, Déom, « coll. Poésie canadienne », Montréal, 1972.

Les Programmes électoraux du Québec (2 tomes), Leméac, Montréal, 1970.

Maîtres chez nous (dix années d'action française, 1917-1927), Leméac, Montréal, 1968.

JEAN-LOUIS ROY

CHERS VOISINS

CE QU'ON NE CONNAÎT PAS DE L'ONTARIO

Stanké
Une société de Québecor Média

Catalogage avant publication de Bibliothèque et Archives nationales du Québec
et Bibliothèque et Archives Canada

Roy, Jean-Louis, 1941-

    Chers voisins : ce qu'on ne connaît pas de l'Ontario
    ISBN 978-2-7604-1116-6
    1. Ontario. 2. Fédéralisme - Canada. 3. Ontario - Relations - Québec (Province).
4. Québec (Province) - Relations - Ontario. 5. Ontario - Conditions économiques -
21e siècle. 6. Ontario - Conditions sociales - 21e siècle. I. Titre.

FC3077.R692 2013   971.3'05   C2012-942600-8

Édition : André Bastien
Direction littéraire : Marie-Eve Gélinas
Révision linguistique : Sophie Sainte-Marie
Correction d'épreuves : Sabine Cerboni
Couverture : Axel Pérez de León
Grille graphique intérieure : Clémence Beaudoin
Mise en pages : Axel Pérez de León
Photo de l'auteur : Sarah Scott

Remerciements
Nous reconnaissons l'aide financière du gouvernement du Canada par l'entremise du
Fonds du livre du Canada pour nos activités d'édition.
Nous remercions le Conseil des Arts du Canada et la Société de développement des
entreprises culturelles du Québec (SODEC) du soutien accordé à notre programme
de publication.
Gouvernement du Québec – Programme de crédit d'impôt pour l'édition de livres –
gestion SODEC.

Tous droits de traduction et d'adaptation réservés ; toute reproduction d'un extrait
quelconque de ce livre par quelque procédé que ce soit, et notamment par photo-
copie ou microfilm, est strictement interdite sans l'autorisation écrite de l'éditeur.

© Les Éditions internationales Alain Stanké, 2013

Les Éditions internationales Alain Stanké
Groupe Librex inc.
Une société de Québecor Média
La Tourelle
1055, boul. René-Lévesque Est
Bureau 800
Montréal (Québec) H2L 4S5
Tél. : 514 849-5259
Téléc. : 514 849-1388
www.edstanke.com

Dépôt légal – Bibliothèque et Archives nationales du Québec et
Bibliothèque et Archives Canada, 2013

ISBN : 978-2-7604-1116-6

Distribution au Canada
Messageries ADP
2315, rue de la Province
Longueuil (Québec) J4G 1G4
Tél. : 450 640-1234
Sans frais : 1 800 771-3022
www.messageries-adp.com

Diffusion hors Canada
Interforum
Immeuble Paryseine
3, allée de la Seine
F-94854 Ivry-sur-Seine Cedex
Tél. : 33 (0) 1 49 59 10 10
www.interforum.fr

SOMMAIRE

Introduction 9
    Une mutation démographique 12
    Une économie en transformation 13
    Une culture en effervescence 15
    La société ontarienne aujourd'hui 16

Chapitre 1 – Les Ontariens 21
    La diversité comme lieu de la vie commune 22
    Les territoires ontariens 46
    Des millions d'histoires singulières 64
    Toronto comme signature 74
    Les communautés 98
    Conclusion 170

Chapitre 2 – Une économie en transformation 177
    Les plus importants marchés de la planète 180
    La crise 190

La politique de l'innovation la plus intelligente
　　　　　du monde 202
　　　Penser l'avenir autrement 209
　　　L'Ontario et le monde 217
　　　Une nouvelle vision du Canada 233
　　　Conclusion 268

Chapitre 3 – Une société culturelle 275
　　　Entre deux maisons de verre 278
　　　Le système culturel ontarien 288
　　　Brand Toronto 296
　　　Toronto et les autres 308
　　　Conclusion 342

Épilogue 347
　　　Des défis historiques 347
　　　Des ressources considérables 351
　　　Une société avancée 353

Bibliographie 359
Publications citées 371
Remerciements 373

INTRODUCTION

Aussi loin que l'on puisse voir dans l'avenir, l'Ontario sera la province la plus peuplée du Canada et la plus culturellement diversifiée. Si la reconversion en cours de son économie réussit, elle pourrait consolider sa situation économique, et si son impulsion culturelle actuelle se consolide, elle en sera l'une des plus attrayantes. Enfin, si les flux migratoires annoncés enrichissent sa population d'origine asiatique et si Toronto conserve son statut de place financière internationale, la métropole ontarienne pourrait devenir la plaque tournante asiatique du nord-est du continent. La China Investment Corp l'a préférée à toutes les autres villes nord-américaines pour l'établissement de son premier bureau à l'étranger. L'International Indian Film Academy a marqué une même préférence en tenant la cérémonie de remise de ses grands prix à Toronto en 2011. Les prochaines années seront décisives, les Ontariens étant confrontés à une constellation de défis redoutables.

Autochtone dans la longue durée de son histoire, européenne par son peuplement dans la période moderne et contemporaine, nord-américaine par sa géographie et son économie, l'Ontario est aussi asiatique par l'origine d'un fragment significatif de sa population. Cette généalogie multiple en fait l'une des sociétés les plus diverses du monde. En ce temps de repli identitaire, notamment en Europe et ailleurs dans le monde, elle constitue un véritable laboratoire de la diversité qui est l'avenir de l'Occident. Enfin, cette province est l'un des « vis-à-vis les plus significatifs[1] » du Québec, son partenaire politique depuis plus de cent soixante-dix ans.

L'Ontario est au cœur de multiples réseaux canadiens, continentaux et transcontinentaux en raison de son histoire, de son économie et de sa diversité. En raison aussi des technologies de l'information et des communications, dont la signification a été théorisée comme une contribution inestimable à la civilisation contemporaine par une succession de penseurs ontariens: Harold Innis, Eric A. Havelock, Marshall McLuhan et Derrick de Kerckhove.

Tels sont les premiers motifs de s'intéresser à la société ontarienne, à ses chantiers et à ses aspirations. Mais il y en a d'autres, tout aussi significatifs: l'évolution des valeurs dans les sociétés partenaires, le poids respectif des régions du pays, les composantes à venir de l'économie canadienne et la gestion des enjeux et défis que posent au pays les mutations géoéconomiques et géopolitiques de la communauté internationale.

Si la configuration actuelle de la production de la richesse au Canada, fluctuante d'une période historique à l'autre, bénéficie aux provinces de l'Ouest, il serait hasardeux d'en tirer des conclusions définitives et de proclamer qu'elles contrôlent désormais l'agenda

---

1. Cette opinion aurait été formulée par Léon Dion, politologue réputé de l'Université Laval, comme nous l'a relaté le professeur G. Laforest, son collègue de la même université.

politique du pays. Certes la conjoncture leur est favorable. Mais la population de l'Ontario est aujourd'hui plus de 12,5 fois supérieure à celle de la Saskatchewan, de 10 fois à celle du Manitoba, de 4 fois à celle de l'Alberta et de 3 fois à celle de la Colombie-Britannique. Même additionnées, les populations des provinces de l'Ouest demeurent largement inférieures à celle de l'Ontario. Par ailleurs, le produit intérieur brut (PIB) ontarien était en 2010 de 641 milliards de dollars, comparativement à 238 milliards de dollars pour l'Alberta.

Il serait absurde de disqualifier les avancées économiques des provinces de l'Ouest. Mais il serait tout aussi absurde de penser l'économie du pays uniquement en fonction de l'exploitation et de l'exportation de ses ressources naturelles soumises à des fluctuations imprévisibles. Une telle vision doit être dénoncée pour ce qu'elle est : une régression aux conséquences économiques, sociales et culturelles désastreuses. Toutes les forces du pays doivent être encadrées, repensées et développées avec pugnacité et audace : les ressources naturelles (y compris énergétiques), la production de biens industriels et technologiques avancés, l'accroissement d'un secteur de services de haut niveau (y compris des services financiers internationaux), la consolidation de l'économie de l'éducation, de la culture et du divertissement, dont le marché international est en expansion continue. Enfin, le pays dispose de ressources diversifiées dédiées à la gouvernance politique, économique et financière mondiale dont la régénération sera l'un des grands chantiers du siècle. Ces ressources constituent un formidable gisement pour la recherche et l'emploi, le réseautage mondial et la réputation du Canada. On pense notamment au Centre for International Governance Innovation de Waterloo.

Incontestablement, les intérêts des régions du pays sont devenus plus spécifiques et plus difficiles à faire converger, d'où la montée du régionalisme ou du provincialisme au Canada, d'un océan à l'autre, y compris en Ontario. Sans diminuer leur attachement au pays, les Ontariens et leurs gouvernements successifs sont devenus beaucoup plus critiques quant à l'équité du système fédéral à leur endroit, également quant au grand nombre des politiques de l'État central, notamment dans le champ de l'économie, qui leur semblent obsolètes et inadéquates dans la nouvelle conjoncture mondiale. Ils proposent de privilégier la gestion de l'innovation, de la créativité et de la productivité qui domine la politique ontarienne actuelle, et non la gestion de la gestion qui domine la politique fédérale en ce moment. Voilà bien un autre motif de s'intéresser à l'Ontario et de souhaiter sa réussite.

Ce qui adviendra au Canada prochainement ne se fera pas sans l'Ontario ni contre l'Ontario. Si elle n'est plus une province impériale, elle demeurera la province principale du pays. Il se pourrait même que les prochaines mutations de la fédération soient déterminées par les événements ontariens. En ce sens, s'intéresser à l'avenir des Ontariens équivaut à s'intéresser à l'avenir de tous les Canadiens et du système politique qui les rassemble. Trois interrogations sont à l'origine de ce livre.

Une mutation démographique

La première touche les Ontariens eux-mêmes, la mutation démographique qui, en quelques décennies, a fait de leur société un condensé du monde et, de la diversité, une valeur première et non plus seulement une donnée objective de sa situation. Un grand nombre des aires spirituelles, culturelles et linguistiques de la famille humaine y cohabitent dans une apparente harmonie. Dans cette société de diasporas, l'idée et la réalité de majorité s'estompent au profit d'une entité singulière où cohabitent une constellation de communautés hier encore désignées sous le vocable de « minorités ». La société ontarienne semble préservée des débats haineux, des craintes récurrentes et des crises violentes qui alimentent le profond malaise de l'Occident devant la diversité qui le définit désormais.

La pratique ontarienne de la diversité est d'un grand intérêt. Voilà une société qui a incarné le multiculturalisme dans les dernières décennies du XXe siècle pour découvrir, au début du nouveau millénaire, qu'elle l'a en quelque sorte dépassé. En effet, la diversité de l'Ontario a peu à voir avec celle qui a conduit Pierre Elliott Trudeau à inscrire dans l'histoire et la Constitution canadiennes la politique du multiculturalisme. Elle est d'une autre nature et d'une autre densité. Elle appelle en conséquence une autre politique. Comment se construit-elle et quelles sont ses composantes ?

Une économie en transformation

La deuxième interrogation a trait à l'économie ontarienne, cet « avant-poste d'un empire lointain devenu l'une des plus grandes économies sous-nationales du monde[2] ». Hier encore fragment de l'économie continentale, source incontestable de sa croissance, de sa prospérité et du haut niveau de vie de ses citoyens, elle doit devenir aujourd'hui, à l'instar des autres sociétés occidentales, un fragment de l'économie mondiale. Elle aussi est affectée par le « basculement de la richesse », selon l'expression de l'OCDE[3].

---

2. Gouvernement de l'Ontario, ministère des Finances, *Budget de l'Ontario 2009*, Toronto, Imprimeur de la reine pour l'Ontario, 2009, p. 13.
3. OCDE, *Perspectives du développement mondial – Le basculement de la richesse*, Centre de développement, Paris, 2010.

La nouvelle concurrence mondiale a atteint l'Ontario et l'a menée, au tournant du millénaire, à lancer une vaste opération de transformation de son économie. Cette opération a été facilitée, au départ, par des années consécutives de croissance permettant des investissements significatifs dans des secteurs stratégiques : ressources humaines, recherche, innovation, infrastructures dites intelligentes, économie verte, énergies renouvelables et culture. Mais cet élan a été atteint par la crise financière, économique et sociale qui a fait irruption en 2008 et « a frigorifié le cœur industriel de l'Ontario », selon la forte expression de Peter Hall, économiste en chef d'Exportation et développement Canada[4].

Cette crise a rendu plus impérieux et plus urgent le besoin de transformation de l'économie ontarienne ; les ressources, par contre, sont plus rares, d'où une subtile mutation du patriotisme ontarien. Sans se détacher de leur vieille affection pour le Canada, les Ontariens découvrent que les intérêts de leur province ne coïncident pas nécessairement avec ceux de l'ensemble du pays. Pour le dire autrement, l'idée qu'il y a plusieurs façons d'être canadien émerge des circonstances actuelles. À cet égard, l'Ontario adhère aux mouvements qui, à l'ouest et à l'est du pays, sans parler du Québec, tentent de conjuguer leurs intérêts propres et leur allégeance au Canada, d'où la constitution de regroupements régionaux d'une nouvelle nature.

Est en cause la possibilité ou non de maintenir les importants acquis économiques de l'Ontario. Un faible investissement public et privé ainsi qu'une croissance ralentie auraient certes des effets directs sur les élans économique, démographique et culturel de la province. Mais tout cela aurait aussi des effets

---

4. Les fonctions nommées dans cet ouvrage sont celles occupées par nos interlocuteurs au moment où nous les avons rencontrés, et les traductions des textes cités sont les nôtres.

sur l'architecture politique et fiscale du pays, de même que sur l'ensemble des politiques qui sont au cœur de l'expérience canadienne : péréquation entre les provinces et territoires constituants, transferts de ressources soutenant les programmes dits nationaux, investissements dans les infrastructures, la recherche et le développement.

Quels sont donc les enjeux que pose la transformation de l'économie ontarienne et quelles sont les conséquences de sa réussite ou de son échec ? Certains touchent le secteur privé de l'économie, d'autres son secteur public. Dans ce cas, comme l'a établi la Commission de la réforme des services publics de l'Ontario de 2012, trois impératifs s'imposent au gouvernement : la compréhension des défis, le rétablissement de l'équilibre budgétaire et l'amélioration de l'efficacité de toutes les activités gouvernementales. La commission se fait insistante : « Si les décideurs n'agissent pas sans tarder pour remédier à cette situation, l'Ontario accusera une série de déficits qui mettraient en péril l'avenir économique et social de la province[5]. »

Une culture en effervescence

La troisième interrogation porte sur la culture dans la société ontarienne. Cette question a occupé une place centrale dans l'histoire intellectuelle de l'Ontario depuis la Seconde Guerre mondiale. Elle a donné lieu à des initiatives considérables dont la Conférence sur les arts tenue à Kingston en 1941. Elle a suscité des débats houleux tels ceux que provoqua la publication de *Survival*, le célèbre essai de Margaret Atwood. Ces débats portaient sur le dépassement d'une posture

---

[5]. Commission sur la réforme des services publics en Ontario, *Des services publics pour la population ontarienne : cap sur la viabilité et l'excellence*, Toronto, gouvernement de l'Ontario, ministère des Finances, 2012.

coloniale et l'affirmation d'un espace permettant l'expression culturelle propre des Ontariens, et plus largement des Canadiens anglophones, afin que leur expérience et leur description du monde soient connues et partagées.

Quelle place occupe aujourd'hui la culture dans la société ontarienne ? Est-elle devenue, en quelques décennies décisives, un élément majeur de son économie, de son développement, de sa cohésion et de son identité comme on pourrait le croire en observant les investissements considérables dans le domaine depuis une vingtaine d'années ? Et si tel est le cas, comment comprendre ce passage ? Certains prétendent qu'il est dû à l'action de groupes minoritaires qui, au milieu du siècle précédent, ont posé vigoureusement la question de la spécificité culturelle de la société anglophone canadienne. D'autres l'attribuent à la venue d'un bon nombre de nouveaux citoyens qui ont apporté dans leur bagage toutes les cultures du monde. Ceux-là soutiennent que leur venue a contribué à l'extension des frontières intérieures de la société ontarienne, à l'enrichissement de son imaginaire, à la création de nombreuses manifestations culturelles et à la production d'œuvres de grande portée. Enfin, ce passage s'expliquerait, selon certains, par l'entrée dans le domaine des pouvoirs publics et le déploiement progressif d'un arsenal politique d'importance pour soutenir la culture. Nous examinerons toutes ces voies en cherchant à comprendre la part des pouvoirs publics, celles du secteur privé et de la société civile dans ce qui paraît être une mutation d'importance.

La société ontarienne aujourd'hui

Cet essai est consacré à la société ontarienne d'aujourd'hui, aux citoyens et aux communautés qui la composent, aux systèmes qui la structurent et la définissent, et à ses perspectives d'avenir dans le Canada, le continent et le monde.

Il n'est pas une histoire de l'Ontario, même si nous puiserons constamment dans les séquences de son itinéraire à long terme. Il n'est pas non plus une histoire comparée avec telle ou telle société, fût-elle géographiquement et politiquement sa voisine immédiate ou sa partenaire historique. Mais nous avons pris en considération les influences, les complémentarités, les alliances et autres arrimages qui la lient à ses voisins proches et lointains. Enfin, cet essai n'appartient pas à la littérature consacrée au fédéralisme canadien, même s'il est impossible de faire l'économie de l'appartenance de l'Ontario depuis près d'un siècle et demi au régime fédéral canadien, dont la capitale est aussi une ville ontarienne. Difficile également de faire abstraction des thèses et propositions qui, en provenance de l'Ontario, évoquent un autre modèle et un autre système politique pour le Canada au XXIe siècle.

La société ontarienne partage avec l'ensemble des sociétés occidentales le besoin de comprendre l'aboutissement incertain des récentes décennies : celle des années 1990, confiante dans les changements majeurs affectant alors la communauté internationale, et celle des années 2000, qui s'est close dans la plus grande incertitude. Le besoin de comprendre, donc, mais aussi celui de se positionner dans cette ère de mutation.

À ces fortes interpellations s'ajoute la remise en question du modèle canadien portant la signature de Pierre Elliott Trudeau et son remplacement progressif par une autre vision du pays portant celle de Stephen Harper. Fiduciaires de l'héritage canadien et chargés, pour un temps, de ses développements, ces deux princes ont tiré des enseignements et des conclusions opposés. Le « plus de Canada » de Trudeau visait un resserrement de la cohésion et de l'unité du pays par des politiques et des normes dites nationales, illustrant et consolidant la mission de l'État central. Il a peu à voir avec le « plus de Canada » de Harper. Sans renoncer à l'unité du pays, le premier ministre actuel la conçoit comme une émanation de composantes plus autonomes dans une fédération plus décentralisée et comme un espace commun privilégiant l'autonomie des États fédérés et l'initiative souveraine des individus. Cette refondation du pays est à géométrie variable. Les bureaucrates fédéraux doivent en conséquence revoir leur copie, et les provinces, y compris l'Ontario, leur positionnement.

Puis vint la crise financière et économique de 2008 et ses prolongements aussi spectaculaires et dramatiques que la fonte des glaciers du Nord. Il y a, dans la partie occidentale du monde, comme un avant et un après cette crise monumentale. Nos interlocuteurs ontariens ont sans cesse évoqué cette rupture comme un appel à une révision des fondamentaux du pays, ces inventions de la fin du XIXe siècle, pour les ordonner aux réalités du XXIe siècle.

Quels sont les intérêts des Ontariens et de l'Ontario dans cette conjoncture canadienne, continentale et mondiale en pleine mutation ? En ces temps incertains, comment redéployer et diversifier les leviers qui ont fait la richesse de l'Ontario, assuré un haut niveau de vie à ses citoyens et participé à la construction d'une société parmi les plus libres et les plus avancées du monde ? Comment éviter le déclin et la dégradation des conditions de vie en Ontario, mais aussi dans d'autres régions du pays ? Telle est la question centrale que nous retenons au terme du voyage matériel et immatériel que nous avons effectué dans le plus important État de la fédération canadienne.

Les Ontariens sont confrontés à ces questions à une époque où rien de ce qui a été acquis n'est assuré, pas même le système international dans sa triple dimension politique, économique et sécuritaire, mis en place au lendemain de la Seconde Guerre mondiale pour assurer la gouvernance mondiale. La solidité de l'économie américaine qui a fait leur prospérité et celle de la zone atlantique qui, hier encore, commandait au reste du monde, ne l'est pas davantage, pas plus que la force de leur économie et les arrangements convenus dans le partage des ressources publiques entre l'État fédéral canadien et les provinces.

Cet ouvrage retrace les débats en cours, les hypothèses et propositions des Ontariens au sujet de ces situations inédites dont le dénouement aura d'importantes conséquences sur leurs conditions de vie et sur celles de tous les Canadiens. Des effets aussi sur le régime politique fédéral et le besoin manifeste de sa reconfiguration en raison des changements du monde.

Nous avons donné la parole à un grand nombre d'Ontariens. Ils ont été nombreux, dans toute la province, à répondre favorablement à nos demandes d'entretien, à nous accueillir chaleureusement et à partager avec nous leurs expériences, leurs doutes et leurs espoirs. Ces rencontres avec ces chers voisins ont été autant de moments privilégiés d'un formidable dialogue qui est la source principale de notre travail. Nous remercions tous ceux et celles qui l'ont alimenté, et offrons nos vœux pour la pleine réalisation de leurs rêves et aspirations.

Chapitre 1

LES ONTARIENS

Des millions d'hommes et de femmes de toutes les régions du monde sont venus s'établir en Ontario ces deux derniers siècles. Comme le montrent les neuf cents pétroglyphes ornant les pierres d'enseignement découvertes en 1954, près de Peterborough, des peuples autochtones sont présents sur ce territoire depuis des millénaires[6]. La diversité a toujours été une caractéristique des populations qui ont occupé le territoire de la province.

Deux millions en 1900, tout près de douze millions un siècle plus tard, les Ontariens pourraient être dix-huit millions en 2036 et vingt-deux millions en 2050, soit plus de 50 % de la population canadienne selon les projections médianes disponibles[7]. Ce flux ininterrompu d'immigrants constitue le fait dominant de l'histoire ontarienne. Leur venue certes,

---

[6]. Les découvertes archéologiques du site de Barry's Bay dans la vallée de la Madawaska témoignent de cette présence voilà 10 000 ans. Voir J. V. Wright, *La Préhistoire de l'Ontario*, Musée national de l'homme, Montréal, Fides, 1981.

[7]. Les données de cet ouvrage sur la population canadienne dans sa totalité ou par province ainsi que sur les minorités sont tirées des études de Statistique Canada.

mais aussi les mutations qu'elle a provoquées. Celles qui, à compter du XVIe siècle, ont accompagné l'importation des réalités européennes sur un territoire jusque-là possédé et géré par les nations autochtones; réalités européennes qui ont provoqué la descente aux enfers de ces dernières en Ontario comme dans toutes les Amériques. Celles, en cours, qui effacent irréversiblement la prépondérance en nombre des descendants des Européens au profit d'une société multiraciale, multiculturelle et multilingue d'hommes et de femmes venus de partout dans le monde.

Ce phénomène est continental. Au Canada, il est plus marqué en Ontario. La thèse posant identité et immigration comme des antagonistes et fondant des politiques restrictives dans un nombre croissant de pays européens, thèse si proche du racisme, y est marginale. On vient de tous les horizons: des pays nordiques, du sud de l'Europe et de la Chine, pour comprendre le phénomène ainsi que son mode de gestion. On repart sans doute déçu des explications entendues tant la diversité ontarienne est insoluble dans les divers paradigmes disponibles, tant sa spécificité échappe, pour le moment, à toute idée de sédimentation politique et institutionnelle.

La diversité comme lieu de la vie commune

Rahul Bhardwaj
« Postmulticulturalisme, identité multirégionale, effervescence, floraison de tolérance, jeu normal des interrelations humaines. » Tels sont les termes évoqués par nos cinq premiers témoins pour décrire la nouvelle société ontarienne. Ils l'ont connue anglo-saxonne, monolithique et blanche. Qu'est-elle devenue, selon eux?

Pour un grand nombre d'observateurs, l'expérience ontarienne représente l'une des formes achevées du multiculturalisme. Situation à haut risque et piège redoutable selon les uns ; forme supérieure de civilisation selon les autres. Pour Rahul Bhardwaj, immigrant de la première génération et membre respecté du nouveau leadership ontarien, la diversité est devenue le socle de l'identité même de la société ontarienne.

Brillant avocat reconverti en animateur et gestionnaire de grands projets publics et privés, dont le Festival international du film de Toronto (TIFF), il nous accueille au siège de la Toronto Community Foundation, qu'il préside depuis 2007. Cette fondation appartient à un ensemble considérable d'institutions caritatives privées ontariennes. Ces dernières investissent plus de un milliard de dollars annuellement dans le développement social, la culture et l'environnement. Ce fort volume d'interventions des organismes caritatifs privés témoigne de l'esprit et la richesse de cette société et de sa proximité, dans ce domaine, avec les pratiques américaines[8].

> Dans le vaste paysage occidental, affirme Rahul Bhardwaj, la situation de l'Ontario est quasi unique tant la diversité est ici constitutive et tant elle s'est imposée avec célérité comme LA valeur dominante. La diversité ! Ou elle est une valeur dominante, ou elle ne l'est pas. Ce choix est premier, tous les autres débats sont en marge.

Et si elle est une valeur dominante, la diversité ne peut être considérée comme une pièce ajoutée à un ensemble préexistant. Tel un nouveau paradigme, elle l'inclut et le dépasse. Les propos de notre interlocuteur ouvrent sur un grand débat sur la politique de l'immigration et le multiculturalisme.

---

8. F. Martel, *De la culture en Amérique*, Paris, Gallimard, 2006.

Faut-il revoir le système actuel ? Faut-il créer une commission royale d'enquête, comme le propose l'historien Jack Lawrence Granatstein, compte tenu du « tremblement de terre démographique » qui changera davantage le pays dans les prochaines décennies qu'il ne l'a été depuis une génération[9] ?

Répondre par l'affirmative équivaut à ouvrir un débat sur la philosophie et la politique du multiculturalisme, à découvrir que, dans la plus peuplée des provinces, qui accueille plus de 50 % de tous les immigrants du pays, cette philosophie et cette politique sont conceptuellement obsolètes. Alors quel autre modèle en substitution du multiculturalisme serait-on susceptible d'assurer au pluralisme, concept beaucoup plus exigeant impliquant une prise en compte de la différence des valeurs et des croyances ? « Il faut conserver l'appellation tout en sachant que nous vivons et construisons autre chose », nous a affirmé Ratna Omidvar, la très respectée présidente de la Fondation Maytree. Même si elle perdure dans le discours et les politiques publiques, notamment fédérales, qui en garantissent la prolongation bureaucratique, la vision du multiculturalisme de Pierre Elliott Trudeau, aussi inspirante qu'elle ait été en son temps, n'est plus en adéquation avec la société ontarienne et la pratique des Ontariens au sujet du pluralisme racial, culturel et linguistique qui est désormais leur monde.

Un espace culturel sans précédent
En Ontario, la diversité est le lieu même de la vie commune ; elle est quantitative et substantielle. En ce sens, elle n'est pas une forme achevée du multiculturalisme. Elle le dépasse et fait apparaître quelque chose d'autre, un postmulticulturalisme qui ne fait plus de la volonté

---

9. J. L. Granatstein, « How Do We Make Newcomers Into Canadians? », *The Globe and Mail*, 21 décembre 2009.

Les Ontariens

de la majorité la source de la reconnaissance et du statut des diverses communautés.

Ce dépassement transcende une conception de la société composée d'une majorité et de minorités. Il ouvre sur un nouveau conglomérat de mitoyennetés sociales, de relations interethniques, d'expériences interculturelles et de partages continus d'un espace public par des concitoyens porteurs de valeurs et de références qui ne convergent pas toutes. L'expression «bienveillance réciproque» m'est venue spontanément à l'esprit au cours de mes conversations avec les représentants des diverses communautés ontariennes, en raison du faible degré de tension que la diversité ontarienne suscite et qui contraste absolument avec les débats, les crises et les politiques régressives que l'on observe dans un grand nombre de pays aujourd'hui. D'où l'affirmation du pluralisme des appartenances des Ontariens. Mais ces appartenances à des communautés diverses n'épuisent pas leurs allégeances ni les réseaux auxquels ils appartiennent, y compris ceux où ils se retrouvent avec des concitoyens provenant d'autres régions du monde. On a pris l'habitude de qualifier ce pluralisme de «mosaïque ethnoculturelle». Pour Rahul, cette métaphore est tombée en désuétude.

Sa pensée est proche de celle d'Alden E. Habacon, qui propose une autre vision de ce qui advient :

> Tout comme Internet a opéré la transition vers ce que l'on appelle aujourd'hui le Web 2.0 et même le Web 3.0, les Canadiens ont dépassé la rigidité du paradigme de la mosaïque ethnoculturelle. Les Canadiens d'aujourd'hui ont une mobilité culturelle incroyable; grâce à un sentiment d'identité fluide et multiple, ils sont en mesure de naviguer au milieu d'une riche diversité d'espaces culturels. Le modèle de mosaïque a été remplacé par le «schéma» […] comme dans le mot

« schématique » qui en est issu [et qui] peut se définir comme « une représentation interne du monde ; une organisation de concepts et d'actions qui peuvent être modifiés par de nouvelles données sur le monde ». C'est un terme qu'on emploie conventionnellement pour décrire l'architecture complexe d'un circuit, et il est tout aussi utile comme outil conceptuel permettant de comprendre la complexité de l'identité canadienne d'aujourd'hui[10].

Déroutés devant une telle mutation, certains y voient la faillite de la citoyenneté commune et la nécessité d'une restauration des valeurs du pays, comme un sondage de Harris/Decima Research de 1993 le laissait entendre. Neil Bissoondath ouvre l'essai qui lui a valu l'opprobre par le rappel de ce souhait d'une restauration impossible[11].

Rahul Bhardwaj fait référence au nombre élevé et à la croissance continue des mariages interethniques qui illustrent cette nouvelle mitoyenneté sociale. D'autres évolutions viennent confirmer sa conviction : le fait, par exemple, qu'un nombre croissant de personnes venant de minorités visibles occupent des positions de leadership dans le secteur public de la région du Grand Toronto et ailleurs dans la province. Selon une étude du Diversity Institute de l'Université Ryerson en 2010, elles comptent pour près du quart dans les agences gouvernementales, les conseils d'administration et les commissions du secteur, comparativement à 4,1 % dans les corporations privées. Dans ce secteur, 76,9 % des sociétés examinées ne comptaient aucune personne issue des minorités à leur conseil d'admi-

---

10. A. Habacon, « Vision de la dualité linguistique et de la diversité culturelle au Canada », dans *Discours inaugural, Rapport final, Forum de discussion sur la dualité linguistique tenue à Vancouver le 24 novembre 2008*, Ottawa, Commissariat aux langues officielles du Canada, 2009, p. 10.
11. N. Bissoondath, *Le Marché aux illusions : la méprise du multiculturalisme*, Montréal, Boréal, 1995, p. 15.

nistration et 69,2 % voyaient ces minorités absentes des fonctions supérieures de gestion [12].

La multiplication des manifestations festives témoigne de cette diversité, comme la profusion des œuvres s'en inspirant, notamment en littérature, en histoire et au cinéma. Ainsi, le besoin ressenti de s'y adapter, tel que le montre le virage accompli récemment par le Stratford Shakespeare Festival. Bref, la mémoire et la présence des immigrants ne sont plus dissimulées et occultées, mais elles émergent comme partie intégrante du vivre ensemble ontarien. Même douloureuse, la mémoire contient aussi ce que John Robarts, l'ancien premier ministre ontarien, désignait dans un autre contexte « comme un monde constitué d'un nombre élevé de mondes du passé ». Extrapolant sans doute imprudemment, j'écris dans mon calepin : *Toronto, ville métisse; Ontario, société métisse.*

L'ADN de la société ontarienne
Pour Rahul Bhardwaj, la diversité est « l'ADN même de la société ontarienne ». Elle met à mal tous « les métarécits » fondant les légitimités devenues obsolètes. Dans le cas de l'Ontario, celle, historique, du monde anglo-saxon et celle, toujours dominante, du multiculturalisme canadien. Cette diversité a forcé l'abandon d'un certain romantisme, d'une visée apologétique faisant de la tolérance et de la mansuétude des catégories fondamentales de l'expérience canadienne là où ont sévi les pires discriminations à l'endroit des Autochtones et, dans la première moitié du XXe siècle, à l'endroit aussi des Noirs, des Asiatiques, des Juifs et de leurs communautés. Elle pourrait bousculer certains des acquis juridiques et constitutionnels qui ont émergé dans le contexte culturel d'un autre temps.

---

12. *DiverseCity Counts: A Snapshot of Diverse Leadership in the GTA*, Ryerson University's Diversity Institute, Toronto, 2010.

Pour l'instant, sa part d'inconnu est incontestable et les positions, acquises, les règles du jeu politique et les normes constitutionnelles canadiennes bloquant tout ajustement du pays à ce qu'est devenue sa province la plus peuplée.

Se pourrait-il que la diversité ontarienne serve de levier, à terme, pour des révisions reflétant la mutation de la substance même du pays, l'évolution des valeurs de la société telles qu'elles se sont constituées depuis la Seconde Guerre mondiale? Nul ne peut dire aujourd'hui ce que sera cette nouvelle synthèse, mais sa nécessité apparaît indubitable. Dans son brillant ouvrage *Vous m'intéressez*, Graham Fraser se demandait déjà en 1998 « si Ottawa peut faire face au défi identitaire que représente la nouvelle Toronto[13] ». Accepterait-il d'étendre aujourd'hui sa question à l'ensemble de l'Ontario telle qu'elle est et telle qu'elle sera dans les décennies qui viennent?

Mon interlocuteur m'interroge à son tour. « Que pensez-vous du rapport de Jean-François Lyotard, *La Condition postmoderne*[14]? » Nous échangeons sur la grande tradition libérale de l'Occident et sur ses formulations les plus actuelles. Notre conversation rappelle une autre tradition. Dans le train qui me ramène à Montréal, je consulte la fameuse lecture inaugurale de septembre 2005, prononcée à l'Université Brown, par K. Natwar Singh, alors ministre des Affaires étrangères de l'Inde:

> Les racines que la démocratie libérale a posées en Inde trouvent certaines de leurs explications dans notre tradition de pluralisme social et religieux. Contrairement à l'Ouest, où la séparation de l'Église et de l'État constituait un préalable à la sécularisation, la forme qu'elle

---

13. G. Fraser, *Vous m'intéressez*, Montréal, Boréal, 2001, p. 167.
14. J.-F. Lyotard, *La Condition postmoderne*, Paris, Les Éditions de Minuit, 1979.

prend en Inde semble tirer sa substance de l'éthos, de la multiplicité et du choix. La tradition intellectuelle de l'Inde est intensément individualiste, comme le sont de multiples écoles religieuses et philosophiques [...]. Les défenseurs de la démocratie dans mon pays ont été prudents et ont refusé de créer une culture majoritaire artificielle comme fondement d'une identité nationale. Ils étaient bien conscients que, dans notre vaste pays, tous appartiennent à une minorité et que la différence en est une de degrés. L'équilibre interne d'une société composée de minorités est distinctement différent de celui prévalant dans la société où une majorité dominante définit les règles concernant les minorités. Dans un tel paradigme, la tolérance n'est pas suffisante parce qu'elle semble offerte avec trop de réticence en plus de paraître limitée. Il faut ouvrir les bras et embrasser la diversité comme principe actif. Son acceptation profonde est pratiquement une nécessité [...] Rassuré dans ses identités, notre peuple accepte les différences et peut être non conformiste dans ses façons de faire. La diversité a accentué bien davantage qu'elle n'a diminué notre appartenance à la nation[15].

Rahul Bhardwaj connaît-il ce texte magnifique ? Je ne le sais pas et ne lui prête aucune intention de transposer valeurs et systèmes d'un pays à un autre. Mais ses propos et ceux de K. Natwar Singh convergent manifestement. En effet, l'Ontario est composée de diverses communautés dont l'équilibre d'ensemble est et sera structurellement différent de celui d'une société composée d'une majorité qui définit les normes et les règles concernant les minorités. La province est entrée dans une nouvelle phase de son histoire.

---

15. K. Natwar Singh, « The Argument for India », *The Inaugural India lecture*, The News Service, Brown University, septembre 2005, p. 3.

Maintien du caractère ethnique de la population et multiculturalisme définissent successivement les deux phases précédentes. La première a dominé une grande partie du XXe siècle canadien. Dans un discours à la Chambre des communes, le premier ministre W. L. Mackenzie King en dégageait ainsi certains des éléments :

> L'ensemble de la population du Canada ne désire pas qu'une immigration massive modifie de façon fondamentale le caractère ethnique de notre population. Une immigration en masse d'Orientaux changerait la composition fondamentale de la population canadienne[16].

La seconde a émergé et trouvé ses formes politiques et constitutionnelles dans les années 1970 et 1980.

Dans le cas de l'Ontario, ces deux phases sont aujourd'hui dépassées. Cette immigration massive accomplie et à venir « en provenance de l'Orient », ajoutée à celles des autres régions du monde, a en effet altéré radicalement la composition de la société ontarienne. Si les projections actuelles se concrétisent, la diversité ontarienne ne cessera de s'enrichir et de s'affirmer. De cinq à six millions d'immigrants s'ajouteront à la population ontarienne d'ici le milieu du siècle, une majorité en provenance de l'Orient.

Madeline Ziniak

Au bord du lac Ontario, à Toronto, Madeline Ziniak nous reçoit dans un immeuble restauré, au siège de l'une des plus importantes chaînes de télévision privée multiethnique et multilingue au monde, OMNI Television. Madeline y œuvre depuis quinze ans. Elle y occupe aujourd'hui la vice-présidence nationale. Dans

---

16. W. L. Mackenzie King, *Débats de la Chambre des communes*, Ottawa, Parlement du Canada, 1er mai 1947, p. 2633.

l'offre culturelle des sociétés occidentales dominée par les écrans et les supports de toute nature, OMNI Television constitue un phénomène unique : une télévision privée, multiethnique et multilingue faisant du profit sur un marché fragmenté et relativement limité.

L'existence de cette chaîne témoigne de l'attachement manifeste des Ontariens de diverses origines à une identité et à une langue qui précèdent, l'une et l'autre, soit celles offertes par leur nouvelle citoyenneté. Elle traduit aussi le peu d'attention portée par les médias canadiens, privés et publics, à l'importance des communautés et à leur présence dans toute leur programmation et dans toutes leurs équipes. Ainsi que l'établit clairement l'étude déjà citée et menée par le Diversity Institute de l'Université Ryerson en 2010, cette présence totalise 4,8 % des membres des conseils d'administration des grands médias, 5,9 % des éditeurs et 3,6 % des cadres supérieurs.

Autorisée en 1979, la chaîne s'est depuis dédoublée en entités complémentaires : OMNI.1 et OMNI.2. La première, accessible à 90 % de la population ontarienne, et par câble ailleurs au pays, a d'abord eu comme clientèle les communautés européennes, latino-américaines et caribéennes. La seconde, créée en 2002, a mis en place une offre visant les communautés asiatiques et africaines. Ensemble, elles produisent plus de 3 000 heures de programmation annuellement, dans trente-cinq langues, dont le cantonais, le mandarin, l'hindi, l'ourdou, le bengali, le pendjabi, l'afghan, le somali et le swahili. Elles touchent plus de quarante communautés culturellement diverses. Madeline Ziniak est manifestement fière de sa chaîne, qui n'a rien à voir avec ces stations ethniques médiocres qui pullulent dans un grand nombre de villes nord-américaines.

Nous ne sommes plus cette petite station au bord du lac. Nous avons été les premiers à opter pour le numérique, et nos équipements font maintenant l'envie de plusieurs diffuseurs. Il est très important d'offrir une télévision ethnique de qualité, la meilleure [...]. Nous pouvons obtenir la première audience en importance en Ontario en projetant un film de Bollywood un samedi après-midi.

Madeline est la fille de Sierhey Khamara Ziniak, célèbre immigrant qui a fondé et dirigé le *Byelorussian Voice* de Toronto, et fondé et présidé The Canadian Ethnic Journalist's and Writer's Club, dont elle assure aujourd'hui la présidence. Elle a de la diversité une connaissance personnelle et professionnelle. Étrangère aux bavardages théoriques, elle choisit ses mots avec soin et ne s'éloigne que rarement des faits qui ont marqué la trajectoire ascendante de la diversité. Des membres du Groupe de travail sur la diversité culturelle à la télévision, qu'elle a coprésidé avec l'ex-ministre fédérale Beverley Oda, qualifient sa contribution de « décisive ». Ils se remémorent ses appels pressants pour que la diversité soit enfin visible sur les écrans du pays, pour que « la couleur apparaisse sur les écrans couleur[17] », selon la formule retenue par la Chinese Canadian Youth Against Racism.

Madeline décrit avec précision les transformations de la société ontarienne, les difficultés des journalistes venus d'ailleurs hier et encore aujourd'hui[18], la fonction sociale de sa télévision. Cette dernière montre quotidiennement aux Ontariens de diverses origines,

---

[17]. Chinese Canadian Youth Against Racism, *Upping the Antiracism*, Toronto, Chinese Canadian National Council, 2007, p. 6.
[18]. The Canadian Ethnic Journalists' and Writers' Club, *Mosaic in Media I, Selected Works of Ethnic Journalists and Writers*, Toronto, 1986; et *Mosaic in Media II, An ethnic anthology of Writings by Members of the Canadian Ethnic Journalists' and Writers' Club*, Toronto, 2004.

dans leur langue, des professionnels et des spécialistes ayant immigré ici et qui ont une vraie connaissance du monde et des événements de partout. Elle montre aussi les créateurs, les cinéastes, les écrivains, les architectes, les chercheurs issus des communautés ainsi que leurs œuvres. Elle fait enfin une place aux inquiétudes et réussites, aux interrogations et débats qui jalonnent la vie des diverses communautés ontariennes.

> Pour un grand nombre de gens qui n'ont pas une bonne connaissance ou qui n'ont aucune connaissance de la langue anglaise et des lois du pays, y compris de celles qui concernent les droits des citoyens, et ils sont très nombreux, nous sommes une source d'information tout à fait privilégiée.

Des identités régionales
Madeline hésite à endosser la thèse de Rahul mais ne la rejette pas pour autant. Elle convient que l'expérience de l'immigration en Ontario est sans équivalent au pays, évoque «une identité multirégionale» que le développement de son réseau a fait apparaître clairement.

> Les clientèles ne sont pas les mêmes d'une région à l'autre du pays. Nous avons beaucoup évolué dans nos programmations pour refléter cette diversité. Celle de l'Ontario est de loin la plus importante. Elle est spécifique par son volume et sa diversité. La population dans la grande région de Toronto-Hamilton est en croissance continue. En 2015, près des deux tiers de la population de cette grande région seront d'origines ethniques diverses.

Selon toutes apparences, le réseau OMNI a un bel avenir devant lui. J'interroge Madeline sur la philosophie de sa chaîne.

Notre clientèle nous est fidèle en raison d'un équilibre subtil entre l'information que nous consacrons aux événements des pays d'origine et leur impact sur les communautés d'ici et aux événements marquants se déployant dans ces communautés elles-mêmes.

Elle évoque l'accroissement du nombre de téléspectateurs pour certaines émissions tels les bulletins d'information rapportant l'actualité chinoise et de l'Asie du Sud. Elle souligne le fait que sa chaîne travaille avec près de trente producteurs privés, dont une majorité issue de l'immigration.

Madeline parle de certains prolongements du travail qui se déploie dans cette maison de toutes les diversités. Elle raconte le lancement de la série de vingt épisodes *Once Upon a Time in Toronto*, coproduite par Western Movie Group Corporation en Chine et Goldspin Productions à Toronto. La direction de cette première a été confiée au réalisateur chinois de réputation internationale Yang Yazhou; les rôles principaux à l'actrice canadienne Lora Syngh et aux acteurs chinois Ni Ping et Liu Wei. La série est traduite en mandarin, en cantonais et en anglais, et sera vue par des dizaines de millions de personnes «ici et là-bas, dans les foyers de Toronto et de Shanghai».

Mihnea C. Moldoveanu

Mihnea Moldoveanu est un immigrant venu de Roumanie. Il a laissé «l'enfer» derrière lui en quittant le royaume corrompu de Nicolae et d'Elena Ceaușescu. Il nous accueille dans son bureau du Desautels Centre for Integrative Thinking, qu'il dirige. Le bruit urbain y est remplacé par la musique de Mozart, chère à cet ancien pianiste concertiste. La propension théorique toujours si prégnante dans la bulle universitaire est contrebalancée ici par une expérience de création et de gestion d'entreprises dans le domaine de la technologie cellulaire, qui a apporté richesse, indépendance et renommée à notre hôte. La dialectique primaire de la question-réponse est avec lui remplacée par une démarche réflexive plus complexe sur les sources et la formation de la pensée.

Il n'est pas simple d'interviewer M. Moldoveanu. « Il est poète, philosophe et gourou de la gestion, mais avant tout entrepreneur en idées[19] », selon Gordon Pitts du *Globe and Mail*. Son dernier ouvrage, *Diaminds*, constitue une exhumation sinon une réhabilitation de l'épistémologie appliquée au monde des affaires, une formidable investigation des processus de formation de la pensée auprès des meilleurs leaders du temps[20]. « Puissant, provoquant et engageant[21] », selon les termes de Jan Rivkin de la Harvard Business School, l'ouvrage a été louangé par la critique nationale et internationale. Il s'agit d'apprendre à traiter et à utiliser l'information d'une manière intégrée en s'inspirant des structures de pensée des meilleurs ingénieurs, médecins et designers, et de les appliquer au monde des affaires. Il s'agit aussi, dans la formation des futurs gestionnaires, de leur inculquer l'idée que la capacité de penser est un atout à faire valoir au même titre que les aptitudes pour la finance, la mise en marché ou la logique organisationnelle.

> Ce livre n'est pas un livre, c'est un crochet. Son objectif est de vous accrocher à votre propre pensée, celle qui sort de l'ordinaire. La façon ordinaire de penser au sujet de la pensée est de demander : que pensez-vous ? La réponse est normalement contenue dans l'affirmation de quelques croyances au sujet du monde. La façon non ordinaire de penser que nous allons chercher à

---

19. G. Pitts, « Merging the Academic and Practical », *The Globe and Mail*, 25 août 2008.
20. M. Moldoveanu et R. Martin, *Diaminds: Decoding the Mental Habits of Successful Thinkers*, Toronto, UTP, 2010.
21. *Ibid.*, couverture arrière.

expliciter consistera plutôt à demander : comment pensez-vous ? La réponse ne sera pas contenue dans l'affirmation de quelques croyances au sujet du monde, mais bien dans une description de la façon dont se forment les croyances[22].

Mihnea Moldoveanu est venu à Toronto la première fois il y a trente ans. Il a fréquenté les grandes villes du monde, les vraies, celles qui ont un esprit, un souffle, une personnalité et les autres. Il se rappelle Toronto en 1980 comme « une place austère, une ville morte après 18 heures, où dominaient la langue de bois, de longs discours sans contenu… une ville anglo-saxonne où l'on ne communiquait pas et qui vous laissait étrangement seul ». Après un long séjour au Massachusetts Institute of Technology, qui le fait ingénieur en mécanique, et à la Harvard Business School, où il obtient un doctorat en administration des affaires, il revient à Toronto en 1999. Il y découvre alors « une ville transformée, plus animée, avec des cafés, des promeneurs, des familles chinoises, indiennes et autres fréquentant les parcs et les lieux publics, une ville qui avait nettoyé ses quartiers délabrés, une ville qui perdait son caractère anglo-saxon, une ville où la communication a lieu ».

Pour cet interlocuteur aux exigences élevées, cette mutation est toujours inachevée. Certes, la grande ville est devenue multiethnique. Mais certains vieux bastions demeurent. De plus, selon lui, on n'a pas encore pris toute la mesure de ce qu'offre son exceptionnelle diversité.

Dans le domaine des affaires, il évoque la mise en convergence de ressources et de réseaux découlant de cette diversité. Il se rappelle « la plus-value apportée à

---

22. *Ibid.*, p. ix.

[son] entreprise par des équipes aux ressources spécifiques et complémentaires : la capacité technique des Roumains, la capacité financière des Canadiens et des Américains, et la capacité de vente des Palestiniens ». Il fait l'apologie de cette hétérogénéité comme outil et soutien à la croissance et au développement. Je l'interroge sur l'effervescence apparente qui surgit de ces multiples instituts, groupes de travail, centres spécialisés dans la prospective et axés sur l'innovation qui se sont multipliés, en Ontario, ces dernières années. Moldoveanu hésite, reconnaît le phénomène et s'interroge :

> Comment faire pour que cette effervescence ne soit pas simplement une illusion, la conduite de recherche et la production de savoirs sans plus et sans effet réel quant à la solution des problèmes qui ont fait l'objet de ces recherches ? Comment les mobiliser réellement et effectivement ?

Dans le domaine de la culture, « l'éclat » de Toronto est incontestable en raison des investissements majeurs et visibles qui ont profondément enrichi les institutions culturelles de la métropole et ailleurs dans la province. Mihnea s'interroge sur la pénétration de la culture dans la ville, dans les lieux de vie réelle des citoyens. Il se souvient des concerts gratuits offerts dans les espaces publics à Boston et souhaite que l'offre culturelle s'inscrive avec plus de relief dans l'espace urbain torontois et dans la vie de la société ontarienne. Un peu moins élitiste… et plus accessible. Bref, à son avis, l'idée de l'intégration de la culture à la vie est toujours à venir, non pas seulement comme phénomène non accompli dans le temps, mais surtout comme un avènement devant pénétrer les esprits. Cela viendra peut-être si la création culturelle ontarienne s'amplifie et s'impose ici et dans le monde, si l'expérience unique et fondatrice de la diversité propre à cette société devient l'objet même de la création culturelle et si de grands créateurs reconnus choisissent de vivre en permanence dans cette société. Cela viendra si l'éducation est mise à contribution, traitée en priorité, valorisée comme la maison commune de tous les Ontariens.

Pour cet industriel musicien, cet ingénieur en mécanique amoureux de la littérature française, ce docteur de Harvard en administration des affaires et cet auteur de plusieurs recueils de poésie, la question centrale des sociétés avancées et donc de l'Ontario est posée. « Tous ces investissements tangibles et intangibles, tous ces savoirs cumulés, pour quoi faire ? » Sont-ils susceptibles de contribuer à l'identification et au règlement des problèmes de la société ontarienne ? Telles sont pourtant les vraies finalités du savoir qui seront atteintes si les disciplines se fécondent les unes les autres. Voilà pourquoi il importe de dégager « un espace propre » par rapport à tel problème à résoudre et un espace équivalent où se retrouvent les spécialistes et les praticiens portés par une « pensée intégrative » susceptible d'effets réels et productifs. Voilà pourquoi Mihnea privilégie une révolution copernicienne dans les questionnements : ne vous demandez plus ce que vous pensez, mais comment vous pensez !

Lisa Rochon

Lisa Rochon a choisi le Bymark, au cœur du quartier des affaires torontois, pour notre entretien. Le lieu est dépouillé, avec de grands panneaux de bois striés de fins faisceaux de lumière ; la signature, célèbre, celle de l'architecte d'intérieur Yabu Pushelberg.

Je suis curieux de connaître cette femme venue d'ailleurs, de l'autre Canada et de l'autre ville, Montréal, au Québec, cette femme diplômée en science politique à Paris et en aménagement urbain à l'Université de Toronto. Je lis toujours avec bonheur ses longues et trop rares chroniques consacrées à l'architecture dans le *Globe and Mail* et je suis émerveillé par ses textes singuliers. Il y a la forme, un style superbe, curieux mélange d'exactitude et de ligne d'horizon fluctuante. Il y a le fond, ce choix des lieux de beauté ou qui auraient pu l'être, une école, un ensemble d'habitations, un musée ou un pavillon olympique.

Nous entrons rapidement dans le vif du sujet. Lisa confesse sa « joie, une joie profonde », chaque fois que, ses voyages terminés, elle revient à Toronto. Et pourquoi donc ? Elle rappelle son séjour parisien au moment où Jean-Marie Le Pen et ses troupes d'extrême droite occupaient une vraie place dans la politique française avec leurs injonctions haineuses pour l'étranger, pour le tout étranger : les personnes, les coutumes, les valeurs et tout le reste.

> Notre ville est comme protégée d'une telle haine. La diversité est ici une donnée quotidienne, dans les quartiers, à l'école où mon fils appartient à la minorité blanche, au travail, dans les loisirs. Il y a ici comme une légèreté due à l'absence du poids historique. Toronto n'est pas emprisonnée par ou dans son histoire.

Dans un texte complexe publié en 2008, *A Portrait of Toronto*, elle rappelle ceci : « Cette ville imparfaite s'est ouverte à sa totalité. Elle est comme la mère de toute chose et de tout pardon par son acceptation d'une multitude de peuples, un lieu où tous les peuples et toutes les langues du monde sont rassemblés[23]... » Certes, la grande ville ne répond pas aux critères convenus de la beauté urbaine, notamment à ceux qui

---

23. L. Rochon, « The Ecstasy of Saint Jane: Toronto, in the midst of becoming, learns to embrace risk, variety and complexity », *Azure Magazine*, septembre 2008, p. 102.

dominent sur le continent européen. Toronto est autre chose, une ville dont il est impossible de connaître toutes les composantes humaines et toutes les parties. « Pour certains, cette absence de beauté constitue un problème ; pour moi, c'est une source d'émerveillement. » La beauté de la Ville « reine » n'est certes pas dans les postures extravagantes dont elle est sevrée depuis ses origines, comme le notait déjà Charles Dickens en 1842, ni dans ses conciergeries médiocres, ni dans ses inélégantes maisons de banlieue.

La beauté de la ville se voit « dans son centre-ville toujours habité » qui la distingue des grandes villes américaines telles Detroit, Philadelphie ou Chicago. Elle est dans les tableaux qu'elle offre : une femme en sari sur une balançoire dans un parc ; un rassemblement de Torontois d'origine sud-asiatique dans un lieu public autour d'enfants heureux ; des foules de milliers de personnes venues entendre des musiciens au Nathan Phillips Square ; une grande multitude envahissant ses rues à l'occasion de la Nuit blanche ; des militaires servant de la vodka à la Maison polonaise. Elle évoque la rue Queen Ouest, ce nouveau lieu de l'innovation et de la création culturelle, les petites boîtes de jazz qui se multiplient et les théâtres qui se répartissent dans toute la ville, le quartier Beaches, ancien paradis des villégiateurs devenu vibrant, recherché et magnifique.

La beauté de la ville est aussi dans ce vaste mouvement des citoyens en son sein, dans ces maisons d'allées que nous commençons à construire, dans l'agriculture urbaine et dans ces hôtels dessinés par des architectes prenant le pli de la ville. Elle est dans les mégaprojets au centre-ville, qui ont notamment comme effet d'interpeller les citoyens sur les possibilités offertes par l'architecture. Toronto est une ville en devenir. « Telles sont les sources de mon émerveillement », écrit-elle.

La durée et l'espace nous appartiennent pour faire émerger la nouvelle conscience de Toronto et sa capacité à dépasser les contraintes du quadrillage de ses rues. Rappelons-nous le chemin que nous avons parcouru. D'une ville connue comme New York gérée par des Suisses, rangée, plutôt pincée sur le plan de l'urbanité dans une société répressive – le quartier East End qui a vu grandir Glenn Gould était reconnu pour sa suspicion à l'endroit de toute différence – à une cité marquée par une floraison de tolérance.

Certes, aucun tableau statistique ne peut rendre compte de cette catégorie intangible et pourtant si réelle qu'est la tolérance. Cette dernière émerge de l'expérience de vivre dans une société d'immigrants où les idées de tolérance et de cohabitation sont fondamentales, selon les mots de Lisa Rochon dans son important ouvrage *Up North, Where Canada's Architecture Meets the Land*[24]. Ces idées de tolérance et de cohabitation découlent d'une autre valeur que Lisa Rochon souligne dans ce même livre :

> Le Canada s'étend sur 700 000 kilomètres d'est en ouest, et est bordé par trois océans. Il s'agit d'une quantité de terre outrageusement vaste et peuplée par des gens qui se reconnaissent à peine, sauf à travers cette même croyance voulant que les différences et les désaccords puissent être négociés[25].

Une floraison de tolérance ! Une fois de plus, Lisa Rochon a saisi les sentiments exprimés par un grand nombre de nos interlocuteurs.

[24.] L. Rochon, *Up North. Where Canada's Architecture Meets the Land*, Toronto, Key Porter Books Limited, 2005, p. 37.
[25.] *Ibid.*, p. 28.

Hargurdeep Saini

Comme environ 50 % des immigrants ayant choisi le Canada s'installent dans le Grand Toronto, la métropole ne cesse de s'étendre. La région sud-ouest voisine de Toronto compte 1,5 million d'habitants et des villes importantes : Mississauga, Milton et Georgetown. L'Université de Toronto a ouvert un campus à Mississauga, dans un domaine protégé de 225 acres formant une ceinture verte le long de la rivière Credit. Celui-ci comptait 5 000 étudiants en l'an 2000. Il en accueille aujourd'hui 13 000, de 125 nationalités, et prévoit qu'ils seront 20 000 en 2015-2016. Dans la liste de ses anciens étudiants, un palmarès de personnalités : l'écrivaine Dionne Brand, l'astronaute Roberta Bondar, le cinéaste Richie Mehta, l'acteur Zaib Shaikh et le fondateur de FatLabs, Vikas Kohli. Certains prétendent que la nouvelle Toronto qui crée la richesse, produit les biens et fournit les services avancés, et qui les exporte dans le monde est ici jeune, vibrante et conquérante, alors que, dans la vieille ville, on entretient les acquis et on invite toujours à prendre le thé chez mesdames Wilson ou Smith.

Le directeur et vice-président nous reçoit dans son grand bureau plein de lumière que laisse entrer une fenestration généreuse. Le déjeuner est léger et agréable, la conversation directe. Deep Saini est né en Inde, a obtenu son doctorat en Australie et s'est installé au Canada en 1982. Il a du pays une connaissance particulière, ayant vécu en Alberta, au Québec et en Ontario, et parlant les deux langues officielles avec aisance. Ce scientifique renommé est aussi un homme franc « qui n'a pas mal à la bouche », comme disent nos amis africains.

Nous parlons évidemment de la diversité, qu'il évoque comme « la chose la mieux partagée du monde », celle qui se vit sur le campus tout comme celle de l'Ontario.

Je ne sais pas comment répondre à votre question sur l'apparente harmonie entre les diverses communautés vivant en Ontario. Je ne sais pas, mais je la constate avec bonheur. Peut-être est-ce dû au fait que les immigrants n'ont pas à souscrire à ce que peut signifier être canadien. Ils ne sont pas forcés de s'aligner sur un modèle identitaire qui leur serait imposé. Cela étant, la situation actuelle n'a pas toujours prévalu.

Le Canada anglais que j'ai quitté pour le Québec, en 1987, dans l'espoir que ma situation de minoritaire y serait mieux comprise, n'était pas très inclusif. J'ai aimé mon long séjour au Québec. J'y ai appris la langue française, dirigé l'Institut de recherche en biologie végétale de l'Université de Montréal et me suis engagé dans la société civile. Mais après dix-huit années, je ne sentais pas que j'étais vraiment un membre de la société québécoise. J'attribue ce sentiment au fait que, manifestement, on cherchait à m'imposer une identité. J'ai alors décidé de revenir au Canada anglais pour découvrir qu'il avait profondément changé. Je suis passé de citoyen de seconde classe, au moment où je l'ai quitté, à la normalité quand j'y suis retourné.

Que s'était-il donc passé dans cet intervalle de dix-huit années, de 1987 à 2005 ?

Les immigrants ne cessant de s'y installer, répond mon hôte, il est devenu plus difficile de discriminer un nombre aussi important de personnes. De plus, on ne cherchait pas à leur imposer une identité précise, mais on laissait le « jeu normal des interrelations humaines » produire ses effets. De nombreux immigrants ont maîtrisé leur domaine d'activité et connu de vrais succès. Plusieurs sont devenus des exemples, des modèles pour leur communauté et pour toute la société. D'autres ont émergé comme des agents actifs de la relation économique entre leur pays d'origine et leur pays d'adoption. S'ils choisissent de vivre au Canada en raison du style de vie qui leur convient, ils n'en maintiennent pas moins les activités économiques qu'ils exerçaient avant leur immigration.

Ces premiers témoins décrivent la société ontarienne telle qu'elle advient en ce début de millénaire. L'idée et la réalité de transition dominent leurs propos, tout comme celle de sa diversité constitutive en tant que valeur centrale de ce qu'elle est en train de devenir. S'ils reconnaissent volontiers l'existence de problèmes d'insertion économique et sociale, ils partagent une conviction quant à la réussite mondiale de la mutation en cours de la société ontarienne. Mais en fonds de scène s'imposent aussi l'idée et la réalité de l'ancienne société ontarienne construite à long terme. Entre ces deux mondes, ils évoquent une sorte de transition inachevée vers autre chose qui ne dit pas son nom, mais qui constitue une chance et, à ce jour, un pari réussi.

Après la survivance ?

« Avons-nous survécu et, si oui, qu'y a-t-il après la survivance ? » Posée ici dans un contexte certes différent, la question formulée par Margaret Atwood en conclusion de *Survival* a été reprise par nos interlocuteurs ontariens venus de tous les horizons. Sollicités ou non, plusieurs d'entre eux ont formulé de diverses manières cette question essentielle. Avons-nous survécu à cette opération unique du passage d'une société à une autre et, si oui, qu'avons-nous trouvé à son terme ?

La société ontarienne est la somme des réponses données à cette interrogation commune par les millions d'immigrants qui l'ont choisie, par leurs enfants et les enfants de ces derniers. En moins de dix générations, ils ont construit cette société singulière et contribué à sa réussite manifeste. En août 2004, John Ibbitson écrivait dans le *Globe and Mail* que «les immigrants sont l'élément vital de notre économie et de notre société». L'élément vital! Cette société est devenue la leur. Comme le laissent voir nos premiers témoins dont les analyses et réflexions ouvrent ce chapitre, leur présence et leur avancement annoncent une nouvelle configuration du territoire immatériel de la province.

Une mutation démographique d'une telle ampleur ne vient jamais seule. Elle est porteuse de changements plus vastes touchant à la nature même des consensus acquis et leur enrichissement par une fécondation réciproque des systèmes de valeurs en présence. Dans un premier temps, limitons-nous aux soixante-quinze premières années du précédent siècle. La source de l'immigration étant quasi exclusivement européenne en raison notamment des politiques racistes de l'État canadien, la question de l'intégration ne se posait pas, en raison des valeurs occidentales. Il en va tout autrement depuis la levée de ces politiques et la venue massive d'immigrants d'origines chinoise, indienne, sud-asiatique, africaine et arabe. La notion d'accommodements raisonnables apparaît ici tout à fait dérisoire compte tenu des volumes en présence. La venue de ces immigrants a altéré le territoire historique immatériel ontarien. En conséquence, il se reconfigure à partir des composantes anciennes et nouvelles qui sont ses matériaux complémentaires.

Les territoires ontariens

Le territoire ontarien est d'abord physique. Les nouveaux Ontariens sont venus, à différentes époques, sur une terre précise dans une région spécifique du monde. Il est aussi immatériel, conjuguant tous les bagages culturels, intellectuels et spirituels emportés de leurs mondes par ces millions d'immigrants.

Les lacs et les boucliers de granit

Les rêves de ces immigrants se sont inscrits dans un paysage naturel fait de vastes mers intérieures, les Grands Lacs qui séparent et lient l'Ontario aux États-Unis. L'eau est partie constitutive de la province, qui recèle une proportion significative de l'eau potable de la planète. L'appellation Ontario provient d'un mot de la langue iroquoise signifiant « la belle eau ».

L'eau a toujours fasciné les créateurs étrangers et ontariens. Normalement présente dans la cartographie telle qu'établie, au XVIIe siècle, par Champlain, Nicolas Sanson, géographe du roi de France, et Louis Hennepin, qui, le premier, montra les chutes du Niagara en 1678, l'eau domine les premières représentations du territoire ontarien. À des siècles de distance, elle est toujours présente dans cette représentation comme le montrent les œuvres de James Peachey, celles des peintres du Groupe des Sept et celles, exceptionnelles, du photographe Jesse Boles dont *Crude Landscapes*, que l'Art Gallery of Hamilton a montrées en 2009. Les Grands Lacs sont plus qu'eux-mêmes. Le fleuve Saint-Laurent, qui s'étend sur 1 000 kilomètres, y trouve sa source et désenclave le territoire ontarien en le reliant à l'océan Atlantique.

Sur une étroite frange de terre empruntant les contours des berges du lac Ontario, le Golden Horseshoe se déploie entre la péninsule du Niagara et la ville d'Oshawa, d'ouest en est. Bordé au nord par les villes de Brantford, Kitchener, Waterloo, Barrie et Peterborough, il inclut la région métropolitaine de Toronto. Près de 80 % de la population ontarienne vit dans cet immense corridor urbain qui est aussi l'une des plus importantes zones industrielles du continent. Cette population est en croissance continue et on prévoit qu'elle augmentera substantiellement dans le prochain quart de siècle.

Les rêves des immigrants se sont aussi inscrits dans les paysages uniques et mythiques du nord-est, jusqu'à la lointaine baie d'Hudson. Cette mer intérieure d'environ un million de kilomètres carrés ouvre, à l'est, sur la mer du Labrador et l'océan Atlantique et, au nord-ouest, sur la mer de Beaufort et l'océan Arctique, l'un des espaces les plus convoités de la planète. Se pourrait-il que, dans l'avenir, ces voies d'eau contribuent, comme le Saint-Laurent l'a fait depuis plus de deux siècles, à la prospérité de la province ? Sans réponse pour l'instant, cette question n'en éclaire pas moins un avenir possible pour l'Ontario, disposant d'un accès direct aux nouvelles routes du monde qui seront peut-être les plus fréquentées dans le prochain siècle.

La dimension mythique du Nord, cette « véritable mélancolie du Nord », selon l'expression de Hugh MacLennan[26], est très présente dans l'imaginaire ontarien. Des auteurs de la province, Harold Innis, John Bartlet Brebner, Donald Creighton, Arthur S. Morton, Pierre Berton, Farley Mowat, Andrew Cohen, Pauline Johnson, Joseph Boyden et tant d'autres, ont succombé à cette « obsession canadienne », comme le dit Bruce Hutchison. Ceux-là ont fréquenté les fantômes des explorateurs et porté leurs regards sur les distances infinies du nord. Certains ont exploré les cosmologies et les savoirs des populations autochtones qui y vivent, le monde des chamans, celui des hommes qui peuvent se changer en bêtes… Ils ont imaginé la traversée du continent par les chasseurs, fins connaisseurs du nomadisme des animaux épousant les rythmes profonds de l'univers. D'autres ont trouvé leur inspiration dans le déplacement de travailleurs de toutes origines vers cette *terra incognita* à la toponymie unique : Moose Factory, Long

---

26. H. MacLennan, *Seven Rivers of Canada*, Toronto, Macmillan Co., 1961, p. 1.

Point, Onakawara, Kashechewan, Mammanattawa, Cochrane, Opasatika, Porcupine, Low Bush River, Blackbear River, Ghost River. Enfin, la nature de cette région faite d'immenses plans d'eau ouvrant sur le vide, bordée de forêts denses ou de fondrières de mousse, de tourbe et de lichens a inspiré les écrivains et les peintres ontariens, notamment ceux du Groupe des Sept. Il faut lire et relire « True North », cet unique chapitre de *Moving Targets* de Margaret Atwood.

> Le Nord n'est pas seulement un lieu. Il est aussi une direction… le Nord rassemble nos anxiétés. Se tourner vers le Nord, faire face au Nord, nous entrons dans notre propre inconscient. Le voyage vers le Nord a toujours, en rétrospective, la qualité du rêve[27].

« Où donc le Nord commence-t-il ? » se demande la célèbre écrivaine que l'on a qualifiée de *rock star* internationale de la littérature. Est-ce à l'endroit où le bouclier de granit émerge soudainement hors de la terre ? Est-ce à cet autre endroit où un écriteau vous informe que vous êtes à mi-chemin entre l'équateur et le pôle Nord ? Est-ce dans ces territoires où les fermes deviennent moins nombreuses, les arbres plus rares jusqu'à leur disparition et les lacs plus abondants ? Mais dans ces terres lointaines, c'est le Sud qui intrigue. « Parle-nous du Sud[28] », demande le père à sa fille Gloria, qui revient de Toronto, la ville où les hommes vivent dans le brouillard. Il faut aussi lire et relire la nouvelle *Bearwalker*, de Joseph Boyden.

Au-delà des mythes et des représentations symboliques, le Sud remonte vers le nord pour d'autres motifs, dont l'exploitation des ressources abondantes

---

27. M. Atwood, *Moving Targets: Writing with Intent*, 1982-2004, Toronto, Anansi, 2004, p. 45.
28. J. Boyden, *Born with a Tooth*, Toronto, Cormorant Books, 2009, p. 84.

de cette zone forestière et aurifère aux richesses naturelles abondantes qui ont emprunté et empruntent toutes les routes du monde[29]. L'Ontario y a trouvé une partie de sa richesse et d'innombrables immigrants, du travail. De 1901 à 1961, la population de Sudbury, grande ville minière du nord de l'Ontario, connaît une croissance spectaculaire, passant de 2 000 à 80 000 habitants. Cette croissance est attribuable aux vagues d'immigration d'Européens de diverses origines, attirés par l'extraction minière: Italiens, Ukrainiens, Polonais, Finlandais, Grecs et Croates. Leurs communautés y sont toujours présentes avec leurs centres culturels, leurs chorales, leurs radios, leurs quartiers parfois, comme Copper Cliff, où se sont installés les Italiens. Ils y vivent dans le voisinage de Little Britain, n'étant séparés que par la mine, à l'ombre de sa cheminée géante qui s'époumone au-dessus des rues qu'elle surplombe. Ces immigrants ont rejoint les Britanniques et les Canadiens français qui, en plus grand nombre encore, ont peuplé Sudbury.

La province cherche aujourd'hui à renforcer la région nordique qui s'est contractée en raison de la compétition nouvelle née de la mondialisation. Cette contraction a eu d'importantes conséquences démographiques. Après avoir connu la croissance démographique spectaculaire rappelée précédemment, la ville de Sudbury, de 1971 à 1991, s'enrichit de 2 000 habitants seulement, dont très peu d'immigrants.

Le Sud remonte aussi vers le nord pour sa quiétude, sa splendeur, l'abondance de ses sites protégés. Ce dernier attire depuis toujours vacanciers, amants de la nature, collectionneurs de fleurs et d'insectes, écologistes et sportifs.

---

[29]. R. Brown, *Unusual Things to See in Ontario*, Erin, The Boston Mills Press Book, 2007.

Le mythe du Nord se déploie sur plusieurs plans. Certains l'ont vécu dans une relation avec le lointain comme une partie d'un monde qui ne ressemble à aucune autre, ancrée dans un terreau incomparable. D'autres l'ont vécu dans une vraie proximité comme un moment précieux de leur propre existence. Dans son ouvrage *Changing Places*, Kerry M. Abel nous montre le Nord dans une simplicité que seule la proximité rend possible :

> J'ai vécu deux années de mon enfance dans l'une des « propriétés » minières juste à l'extérieur de Timmins. Quand j'avais 11 ans, je croyais que Porcupine était l'un des endroits les plus magiques du monde, avec ses odeurs exotiques de forêts et de mines, avec les ruines des fondations laissant imaginer les drames et les mystères du passé, avec aussi les profils fascinants de mes compagnons de classe, les Di Marco, Sauvé, Heinoven et Boychuk, qui apportaient d'étranges et merveilleuses choses à manger dans leur petite boîte à lunch en métal. Tout cela est aujourd'hui moins mystérieux et certainement moins glamour, mais, sa part de magie m'habite toujours[30].

Les rêves des immigrants se sont aussi inscrits, au nord-ouest, dans une vaste région où certains écosystèmes sont les mêmes depuis l'ère glaciaire, n'ayant jamais été perturbés par les activités humaines. Refusant de céder aux groupes d'intérêts, le gouvernement ontarien a décidé, en 2009, d'y proscrire toute activité minière dans un espace de plus de 225 kilomètres carrés et de réserver la moitié de la forêt boréale qui s'y trouve aux activités traditionnelles des Autochtones et au tourisme. Ce choix a été fortement critiqué par

---

[30]. K. M. Abel, *Changing places, History, Community, and Identity in Northeastern Ontario*, Toronto, McGill-Queen's University Press, 2006, p. 24.

les spéculateurs de tout acabit. Mais il a été aimé par ceux qui espèrent toujours que les catastrophes écologiques mondiales annoncées pourront être retenues par la préservation de territoires conséquents.

Ces rêves se sont aussi concrétisés dans les grandes régions agricoles et vinicoles du sud-ouest telle celle, magnifique, de la vallée du Niagara. L'Ontario y a toujours trouvé une autre partie de sa richesse.

Sur le plan de la superficie, la somme de ces régions, telle qu'elle est aujourd'hui, a peu à voir avec ce qu'était le territoire ontarien en 1867, quand la fédération canadienne est née. L'Ontario occupait alors un étroit ruban de terre longeant les Grands Lacs, un modeste fragment de sa surface actuelle. En 1876, le gouvernement fédéral achète la Terre de Rupert et fait reculer provisoirement les frontières de l'Ontario à l'ouest jusqu'au district de Keewatin et au nord jusqu'aux rives de la baie James, puis en direction de ce qu'on appelait à l'époque le Northwest Territory. En 1899, Ottawa concède à la province le district de Kenora, jusque-là objet de litige entre Toronto et Winnipeg qui y avaient installé deux administrations parallèles. Enfin, en 1912, les frontières de l'Ontario sont poussées jusqu'à la baie d'Hudson. Le territoire de la province est alors constitué tel que nous le connaissons à ce jour. Le gouvernement ontarien aura déployé des efforts considérables, mené des batailles politiques épiques pour finalement disposer de sa superficie actuelle, plus grande que celles, combinées, de la France et de l'Espagne.

En 1867, mis à part la lointaine colonie de Victoria sur la côte du Pacifique, l'immense espace de l'ouest était habité quasi exclusivement par les nations autochtones et sans structure politique imposée par les Britanniques. Il faudra attendre quatre décennies pour que cette situation change, grâce à la création des provinces du Manitoba en 1870, de la

Colombie-Britannique l'année suivante, puis de la Saskatchewan et de l'Alberta en 1905. L'Ontario y perd son statut frontalier, mais y gagne une situation centrale dans l'espace canadien. Effet de la géographie et de l'histoire, l'Ontario est aussi le pivot dans l'espace nord-est du continent, partageant les frontières de sept États américains regroupant aujourd'hui plus de 100 millions de personnes.

En 2009, ce positionnement favorable a été utilisé avec subtilité dans une campagne publicitaire du gouvernement ontarien. Sur fond noir, les deux Amériques sont étirées sans aucune démarcation de frontières. Dans le vaste espace ainsi reconstitué, la longue ligne séparant normalement le Canada et les États-Unis est absente et, presque au centre de cet espace continental ouvert, apparaît le profil de l'Ontario tracé en rouge éclatant et empruntant la forme d'un cœur.

Une civilisation urbaine

Le caractère urbain de l'Ontario s'est imposé très tôt. Déjà en 1905, une majorité d'Ontariens vivaient dans des villes, comparativement à 35 % et 39 % respectivement pour les autres Canadiens et les Américains. Aujourd'hui, plus de 90 % des Ontariens sont des citadins. En 2006, la province comptait 445 villes et villages et 42 des 100 villes les plus peuplées du Canada. Quatre d'entre elles comptaient plus de 500 000 habitants; 20 comptaient de 100 à 500 000 habitants. De 1996 à 2006, 22 de ces villes ont enregistré une croissance démographique supérieure à 10 %. Fait remarquable, la distribution des populations immigrantes couvre maintenant inégalement, mais réellement, l'ensemble du territoire de la province. Dans ses villes principales, la proportion d'immigrants oscille de 20 % à 60 %[31]. Cette diversité est encore plus sai-

---

31. Markham (60 %), Mississauga (52 %) Richmond Hill (52 %), Brampton

sissante à Toronto, où les minorités visibles forment une majorité en croissance continue.

Si, aux XVIIIe et XIXe siècles, les rêves des immigrants se sont inscrits dans des paysages naturels à maîtriser, ceux de nombreux nouveaux Ontariens venus depuis se déploient dans ces paysages urbains aménagés par les cohortes successives de leurs prédécesseurs. Comme nous l'avons affirmé précédemment, le fait dominant de l'histoire ontarienne est dans le flux constant d'immigrants qui ont choisi de venir y vivre. Mais il est aussi dans cet aménagement plus que séculaire d'une civilisation urbaine et dans son succès matériel indéniable.

Les paysages de l'esprit

Les rêves de ces immigrants se sont aussi inscrits dans le « paysage de l'esprit », selon l'expression de Cyril Dabydeen[32]. Les usages, les valeurs et les mœurs de la mère patrie ont été confrontés et influencés par ceux des nations autochtones, puis ont dominé les esprits et les institutions durant près de deux siècles. Ils occupent toujours une vraie place dans les composantes de la spécificité ontarienne. Mais ces usages et ces mœurs cohabitent aujourd'hui avec les multiples systèmes spirituels et philosophiques, les patrimoines culturels anciens et actuels, les mémoires limpides ou écorchées des nouveaux Ontariens venus de toutes les régions du monde. Le territoire immatériel de la province défie toute catégorisation. Il a été pour mes recherchistes et moi-même une source constante d'émerveillement tant il est un condensé vivant, tragique et heureux des événements majeurs de l'histoire moderne et contemporaine.

(45 %), Vaughan (40 %), Windsor (28 %), Hamilton (25 %), London (22 %), Kitchener (22 %) et Ottawa (18 %).

32. C. Dabydeen, « The landscape of the mind » dans *A Shapely Fire: Changing the Literary Landscape*, Oakville, Mosaic Press, 1987, p. 10.

Les Autochtones

Le premier territoire invisible de l'Ontario est celui des nations autochtones ; territoire suffisamment sophistiqué pour offrir des explications ontologiques de la vie et cosmologiques de l'univers, suffisamment outillé sur les plans scientifique et technologique pour assurer la survie et la vie dans un environnement naturel comportant des défis redoutables. L'histoire de ces nations est première au sens étymologique du terme. Avant d'être une histoire de résistance, de défaite, d'humiliation, puis de renaissance, elle est celle « qui se situe avant toute autre ». Dans *Mon pays métis*[33], John Ralston Saul a décrypté ce que nous devons à ces explications cosmologiques et ontologiques et à ces savoirs scientifiques et technologiques. Il a montré aussi ce que nous devons à ces systèmes de valeurs qui ont pénétré et enrichi ceux des nouveaux arrivants que nous sommes. Barbara Godard a montré la contribution des femmes autochtones à la littérature du pays[34]. Les médias, anglophones ou francophones, restent insensibles à ces contributions. Et soudain, dans ce vide, émerge un texte dissident et précieux, telle la contribution d'Isabel Vincent dans le *Globe and Mail* du 10 juin 1989, célébrant la spiritualité des Autochtones.

Ces nations sont toujours présentes en Ontario, qui compte plus d'Autochtones que n'importe quelle autre province de la fédération canadienne.

Les Européens

Le territoire intérieur de l'Ontario est indissociable du grand dessein européen qu'a été la recherche de routes vers l'Orient lointain et de sa mutation en découverte

---

33. J.R. Saul, *Mon pays métis*, Montréal, Boréal, 2009.
34. B. Godard, « Some native Canadian women writers », dans *Canadian Literature at the Crossroad of Language and Culture*, Edmonton, Newest Press, 2008, p. 109.

et occupation des Amériques et des Caraïbes. La conquête de ces territoires appartient à la vaste entreprise de colonisation et de domination du monde par les pouvoirs européens, celle aussi de dissémination des valeurs occidentales posées et souvent imposées comme valeurs universelles.

Dans cette extraordinaire expansion de la puissance, la Grande-Bretagne occupe le tout premier rang. Appartenir à l'Empire britannique, puissance dominant la planète, maître des mers, premier producteur des biens industriels et technologiques avancés de l'époque, avoir accès à ses réseaux, communier avec ses symboles, son prestige et sa prépondérance, tout cela engendrait fierté, sécurité et confiance.

Ces sentiments sont largement partagés dans les hautes sphères de l'administration coloniale, dans les catégories de citoyens bien établis et dans une partie sans doute significative des immigrants plus modestes venus des îles britanniques. Ils découlent certes d'un système de puissance, mais appartiennent aussi à un positionnement perçu comme naturel par un grand nombre. Faisant référence à son grand-père vivant en Nouvelle-Écosse, Charles Ritchie a dressé un profil de cette conception historique et politique partagée, présente dans cette colonie comme dans les autres:

> Mon grand-père et ses contemporains appartenaient à une race depuis longtemps éteinte. Ils étaient des coloniaux. Le mot comporte un relent d'infériorité, mais ils ne le savaient pas. Ils se voyaient comme fragment de l'Empire britannique et ils ne pouvaient imaginer une situation plus glorieuse. Mais ils ne se définissaient pas comme des Anglais. Pour eux, tout ce qui était British était meilleur, mais ils voyaient les Anglais pris individuellement avec un regard critique. Si les Anglais traitaient les coloniaux avec condescendance, ces derniers

ne se gênaient pas pour les juger à leur tour. Le colonial était une ambivalente créature, comme divisée en deux, britannique mais pas anglaise, et férocement loyale [...]. Depuis plusieurs années, avec leurs semblables, ils avaient dirigé la colonie sous l'autorité d'un gouverneur qu'ils contrôlaient. Ce système était confortable et ils en tiraient quelques profits. Il bénéficiait aussi de la bénédiction de l'Église, anglicane, bien évidemment. Ils étaient des hommes de réputation et de principes, des hommes honorables dans les limites de leur monopole[35].

Aujourd'hui obsolètes, ces sentiments ont imprégné la société ontarienne depuis la fin du XVIIIe siècle. Ils expliquent notamment l'aversion ressentie durant une longue période pour tout ce qui s'écarte de cette sphère privilégiée : race, religion, langue et autres spécificités impériales. Ils expliquent aussi la volonté de quelques-uns, après la Seconde Guerre mondiale, de se distancier d'une vision du monde ayant davantage à voir avec les expériences historiques, intellectuelles et esthétiques et les intérêts propres de Londres qu'avec ceux vécus à Toronto. Dans cette ville, des peintres, des écrivains, des poètes sont alors à la recherche d'un espace identitaire suffisamment ample pour contenir les expériences et les intérêts qui leur sont propres, pour que soit placé en pleine lumière tout ce qui a été recouvert, dissimulé et empêché par la situation coloniale.

Réunissant pour la première fois les intellectuels et créateurs canadiens, la conférence de Kingston de 1941 remet en cause le système et propose des solutions de rechange. Pierre Elliott Trudeau définit l'émergence de cette volonté comme l'acte de nais-

---

[35]. C. Ritchie, « My Grandfather's House » dans M. Ondaatje, *Canadian Stories: From Ink Lake*, Toronto, Vintage, 1995, p. 64.

sance du canadianisme[36]. Dans son essai controversé, *Survival*, Margaret Atwood lui donne sa crédibilité en exhumant ce qui constitue, à son sens, les symboles spécifiques de l'expérience canadienne. Enfin, en 1975, le rapport de la Commission sur les études canadiennes, sous le titre *Se connaître*[37], l'inscrit dans cette continuité tout en prônant l'ouverture sur le monde dans la recherche et l'enseignement. Cette suite d'analyses et d'interventions a des effets certains. Barbara Godard affirme que, dans les années 1960 et 1970, la littérature canadienne est *the biggest field* pour les études universitaires des trois cycles[38].

Ces évolutions ne doivent pas nous faire perdre de vue le fait que l'héritage britannique, sa représentation du monde, ses institutions et ses références essentielles créent un double mouvement au cœur de la société ontarienne. Histoire complémentaire, langue partagée, système politique et système judiciaire communs, volonté de se distancer de l'Amérique, réseaux personnels et institutionnels ; autant d'éléments qui nourrissent le lien avec la Grande-Bretagne. Mais pour certains, ce lien a longtemps bloqué l'émergence d'une culture propre. Il exprime une dépendance politique, culturelle et intellectuelle devenue archaïque et contribuant à ralentir l'éclosion d'une identité légitime pour la société ontarienne. Pour ceux qui sont venus récemment s'installer en Ontario, ce lien a peu de résonance sinon comme une représentation de ce qu'a été, dans un autre temps, leur pays d'adoption, à moins qu'il ne rappelle un souvenir de la société ontarienne telle qu'elle leur est apparue alors.

---

36. P.E. Trudeau, *Le Fédéralisme et la Société canadienne-française*, Montréal, Éditions HMH, 1967, p. 39.
37. T.H.B. Symons, *Se connaître : le rapport de la Commission sur les études canadiennes*, Ottawa, Association des universités et collèges du Canada, 1975.
38. B. Godard, *op. cit.*, p. 25.

Les Américains
Ce paysage de l'esprit est aussi indissociable de la réalité continentale nord-américaine. Depuis ses origines, l'histoire de l'Ontario est intimement liée à celle de son grand voisin. Pour se rendre au cœur du continent, puis encore plus loin jusqu'à l'embouchure du Mississippi, les Français ont eu besoin des Autochtones du territoire, de leur savoir-faire sur les voies d'eau, les sites stratégiques et les populations dans cet espace appartenant alors au roi de France. Empruntant la route inverse, les loyalistes sont venus enrichir la population de la colonie et développer son territoire. Ils sont, eux aussi, de vrais pionniers. Certes, on a parfois douté de leur loyauté, mais leur attachement aux institutions britanniques, y compris au régime monarchique, et leur rejet du système américain ont marqué la culture locale jusqu'à ce jour. Sont aussi venus des États-Unis, au XIXe siècle, les Noirs fuyant leur condition d'esclaves et, au début du XXe siècle, les Asiatiques, victimes d'un rejet brutal là-bas avant de l'être au Canada.

Le reste est connu : intégration de l'économie ontarienne à l'économie américaine et participation à un secteur industriel continental de plus en plus unifié ; développement et déploiement par les Américains d'un puissant secteur des industries de la culture et des loisirs qui placent leurs œuvres et leurs produits au premier rang de l'économie en ce domaine dans le monde et bien évidemment chez un de leurs voisins immédiats, les Ontariens. Les effets de ces proximités sur la société ontarienne sont manifestes. Mais ils sont aussi à l'origine d'un malaise constant illustré par la farouche opposition des Ontariens au projet de libre-échange mis de l'avant, en 1984, par le gouvernement de Brian Mulroney. Cette opposition posait la question du degré d'intégration compatible avec le maintien de la souveraineté et de l'identité, celle aussi des éventuelles conséquences du libre-échange sur l'autonomie du pays.

Bref, pour les Ontariens comme pour un grand nombre de sociétés dans le monde, mais avec une acuité particulière dans leur cas, l'Amérique, devenue la superpuissance après la Seconde Guerre mondiale et l'hyperpuissance au lendemain de l'implosion de l'Union soviétique, constitue une espèce d'horizon aimanté. Voisinage géographique, langue commune, attraction d'un grand marché solvable, accès quotidien aux moyens de diffusion de la culture populaire américaine et partage d'intérêts géopolitiques : tous les astres sont alignés, et en quasi-permanence, pour créer une ambiguïté permanente au cœur de la société ontarienne. D'une part, un consentement profond à cette mitoyenneté avec l'une des sociétés les plus dynamiques de la planète et dont le modèle a séduit largement dans le monde[39]. D'autre part, une réserve quant à la disproportion de la relation qui met en pleine lumière la fragilité du Canada.

Dans ce contexte, l'attraction de l'Amérique a été et est indiscutable pour les créateurs du « Canada anglais ». Déjà en 1907, l'auteur américain Samuel Moffett publiait un ouvrage au titre provocant : *The Americanization of Canada*. Il y soutenait « que malgré leurs protestations, les Canadiens anglophones sont déjà des Américains sans le savoir[40] » et annonçait l'union « inévitable » du Canada avec les États-Unis. Un siècle plus tard, l'un des meilleurs connaisseurs de la psyché canadienne, Jeffrey Simpson, commentant la thèse de Moffett, écrivait : « Les Canadiens sont aujourd'hui bien plus

---

39. F. Martel, *Mainstream, Enquête sur cette culture qui plaît à tout le monde*, Paris, Flammarion, 2010.
40. S. Moffett, *The Americanization of Canada*, Toronto, University of Toronto Press, 1972.

américains qu'au temps de Moffett, mais sa prophétie au sujet de l'union des deux pays ne s'est pourtant pas réalisée[41]. »

Morley Callaghan, « le plus important écrivain canadien de sa génération[42] », a dit l'essentiel en 1928 : « Marchant sur la 5ᵉ Avenue et passant devant la librairie Scribner et voyant les vitrines remplies de mon livre *Strange Fugitive*, j'ai cru que le monde était mon huître[43]. » La cohorte de ceux et celles qui, depuis l'Ontario, empruntent toujours la route ouverte par Morley Callaghan est innombrable. Certains les jugent sévèrement. D'autres font leur la formule si juste de Margaret Atwood : « Comment dire à la fois non et oui ? »

Dans sa fameuse lettre à l'Amérique, elle creuse à nouveau le même sillon :

> Nous avons toujours été proches, vous et nous. L'histoire, cette vieille entremetteuse, nous a liés depuis le début du xixᵉ siècle. Certains d'entre nous venaient de vous ; certains d'entre nous voulaient être des vôtres ; certains d'entre vous venaient de nous. Vous n'êtes pas seulement nos voisins. Dans plusieurs cas, le mien par exemple, vous êtes de notre famille, nos collègues et nos amis. Mais même si nous avions les meilleurs sièges, nous ne vous avons jamais compris complètement, nous qui vivons au nord du 49ᵉ parallèle. Nous sommes comme les Gaulois romanisés – nous ressemblons aux Romains, nous nous habillons comme les Romains, mais nous ne sommes pas des Romains – et nous regardons par-dessus le mur les vrais Romains. Que font-ils ? Pourquoi ? Que font-ils maintenant ? [...]

---

[41]. J. Simpson, *Star-Spangled Canadians, Canadians living the American dream*, Toronto, Harper Collins, 2000, p. 340.
[42]. N. Snider, « Why Morley Callaghan still matters », *The Globe and Mail*, 25 octobre 2008.
[43]. M. Callaghan, *The New Yorker stories*, Toronto, Exile Editions Limited, 2001, p. ix.

Que puis-je vous dire à votre sujet que vous-mêmes ne sachiez pas[44]?

Quel est donc l'espace immatériel qui appartient en propre aux Ontariens et qui, exploré et éclairé, dégagerait leur contribution spécifique à celui qui est commun? Leur contribution certes, mais aussi cette reconnaissance qui, longtemps, a tant fait défaut aux créateurs? À moins de croire que ces derniers soient condamnés à la dépendance à des puissances qui occupent successivement le premier rang dans les affaires du monde, la Grande-Bretagne et les États-Unis lui succèdent. Le passage du flambeau entre les deux nations anglophones, fait rare dans l'histoire, s'accomplit dans une continuité linguistique fluide. En effet, la *Pax Britannica* et la *Pax Americana* parlent la même langue. Cela renforce et affaiblit tout à la fois les chances d'affirmation des créateurs anglophones vivant ailleurs dans le monde et, au premier rang, les créateurs du dominion situé au nord des États-Unis d'Amérique. Mais nous savons que cette chance a été saisie dans la conjoncture ambiguë qui est la leur et qui est partagée, à des degrés divers, par un grand nombre dans le monde. Bref, les Ontariens ne sont pas les seuls à devoir dire oui et non à leur grand voisin, et à le faire simultanément.

Les Canadiens
Enfin, ce paysage de l'esprit est aussi constitué d'événements canadiens antérieurs ou postérieurs au traité de Paris du 10 février 1763. Ce dernier a confirmé la propriété de la Grande-Bretagne d'une vaste portion de l'espace continental américain et son autorité sur les populations éparses qui l'habitent. L'Ontario n'a alors aucune existence. Quand elle sera constituée,

---

44. M. Atwood, *Moving Targets*, Toronto, House of Anansi Press, 2004, p. 325.

elle découvrira la singularité de sa situation : voisinage à l'est avec une société francophone qui entend le rester et qui, à compter de 1840 jusqu'à aujourd'hui, est son partenaire politique ; à l'ouest, après un siècle d'attente, création de quatre provinces dont certaines se posent aujourd'hui en concurrentes de l'Ontario.

Tels sont les paysages naturels et spirituels qui s'imposent à la vue de ceux qui, ces deux derniers siècles, sont venus en Ontario depuis toutes les régions du monde. Ces paysages sont transformés par ces derniers au sens de la distinction établie par Northrop Frye entre le monde objectif et le monde dans lequel nous voulons vivre : « Ce dernier n'est pas celui que l'on voit, mais celui que l'on a construit à partir de ce que l'on voit [...] comme expression de ce que nous avons à faire et de ce que nous voulons faire ; bref, comme expression de la nécessité et de la liberté[45]. »

Ce qui est révélé à ces millions d'immigrants dans le premier regard posé sur leur nouvel habitat a varié substantiellement selon les époques. Les premières générations de ces nouveaux venus ont vu une nature brute qu'elles devaient maîtriser et une société homogène à laquelle elles devaient se conformer. Les dernières générations ont vu des espaces urbains qu'elles devaient s'approprier et une société hétérogène et pluraliste qu'elles devaient intégrer et comprendre. Durant près d'un siècle et demi, les immigrants venus en Ontario embarquaient sur de lourds navires dans les ports britanniques et européens, et disposaient de plusieurs jours sur l'Atlantique pour imaginer leur vie autrement. Depuis un demi-siècle, ils quittent les aéroports du monde et disposent de quelques heures seulement pour intérioriser une transition qui transformera leur existence.

---

[45]. N. Frye, *The Educated Imagination*, Toronto, House of Anansi Press, 1963, p. 5.

Les Ontariens

> Ayant décidé comme plusieurs de mes concitoyens de m'établir au Canada et rêvant un peu en conséquence des descriptions flatteuses publiées au sujet de ce pays [...], j'ai quitté Glasgow pour Greenock pour embarquer sur le *David of London* avec 400 autres passagers en direction de Québec [...] le 21 mai 1821. En vingt-huit heures, nous avons perdu toute vue des terres [...] et nous sommes arrivés à destination le 25 juin [après trente-quatre jours sur l'océan].

Le voyage était loin d'être achevé, tout comme les épreuves. Trois cent soixante-six des voyageurs prennent la route à Montréal pour se rendre vers ce qui est aujourd'hui l'Ontario.

> Commença alors une partie très difficile de notre voyage, le passage des rapides du Saint-Laurent [...] ces derniers sont si puissants que nous devions compter sur deux chevaux pour tirer chaque bateau. Tout cela était très pénible, le temps était très chaud, les pluies abondantes, les vêtements imbibés d'eau. Des compagnons ne pouvaient plus suivre et restaient derrière le groupe. La nuit tombée, nous trouvions parfois des maisons de ferme pour certains, les autres couchaient dans la forêt [...]. Plusieurs tombèrent malades et moururent après quelques jours. Ce trajet dura trois semaines[46].

Cent soixante-quinze ans plus tard, Neil Bissoondath raconte la venue au pays d'une jeune Japonaise.

> Toronto : un lieu où ma personnalité pourrait s'exprimer librement, elle n'était pas une ville de traditions dans un pays de traditions. Il s'agissait de l'Amérique au sens favorable que lui prêtent les Japonais : ingénieuse,

---

[46]. N. Hillmer et J.L. Granatstein, *The Land Newly Found: Eyewitness Accounts of the Canadian Immigrant Experience*, Toronto, Thomas Allen Publishers, 2006, p. 42.

propre, sécuritaire, neuve. L'expérience de la vie sans le poids insoutenable du passé. Je n'oublierai jamais la joie qui m'habitait quand, après une nuit de cauchemars, je réalisai que j'y étais à nouveau jeune et que, par un simple vol aérien, j'avais retrouvé ma jeunesse[47].

Des millions d'histoires singulières

Avant 1991, près de deux millions d'immigrants se sont retrouvés dans ces paysages naturels et dans ces paysages de l'esprit, et deux millions et demi depuis. Ces chiffres sont impressionnants, tout comme les histoires particulières qu'ils dissimulent.

Immigrer est un acte profondément personnel. Les Ontariens rencontrés n'ont pas cessé de nous le rappeler. Mis à part le fait majeur d'acquérir une même citoyenneté, tout distingue l'expérience de migration de tout un chacun : l'histoire personnelle vécue jusque-là ailleurs dans le monde, celle imaginée dans la période de réflexion, de décision et d'attente précédant le départ vers la nouvelle patrie, et finalement celle vécue en conséquence de ce choix de même que tout ce qui s'est manifesté entre ces trois moments. Ainsi, dans son ouvrage *Strangers Within Our Gates: or Coming Canadians* publié en 1909, le père du socialisme canadien, James Shaver Woodsworth, Ontarien d'origine, donne la parole à un jeune immigrant :

> Notre histoire est typique de l'expérience vécue par les familles d'immigrants – le mécontentement ressenti dans le pays d'origine –, les rêves et les plans concernant le pays d'adoption – le départ du chef de famille seul pour prospecter et préparer notre arrivée –, le sacrifice du départ – les angoisses et difficultés de la traversée –,

---

47. « The Cage », dans S. Sugunasiri (dir.), *The Whistling Thorn. An Anthology of South Asian Canadian Fiction*, Oakville, Mosaic Press, 1994, p. 104.

les espoirs qui les rendent supportables – la déception à la découverte du pays rêvé –, les batailles pour prendre pied – les privations des premiers mois, voire des premières années –, l'aménagement graduel d'un foyer – le départ des jeunes hommes vers la ville et leurs propres batailles. Ô combien peut-on lire entre les lignes[48] !

Là où le jargon bureaucratique implose en catégories et en règles de gestion empilées les unes sur les autres, là où un certain discours officiel givre en euphémismes et en platitudes ces vies, pour ne rien dire des concessions faites aux préjugés les plus grossiers, il nous faut comprendre les émotions propres découlant de cette exceptionnelle expérience humaine : prendre la décision de changer de monde et le faire effectivement. Cela équivaut à quitter sa société d'origine pour une autre et à y réinventer sa vie et celles de ceux qui font partie de cette aventure. Si cette expérience comporte des épisodes matériels relativement communs et identifiables, elle comporte aussi des dimensions intimes propres à chacun, et que chacun tient à jamais dans « les mains de l'esprit », selon l'expression d'Austin Clarke[49]. D'où l'intérêt des témoignages qui suivent.

Pour un très grand nombre d'Ontariens, ce changement de monde constitue l'un des éléments essentiels de leur conversation, celle qu'ils entretiennent dans l'intimité de leur être, avec leur conjoint, leurs enfants, leurs nouveaux amis et les membres de leur communauté. Sans avoir été sollicités, une bonne moitié de nos interlocuteurs ontariens issus de l'immigration ont fait référence à cette expérience, à leur expérience. Ce changement de monde constitue aussi un prisme pour l'évaluation des événements, les plus proches comme les plus lointains. Si chaque nouvel Ontarien

---

[48]. J.S. Woodsworth, *Strangers Within our Gates: or Coming Canadians*, 1909, dans N. Hillmer et J.L. Granatstein, *op. cit.*, p. 125.
[49]. A. Clarke, « Leaving This Island Place », dans M. Ondaatje, *op. cit.*, p. 295.

issu de l'immigration est physiquement passé d'une société à une nouvelle, il en va tout autrement des autres dimensions de sa vie. Il est, selon la formule de Charles Taylor, le porteur d'une identité multiple.

Adriana Rio Branco Nabuco De Gouvêa est étudiante, brésilienne et canadienne. Elle relaie le message du philosophe en termes non équivoques :

> M'habituer à vivre au Canada a été bien plus facile que de m'habituer à vivre sans le Brésil. Dès mon installation à Ottawa, j'ai commencé à réaliser que je m'attachais aux symboles de l'identité brésilienne qui, jusque-là, n'avaient pas une très grande importance pour moi[50].

La mémoire et l'imaginaire

Chaque nouvel Ontarien contribue de plus à l'enrichissement de la mémoire et de l'imaginaire de sa terre d'adoption, indissociable désormais de sa propre mémoire. Dans le cas de l'Ontario, ces mémoires propres sont légion. Le poète torontois d'origine polonaise Marek Goldyn éclaire cette fusion des mémoires.

L'heure est avancée, mon ami,
Mais là-bas, dans le vieux pays...
Où suis-je, en fait ?
Dans quel pays ?

Voici l'heure du sommeil, mon ami,
Mais là-bas dans le vieux pays
Quelle heure est-il ? Dans quel pays ?
Ici près des Grands Lacs canadiens
De peu il est passé minuit,
Mais là-bas, dans la patrie
Le matin est agité[51] *!*

---

50. N. Hillmer et J.L. Granatstein, *op. cit.*, p. 376.
51. *Mosaic in Media I, op. cit.*, p. 56.

Chaque nouvel Ontarien est aussi porteur de réseaux qui ajoutent au faisceau exponentiel et enchevêtré des liens entre la société d'origine et la société ontarienne. Ces nouveaux réseaux sont souvent modestes, ceux de la famille et du village d'origine, de l'amitié, du métier ou de la profession. Ils peuvent être aussi plus vastes et contribuer aux liens structurels et systémiques de l'Ontario avec des centres majeurs de décision, de création, de recherche et d'innovation. Telle est aujourd'hui l'une des fonctions des diasporas devenues, sous toutes les latitudes, une formidable composante des relations internationales[52].

Venus des mondes

Les premiers de ces migrants venus en Ontario étaient loyalistes, esclaves ou soldats en quête de sécurité et de liberté. Ils ont été suivis par les fils et filles du royaume de Grande-Bretagne, pivot de l'Empire britannique, bénéficiant de ses routes protégées dans le monde ou alors victimes de sa puissance. Puis vinrent les blessés des drames du vieux continent: guerre et famine d'Irlande, pauvreté des pays du centre, de l'est et du sud de l'Europe, enfer du national-socialisme et du fascisme en Italie, en Allemagne, en Espagne, au Portugal et en Autriche, terreur du communisme, dévastation des guerres mondiales, déchaînement de l'horreur dans les Balkans.

> Le 23 novembre 1956, au moment où le régime communiste hongrois était dans un état de profond désarroi en conséquence de l'insurrection armée et tenace de la population, notre famille traversa la frontière de l'Autriche. Nous étions devenus des réfugiés. Cette décision fut difficile pour nos parents. Mon père avait 46 ans, et

---

[52]. J.-L. Roy, *Quel avenir pour la langue française? Francophonie et concurrence culturelle au XXIe siècle*, Montréal, Hurtubise HMH, 2008, p. 71.

ma mère, 37. Avec deux jeunes garçons, quelques valises et pas de ressources financières, ils laissaient derrière les biens acquis – appartement, meubles et autres possessions ; tous leurs amis aussi et les quelques membres de leur famille qui vivaient encore ; le boulot de papa. Sans la moindre garantie quant à l'avenir, ils faisaient face à l'inconnu [...].

Nos parents avaient d'abord envisagé de nous installer en Israël. Après de nombreuses heures de délibération, la décision fut plutôt prise de demander des visas pour le Canada où il semblait plus facile de tout recommencer [...].

J'ai quitté l'Europe János Máté et je descendis à Halifax John Mate. J'ai volontiers renoncé au nom que j'ai connu toute ma vie pour la promesse d'une assimilation plus facile. Mais je n'ai jamais été John. Voilà un nom très anglais et il m'est toujours apparu comme étranger. Le jour suivant le décès de ma mère, le 5 novembre 2001, au cœur de ma peine, j'ai abandonné mon nom d'immigrant et suis retourné aux sons de mon enfance, au nom qu'elle m'avait donné, János. Je n'étais plus un immigrant[53].

Vinrent aussi certaines des victimes du maccarthysme, les objecteurs de conscience et autres opposants aux guerres du Vietnam et de l'Irak et, celles des autres Amériques fuyant les régimes des généraux brésiliens et argentins, de Papa Doc et des colonels chiliens, horrifiés par les disparitions forcées, les exécutions extrajudiciaires, la misère du Mexique et les affres du Sentier lumineux. Vinrent aussi ceux cherchant à échapper aux limites de toutes les insularités, y compris celles qui frappent toujours la nation cubaine.

---

53. J. Máté, dans N. Hillmer et J.L. Granatstein, *op. cit.*, p. 265.

La situation au Chili se dégradait sans cesse. Des personnes disparaissaient, d'autres étaient tuées [...]. Les enfants étaient terrifiés, leur père était à l'étranger et, en raison du couvre-feu, il était interdit de sortir. On ne savait plus à qui donner sa confiance. Dans notre cas, un grand nombre de nos amis étaient partis. Nous vivions dans la crainte permanente. Quand j'ai appris que nous allions quitter le pays, j'étais heureuse et malheureuse à la fois. Je ne voulais pas m'éloigner de ma famille, de mon père, de ma mère et de mon frère [...], mais en même temps je voulais assurer la sécurité de mes enfants [...]. Je ne savais pas ce qu'il fallait apporter et ce qu'il adviendrait de notre maison, de notre voiture, de nos meubles, de nos photos et autres décorations [...]. Notre installation à Toronto fut difficile en raison de nos trois enfants. Nous avions peu de contacts avec notre famille au Chili, et les journaux en parlaient rarement [...]. Nous avons rassemblé quelques meubles, quelques assiettes et ce qui était nécessaire à notre logement. Mon mari croyait que nous allions repartir rapidement, que les militaires n'allaient pas tenir longtemps et que nous serions au pays dans deux ou trois mois, dans pas plus de six mois [...]. Mais il décéda deux années après notre venue au Canada. Nous ne pouvions plus compter sur lui. Nous ne pouvions retourner au Chili, son nom étant sur la liste de ceux qui étaient interdits de retour[54].

D'autres ont fui les drames du continent africain : l'apartheid horrible et criminel des Afrikaners, les guerres tribales du Nigeria, la folie d'Idi Amin Dada en Ouganda, les famines de l'Éthiopie, les cieux bas du Maghreb et les forces spéciales du Caire.

Enfin, plus récemment, des lois ayant mis fin à la grossière discrimination qui a si durement touché

---

54. G. Enriquez, dans N. Hillmer et J.L. Granatstein, *op. cit.*, p. 314.

les Asiatiques durant près d'un siècle, un nombre toujours croissant est venu du lointain Orient. Ces départs ont de multiples causes: division cruelle de la Corée, démence française en Indochine, suivie de celle des Américains au Vietnam, crimes sans nom du régime de Pol Pot, calamités naturelles et politiques du Bangladesh, violences du Pakistan, pauvreté aux Philippines, régimes totalitaires à Djakarta et à Téhéran, dévastations successives de l'Afghanistan, lourdeur millénaire de l'Inde et drame palestinien. Ils sont venus de Hong Kong, rétrocédé par Londres à la Chine en 1997; de Taïwan, menacés par les missiles chinois; et de plus loin encore, de la misère matérielle et spirituelle de la Chine avant que Deng Xiaoping installe le socialisme de marché en substitution du socialisme d'État. Ce changement d'un seul mot a fait basculer le monde. Ils continuent de venir de là, mais désormais portés par une nouvelle certitude: le transfert irréversible du pouvoir vers l'est du monde, l'émergence du nouvel hémisphère asiatique[55].

Venus du Canada

Les néo-Ontariens sont venus aussi, et en grand nombre, de l'est et de l'ouest du Canada, en raison des désastres de la crise économique de 1929, de la pauvreté matérielle et autres, du chômage endémique et de l'isolement ressenti dans certaines régions du pays. Parmi eux, les francophones, formant une minorité historique et politique. Eux aussi ont fait le grand voyage psychologique et physique de leur terre d'origine vers l'Ontario.

Depuis un demi-siècle, sauf pour quelques très rares années, le nombre de migrants internes au Canada, d'une province ou d'un territoire vers une ou un autre, a toujours été supérieur au nombre d'immi-

---

55. K. Mahbubani, *The New Asian Hemisphere*, New York, Public Affairs, 2008.

grants internationaux. Ainsi, en 2005, 300 699 étrangers ont immigré au pays et 315 031 Canadiens ont « émigré » d'une province ou territoire à une ou un autre[56]. Ces mouvements internes de population sont aussi très fluctuants. S'ils touchent 255 000 personnes en 2003, elles comptent pour 434 000 en 1993 et 370 800 en 2007. De 1981 à 2007, l'Ontario a eu un solde positif 16 fois sur 26. Seules les provinces de l'Alberta et de la Colombie-Britannique ont un meilleur dossier : 25 fois sur 26 pour la première, 21 fois pour la seconde, mais le nombre des personnes visées est plus limité. Le Québec, pour sa part, enregistre un déficit 25 fois sur 26 et fournit à l'Ontario la majorité de ses immigrants de l'intérieur.

Sans avoir effectué de recherches exhaustives, mais notant au hasard des lectures et des conversations les noms des célébrités ontariennes nées ailleurs au pays, cette liste n'a pas cessé de s'allonger : Marshall McLuhan né à Edmonton ; Edwin John Pratt « le plus grand poète canadien du XXe siècle », David French et Michael Cook, tous trois nés à Terre-Neuve ; John Newlove, né en Saskatchewan ; Margaret Laurence, née au Manitoba comme Miriam Waddington ; Northrop Frye, né au Québec ; Patrick Lane, né en Colombie-Britannique, sans oublier l'auteure d'*Anne... la maison aux pignons verts*, sans doute l'œuvre littéraire canadienne la plus connue de la planète, Lucy Maud Montgomery, née à l'Île-du-Prince-Édouard. Laissons la parole à Margaret Atwood, dont les parents « étaient des réfugiés économiques de la Nouvelle-Écosse[57] » :

> Dans ma petite enfance, je ne connaissais personne de ma famille, car cette dernière vivait en Nouvelle-Écosse, à 2 000 milles de distance. Incapables de trouver

---

[56]. K. Trad, *Les Caractéristiques du migrant interprovincial au Canada*, mémoire de maîtrise, Université de Montréal, 2007, p. 1.
[57]. M. Atwood, *Moving targets, op. cit.*, p. 197.

du travail, mes parents ont quitté la Nouvelle-Écosse durant la grande dépression. À ma naissance, soit au début de la Seconde Guerre mondiale, personne n'entreprenait de longs voyages sans motif officiel et sans coupons pour l'essence. Même si mes tantes n'étaient pas présentes physiquement, elles l'étaient par l'esprit. Les trois sœurs s'écrivaient toutes les semaines et ma mère lisait ces lettres à haute voix, après le repas du soir, à mon père et par extension à moi-même et à mon frère. On appelait ces correspondances les « lettres de la maison ». La maison, pour ma mère, était toujours la Nouvelle-Écosse, jamais là où nous vivions à l'époque ; cela me donnait le vague sentiment que j'étais une déplacée. La maison n'était pas là où je vivais, peu importe où c'était[58].

Enfin, dans ce flux considérable d'immigrants se sont aussi présentés aux portes de l'Ontario des aventuriers, des amoureux des transits, des étudiants qui s'y sont installés à demeure, des techniciens, chercheurs et savants venus de toutes les régions du monde, attirés par la croissance et le développement de ce fragment des Amériques. Des hommes et des femmes aussi, tout simplement désireux de mieux vivre et de connaître « le bonheur humain », selon les termes du Dr John Howison, immigrant au Haut-Canada en 1820[59]. Ce docteur ajoutait que les avantages de l'immigration dans cette région du monde « ne sont pas chimériques […] mais bien, surtout en ce qui concerne les classes défavorisées d'Europe, aussi nombreux et importants que certains le promettent[60] ». Nos interlocuteurs ontariens venus de tous les horizons ont constamment cité des sentiments voisins de ceux exprimés voilà près de deux

---

58. *Ibid.*, p. 75.
59. N. Hillmer et J.L. Granatstein, *op. cit.*, p. 38.
60. *Ibid.*, p. 40.

siècles par John Howison, tout en signalant aussi l'existence de pratiques discriminantes.

Il est impossible d'évoquer le paysage de l'esprit ontarien sans y incorporer la contribution décisive de ces millions d'immigrants, leurs bagages religieux, philosophique, historique, culturel, linguistique et social. La migration conjugue mémoires et espérances. Elle a contribué à redéfinir la société ontarienne, fondé sa diversité constitutive actuelle et demain, sans doute, elle contribuera à sa qualité métisse.

Cette société demeure incompréhensible sans le rappel de ces mouvements qui, depuis ses origines, a conduit vers l'Ontario des millions d'hommes et de femmes. Leur venue a assuré au territoire ontarien une catégorie essentielle du présent siècle qui est aussi une catégorie fondamentale de l'humanité : la diversité. Dans son introduction aux *Canadian Stories* qu'il a rassemblées, Michael Ondaatje fait observer que les écrivains issus de l'immigration de la seconde partie du XXe siècle ont montré une image différente du Canada, image extérieure à la tradition anglo-saxonne[61]. Nous retrouverons ces écrivains dans le chapitre consacré à la culture.

Toronto comme signature

Toronto est la ville pivot de l'Ontario. Elle est « l'autre Ontario », selon l'expression constamment reprise par nos interlocuteurs. « N'oubliez pas qu'il y a deux Ontario, celle du territoire hors Toronto et la métropole elle-même. » La ville compte 2,5 millions d'habitants. Elle occupe le premier rang des villes canadiennes et le quatrième rang des villes les plus peuplées du continent après New York, Los Angeles

---

61. M. Ondaatje, *op. cit.*, p. xv.

et Chicago. Elle comptera 3 millions d'habitants en 2030, et la région métropolitaine de Toronto passera de 5 à 7,4 millions d'habitants dans le même intervalle.

Certes, le tissu urbain ontarien ne se limite pas à Toronto, mais la métropole symbolise l'avenir d'une société plus vaste qu'elle-même, la société ontarienne. Pour le dire autrement, cet avenir se confond en grande partie avec sa personnalité, son renom et sa réussite. Elle en constitue la signature indiscutable.

Si Ottawa fait quotidiennement les manchettes, c'est pour des motifs qui ont peu à voir avec elle-même. Cela tient à son statut de capitale fédérale et à la volonté des gouvernements successifs de la positionner comme miroir de l'expérience canadienne. Wilfrid Laurier rêvait d'en faire une ville exemplaire aussi réussie que certaines capitales européennes. L'ambition était louable. Le résultat est plus modeste, mais non sans panache. À cette fin, on y a engouffré des ressources considérables, concentré un grand nombre d'institutions à vocation culturelle au détriment des autres grandes villes du pays, créé des événements récurrents qui sont des fêtes exaltant le passé bien davantage qu'ils préfigurent l'avenir. Aux trois paliers de gouvernement, le municipal, le provincial et le fédéral venant en appui à la ville, on a ajouté une structure additionnelle, la Commission de la capitale nationale, disposant de ressources significatives.

Deuxième ville de la province, la capitale fédérale n'a pas le cosmopolitisme de Toronto, la profondeur historique de Kingston, le patrimoine architectural de London, l'héritage social de Hamilton, la surprenante singularité ethnique de Markham ou le poids industriel historique de Windsor. Ottawa appartient à une autre trajectoire, celle de l'équilibre, de la méfiance et de la distance entre les deux principales sociétés formant le Canada-Uni au milieu du

XIXe siècle : les sociétés ontarienne et québécoise. Ces sentiments rendaient impossible le choix de Montréal ou de Toronto comme capitale de la nouvelle fédération. Ottawa appartient à une logique politique et institutionnelle. Elle est la capitale d'un pays aux multiples sociétés. Le reste est de l'ordre de la conséquence jusqu'à aujourd'hui, sauf évidemment pour les capacités législatives, réglementaires et judiciaires qui y sont concentrées et dont les effets considérables s'étendent *a mari usque ad mare*.

Un laboratoire de la diversité

Toronto est l'une des villes les plus multiculturelles du monde. Le mot doit être défini. La capitale ontarienne n'est pas différente d'autres grandes villes telles Miami, Los Angeles ou New York quant au pourcentage de ses résidents nés à l'étranger. Mais la pluralité d'origines de ces derniers et le volume de ses minorités visibles la distinguent absolument. Carol Goar a décrit la situation en termes frappants :

> Regardez dans les poussettes à Toronto si vous désirez avoir une idée de l'avenir de la ville. Le visage qui vous regarde n'est vraisemblablement pas blanc. Six enfants sur dix nés à Toronto appartiennent à une minorité visible. Et cette proportion est en croissance. Les mères des deux tiers de ces enfants sont venues de l'extérieur du pays[62].

En conséquence, le Grand Toronto est un laboratoire unique de la diversité, de toutes les diversités : religieuse, ethnique, culturelle et linguistique. Dans leur ouvrage magnifique, sobrement intitulé *Toronto*, l'écrivain William Kilbourn et le photographe Rudi Christl soutiennent que ce caractère s'est imposé dans les années 1950, alors « que plus d'un demi-million d'immigrants

---

62. C. Goar, « Toronto's new lost generation », *Toronto Star*, 3 mars 2006.

venus d'Europe, d'Asie et des Caraïbes ont coloré la contenance terne de la ville. Alors Toronto est devenue un festival de rue, un défilé, un grand bazar[63] ».

Selon Statistique Canada, les minorités visibles seront en situation majoritaire à Toronto à compter de 2017. Dix années plus tard, dans la grande région métropolitaine, la population métropolitaine sera composée à 78 % d'immigrants ou d'enfants d'immigrants dont 63 % appartenant aux minorités visibles, soit 5,6 millions de personnes comparativement à 2,3 millions en 2006. Selon les projections démographiques médianes, une majorité d'entre elles, soit 3,2 millions de citoyens, sera d'origine asiatique, 1,1 million d'origine chinoise et 2,1 millions de l'Asie du Sud-Est et du Sud.

La moitié de sa population actuelle est née en dehors du pays, vit dans la métropole depuis moins de 15 ans et est âgée de moins de 25 ans. Elle n'a ni le français ni l'anglais comme langue maternelle. Par ordre d'importance, après la langue anglaise, les langues chinoise, italienne, pendjabi, tagalog et portugaise y sont les plus parlées. Le site internet de la Ville peut être consulté en 53 langues, et le fameux numéro 311 qui donne accès à ses services d'information peut vous répondre en plus de 180 langues. La majorité des villes ontariennes ont instauré des services multilingues, les belles calligraphies asiatiques et arabes y accompagnent les caractères connus des langues européennes. Les systèmes informatisés de communication du gouvernement ontarien se déploient, eux aussi, dans un multilinguisme affirmé.

La ville est étendue, difficile à saisir physiquement. Vue depuis la plateforme de la tour du CN, superbe dans ses habits de lumière le soir venu, son étalement

---

63. W. Kilbourn et R. Christl, *Toronto*, Toronto, McClelland & Stewart, 1977, p. 11.

semble illimité et se fond dans un espace indéfini qui l'englobe et la dépasse. Elle est bétonnée froidement dans certaines parties de son centre, mais installée dans une proximité naturelle que lui offrent ses 1 800 parcs et ses 8 000 hectares d'espaces naturels. Son paysage architectural est déroutant. On a dit que la Ville manque de vision quant à son patrimoine bâti, ce qui mérite d'être conservé et ce qui est sans signification, et que son service d'urbanisme est incapable de respecter le style et le caractère de ses quartiers. D'où des constructions anarchiques, des tours isolées là où domine l'horizontal, des édifices massifs érigés dans des rues hier encore uniformes. « Toronto est attaquée », écrivait Lisa Rochon en 2005[64]. Cent fois plutôt qu'une, la ville apparaît soudain belle et offre des perspectives magnifiques. Mais cent fois plutôt qu'une, elle offre aussi des échappées bloquées, des beautés massacrées et des horizons emmêlés.

Nos interlocuteurs torontois ont manifesté un attachement profond pour leur ville. Le débat autour de l'identité canadienne ou ontarienne des citoyens de la province est résolu pour un grand nombre de Torontois. Ils professent leur attachement prioritaire à la métropole. Ceux-là sont d'abord de fiers Torontois.

Plusieurs d'entre eux ont insisté sur l'importance des villages et des quartiers ethniques anciens, actuels ou en formation, donnant à leur ville l'une de ses qualités principales. La littérature ancienne et actuelle renforce cette opinion. Parmi d'autres, Hassan Ghedi Santur, Michael Redhill, Rebecca Rosenblum, Dionne Brand, Rabindranath Maharaj, Christian Bode, Claude Taillon, Hédi Bouraoui[65] ont montré

---

64. L. Rochon, « A towering shame », *The Globe and Mail*, 3 novembre 2005.
65. H.G. Santur, *Something Remains*, Toronto, Dundurn, 2010; M. Redhill, *Consolation*, Toronto, Doubleday Canada, 2006; R. Rosenblum, *Once*, Toronto, Biblioasis, 2008; D. Brand, *What we All Long for*, Toronto, Alfred A. Knopf, 2005; R. Maharaj, *The Amazing Absorbing Boy*, Toronto, Alfred A. Knopf, 2010; C. Bode, *La Nuit du rédacteur*, Ottawa, Éditions du Nordir, 1996;

ces villages et ces quartiers avec une affection manifeste. Yorkville, Cabbagetown, Corso Italiana, Chinatown, Greektown, le St. Lawrence Market, le Kensington Market, Regent Park en complète recréation, Parkdale, l'Annex, où habitait la grande urbaniste Jane Jacob, rue Queen Ouest, le Distillery District, the Artscape Wychwood Barns, Leslieville constituent des lieux spécifiques, uniques et précieux dans la toile urbaine torontoise.

Une étoile à cinq branches

Des deux côtés de l'avenue University qui mène à Queen's Park, centre politique de l'Ontario et siège historique de son gouvernement depuis près d'un siècle et demi, se déploient, telle une étoile à cinq branches, les symboles et les lieux d'influence, de rayonnement et de puissance de la province et de sa métropole : les branches politique, économique, scientifique, universitaire et culturelle. Ces branches se rejoignent parfois en appui à des entreprises communes. La conférence organisée par Artscape en collaboration avec le MaRS Discovery District, le Martin Prosperity Institute et la Ville de Toronto en vue de la création du Toronto Road for Creative Collaboration, sorte d'incubateur de projets liant l'art et la science, en est un exemple.

D'un côté de la belle avenue se trouve la rue Bay, l'une des plus renommées de la métropole et du pays. Empruntant le tracé de l'ancienne rue ouverte en 1797 pour relier la rue Lot et la petite baie servant de port à la ville, elle accueille aujourd'hui le centre bancaire et financier du Canada, l'équivalent du quartier de la Bourse à Paris, de la City à Londres, de Wall Street à New York et du centre financier de Shanghai. On y trouve le siège de la majorité des banques cana-

---

H. Bouraoui, *Ainsi parle la Tour CN*, Ottawa, Éditions l'Interligne, 1999.

diennes, dont l'impressionnante tour de la Banque TD, conçue par le célèbre architecte Ludwig Mies van der Rohe. On y trouve aussi 75 % des banques étrangères accréditées au Canada, une majorité des sociétés de gestion de retraite du pays, les bureaux des plus importantes études juridiques canadiennes et ceux des grandes firmes de relations publiques dont les textes alimentent quotidiennement les médias canadiens. Au numéro 303, modeste dans cette abondance d'acier et de verre fuyant le sol vers des cimes impressionnantes, une basse maison de briques rouges, l'ancien siège du mouvement Canada First lancé en 1868. Ses fondateurs ont oscillé entre l'enrichissement du lien avec la Grande-Bretagne et l'affirmation de l'autonomie du Canada. Militant pour le maintien d'une nation exclusivement blanche au nord du continent américain, ils seraient aujourd'hui effarés par la diversité raciale de Toronto.

Composé de quatre filiales[66], le Groupe TMX – dont fait partie la Bourse de Toronto – rappelle la nature extravertie de l'économie du pays et ses liens avec le monde. En matière de capitalisation boursière, atteignant 2 277,5 milliards de dollars américains en 2010, ces filiales occupaient le premier rang au Canada, le troisième en Amérique du Nord et le septième au monde. Pour la même année, 3 670 sociétés étaient inscrites à la Bourse de Toronto, et la valeur des transactions totalisait 1 383,6 milliards de dollars américains. Elles se situaient au premier rang international pour le nombre de sociétés du secteur minier inscrites en bourse. Avec ses 1 629 inscriptions en 2011, ce secteur comptait pour plus des deux tiers des sociétés inscrites à cette Bourse, le tiers restant étant partagé entre les sociétés

---

66. Le Groupe TMX possède et exploite quatre filiales : la Bourse de Toronto, la Bourse de Montréal, la Bourse de croissance TSX et la Natural Gaz Exchange (NGX).

du domaine de l'énergie, des sciences de la vie et des technologies.

Plus au sud, la rue Bay croise le Nathan Phillips Square, belle esplanade au pied de l'hôtel de ville, symbole du passage de Toronto à la modernité selon plusieurs de nos interlocuteurs. Œuvre de l'architecte finlandais Viljo Revell choisie par un jury international parmi 510 propositions venant de 42 pays, l'édifice appartient à cette catégorie de bâtiments qui représentent une ville. Ses deux tours convexes évoquent à la fois des sentiments de protection et de puissance. On les a comparées à deux mains qui délimitent un espace vaste et précis, chaleureux et intense. Figé dans le bronze, Winston Churchill veille, le front bas, sur l'esplanade de l'hôtel de ville, lieu de rassemblement des Torontois pour célébrer ou manifester.

Comme encastré dans la grande avenue et dans ce quartier, le Discovery District se déploie sur un territoire de deux kilomètres carrés en plein cœur de la métropole. Ses dirigeants le présentent comme la plus importante concentration de centres de recherche scientifique, de maisons de haut savoir et d'institutions financières du pays. Le complexe du MaRS, entre la rue Bay et Queen's Park, intègre une aile de l'ancien Hôpital général de Toronto et deux tours de verre reliées par un passage transparent. Le Discovery District est comme aimanté par le concept d'innovation. On y tient des sommets de l'innovation ; on y incube de nouvelles entreprises ; on y forme des gestionnaires, on y dispense des services-conseils à des centaines de clients de partout dans la province. Il est une composante majeure de l'entreprise de transformation d'une économie industrielle autrefois assurée de sa prééminence, mais aujourd'hui ébranlée par la forte concurrence qu'a fait émerger la mondialisation, atteinte aussi depuis

2008 par les effets d'une crise financière, économique et sociale au dénouement toujours incertain. Mais comme nous le verrons pour le secteur de l'automobile, la recherche en Ontario n'est pas toute concentrée à Toronto. Elle se déploie dans le réseau universitaire sur l'ensemble du territoire et dans des centres spécialisés tel le Perimeter Institute de Waterloo, l'un des hauts lieux de la physique théorique dans le monde.

Plus à l'est, la rue Yonge appartient à l'histoire, à l'imaginaire et à la vie actuelle de Toronto. On l'a comparée, sans modestie, à Broadway. On a dit d'elle qu'elle est la rue la plus longue du monde en souvenir du temps où on la désignait comme la « Provinciale numéro 11 » et qu'elle s'étendait du lac Ontario jusqu'à North Bay et encore plus au nord vers Cochrane, Kapuskasing et Thunder Bay, une distance de près de 1 900 kilomètres. Tracée et construite à partir de 1785 sous l'administration du lieutenant-gouverneur Simcoe comme une route à vocation militaire pour défendre le Haut-Canada, elle sera le théâtre d'épisodes majeurs de la rébellion de 1837. Elle demeure aujourd'hui le lieu d'âpres débats portant sur une revitalisation longuement souhaitée et constamment reportée. Les écrivains ont cherché depuis toujours à dire ce qu'elle est et n'est pas. Didier Leclair en a dressé un portrait singulier :

> La rue Yonge s'étendait comme un reptile dont la longueur ferait preuve d'une croissance éternelle. Sur ses bords évoluait inlassablement une faune humaine, grouillante et palpitante, telles des fourmis autour de leur reine pondeuse. Que de pontes mes yeux virent ce jour-là ! Que d'apparitions, de découvertes en races, couleurs, vitrines achalandées. La rue Yonge alternait selon ses intersections le propre, le misérable,

le grotesque. Elle était décadente à certains endroits, étincelante à d'autres[67].

De l'autre côté de l'avenue University se situe un autre symbole de la puissance ontarienne. Partie prenante du Discovery District, le campus de l'Université de Toronto, créée il y a cent soixante-quinze ans, offre un mélange architectural associant le gothique, le victorien et le contemporain. On y trouve de grands jardins et de belles cours intérieures, telle celle du Munk Centre qui, dans le bruit urbain ambiant, vous plonge dans la quiétude des monastères du Moyen Âge. On y trouve aussi de grands consortiums de recherche et d'enseignement qui ont accueilli dix prix Nobel en leur sein et qui sont aujourd'hui sollicités par les travaux menés par la Task Force 2030 créée pour préparer l'entrée de l'université dans son troisième siècle d'existence. De grandes institutions ontariennes dont le Musée royal de l'Ontario, l'Opéra canadien et l'Orchestre symphonique de Toronto sont nées et se sont développées sur le campus de l'université. Cette dernière a aussi lancé et soutenu un grand nombre d'initiatives intellectuelles d'importance, dont le fameux *University of Toronto Quarterly*, véritable mémoire de l'évolution sociale, culturelle et politique du Canada et du Québec.

La grande université de la métropole appartient à un ensemble composé de vingt et une institutions ontariennes de haut savoir, dont six partiellement ou totalement francophones. En 2010, ces dernières accueillaient 40 % de tous les étudiants universitaires canadiens et un fort contingent d'étudiants étrangers. Elles disposaient de 43 % des ressources canadiennes dédiées à la recherche et accueillaient sept cents chaires de recherche du Canada.

---

[67]. D. Leclair, *Toronto, je t'aime*, Ottawa, Édition du Vermillon, 2000, p. 37.

À quelques coins de rue du campus et situé tout près de l'entrée du quartier chinois, le Musée des beaux-arts de l'Ontario (AGO[68]) s'impose, impérial dans son bâtiment historique datant du début du XXe siècle, et futuriste dans son ajout de verre imaginé par le célèbre architecte Frank Gehry, l'une des signatures les plus respectées de l'art architectural contemporain. Inauguré en 2008, cet ajout double la surface d'exposition de l'institution et l'enveloppe d'une toile d'araignée massive et transparente, changeante et magnifique. On vient de loin pour admirer cette merveille voisine de celles que l'on peut voir à Bilbao, Prague, Hanovre, Tokyo, Paris, Los Angeles et Chicago, œuvres vibrantes et jubilatoires de ce natif de Toronto qui se définit comme un « organisateur du désordre ».

Le Musée des beaux-arts appartient à un ensemble de théâtres, de galeries, de musées, de grandes écoles artistiques dont plusieurs ont été récemment réinventés, ou « reformés », selon le qualificatif retenu par Lisa Rochon[69], tels le Musée royal de l'Ontario par Daniel Libeskind ou l'Ontario College of Art and Design par Will Alsop. Ces institutions forment un quartier des arts au cœur de la métropole ontarienne. Cette prolifération d'investissements pour créer ou recréer les lieux publics dédiés à la culture n'épuise pas, loin s'en faut, la vie culturelle torontoise et ontarienne. Nous y reviendrons dans le chapitre consacré à la culture.

Certains ont évoqué la coupure entre la ville ancienne, où se fait la gestion des acquis, et la couronne de communautés nouvelles qui l'entourent et où se construit réellement la modernité de la métropole. Son centre historique la montrerait dans ce

---

68. Art Gallery of Ontario.
69. L. Rochon, « A monumental moment », *The Globe and Mail*, 8 novembre 2008.

qu'elle a d'accompli, et ce qui s'accomplit aujourd'hui se déploierait dans sa périphérie, dans ses villes de banlieue qui ne cessent de s'étendre. On y trouve autre chose que des centres commerciaux et des maisons en rangs serrés. On y trouve campus universitaires et collégiaux, associations professionnelles, centres culturels, laboratoires et entreprises. Des réseaux aussi, qui, en raison de la diversité de ces villes de la couronne, les relient au monde. Bref, Toronto a peu à voir avec ce qu'elle était il y a un quart de siècle. Elle est désormais enrichie d'une couronne composée de communautés où s'installe une majorité d'immigrants dont la vitalité est manifeste. Markham, par exemple, compte plus de mille sociétés technologiques des sciences de la vie, dont un grand nombre ont des sociétés parentes en Asie.

Deux moments dans l'histoire

Deux des réalisations architecturales évoquées ici, le nouvel hôtel de ville de Toronto et le Musée des beaux-arts de l'Ontario, éclairent deux moments dans l'histoire de la grande métropole.

La première de ces réalisations, le nouvel hôtel de ville, a remplacé le vieux bâtiment de pierres rouges de 1899 avec ses basses fenêtres, sa haute tour et ses terrifiantes gargouilles. Inauguré « durant la cinquantième année du règne de la reine Victoria », comme le rappelle la plaque commémorative installée à la droite de sa porte principale, le vieil hôtel de ville a représenté l'esprit de Toronto durant près d'un siècle. Dans ce cas, le nouvel hôtel de ville, élancé, chaleureux et transparent, cohabite avec l'ancien, solide et énigmatique. Situés l'un à côté de l'autre, les deux bâtiments sont comme isolés dans leur proximité, laissant voir deux visions parallèles et deux temps de la société torontoise. Selon Lisa Rochon, l'inauguration du nouvel hôtel de ville en 1965 a immédiatement transformé la marque, la signature de Toronto[70].

La seconde de ces réalisations, le Musée des beaux-arts de l'Ontario, s'est refait une beauté non pas en juxtaposant deux bâtiments, mais en les soudant l'un à l'autre. En effet, le vieil immeuble de pierre est comme enveloppé et protégé par les rubans de verre qui sont les matériaux de sa transformation. La ville nouvelle est toute contenue dans ce recouvrement, sa forme certes, mais aussi son esprit. Si le récent hôtel de ville annonçait un renouveau, le Musée des beaux-arts l'illustre magnifiquement et indiscutablement.

Entre les deux réalisations, un temps de rupture marqué notamment par de grandes luttes citoyennes telle celle menée pour stopper le projet de l'autoroute Spadina. Les Torontois se sont alors mobilisés, et avec eux de nombreuses personnalités dont Jane Jacobs. L'auteure de *The Death and Life of Great American Cities* a laissé dans sa ville d'adoption, rejointe au moment de la guerre du Vietnam, un vif souvenir. Avec d'autres, et dans l'esprit des contestations qu'elle avait soutenues aux États-Unis, notamment au sujet de l'aménagement des transports new-yorkais et de la reconnaissance de droits civils des Noirs américains, elle a sans doute vu avec satisfaction les Torontois prendre d'assaut leur hôtel de ville et contraindre le consortium d'élus et d'intérêts privés à abandonner leur projet d'autoroute Spadina. Cet abandon a sauvé Toronto d'un déchirement insensé dans le tissu urbain, mais il a surtout montré la capacité des Torontois à se mobiliser pour elle, à mener des batailles d'importance et à les gagner. Cette capacité s'est manifestée à plusieurs reprises depuis.

---

[70]. L. Rochon, « Toronto City Hall: How Finnish architecture rebranded a city », *The Globe and Mail*, 17 septembre 2010.

En 2005, une coalition de citoyens s'oppose à la construction d'une tour de quarante-six étages près du Musée royal de l'Ontario. La bataille est serrée ; les intérêts en jeu, considérables. L'hôtel de ville est le lieu d'un débat houleux que la coalition gagne de hautes luttes. Plus récemment, en vue des compressions draconiennes que l'administration actuelle de la métropole se proposait d'effectuer à la bibliothèque publique de leur ville, une autre coalition de citoyens mène un combat de tous les instants et force l'administration à faire marche arrière. Un ami torontois joint depuis Montréal le soir du 26 octobre 2010 pour le consoler de l'élection de Rob Ford tient un discours mi-inquiet, mi-confiant : « Seuls ceux qui ignorent l'importance du tissu associatif de Toronto croient que le nouveau maire pourra mettre en œuvre son programme. À mon avis, la bataille ne fait que commencer, et il est loin d'être certain que M. Ford la gagnera. » Dans notre traversée de l'Ontario, nous avons constamment pu vérifier l'importance de ce tissu associatif dans la capitale, mais aussi sur tout le territoire ontarien.

La cohésion sociale
Cette étoile à cinq branches abrite aussi une réalité sociale qui inquiète. En effet, la métropole ontarienne souffre du mal urbain canadien : statut de créature des capitales provinciales ; indifférence des gouvernements pour ces lieux de vie de plus de 80 % des citoyens du pays ; précarité des ressources publiques qui leur sont concédées et qui sont parmi les plus basses des pays de l'OCDE. Les villes sont tenues pour quantité négligeable au Canada, tout comme leur gouvernance, leurs besoins et leurs accomplissements. En cause notamment, la cohésion sociale qui, lentement mais sûrement, se fissure, comme l'a montré une étude de 2009 du Centre for Urban and Community

Studies de l'Université de Toronto. La capitale provinciale se transformerait lentement en trois zones séparées : un centre affluent, une périphérie pauvre et une zone intermédiaire en déclin où se retrouve la classe moyenne. Elle devient « la ville des extrêmes[71] ». Son principal défi, qu'elle partage avec toutes les grandes villes du monde, est de rétablir des espaces accessibles à la classe moyenne. Ce constat a été confirmé par une récente édition du *Toronto's Vital Signs*, que Royson James résume ainsi :

> Les tendances actuelles montrent que les familles de la classe moyenne seront prochainement quasi absentes de la ville, laissant dangereusement toute la place aux extrêmes, les plus riches et les plus pauvres [...]. Si elles représentaient 66 % de la population en 1970, elles n'en représentent plus que 29 % en 2005 et pourraient diminuer encore jusqu'à 20 % d'ici 2025[72].

Des travaux, notamment de la Commission ontarienne pour les droits de la personne, la première en Amérique avant qu'elle soit réduite par le gouvernement, montrent que des sentiments xénophobes ne sont pas absents des villes ontariennes[73]. Graham Fraser écrivait en 1998 :

> On se félicite trop vite. On a moins de leçons à donner aux autres qu'on ne pense. Le Canada demeure un pays à la xénophobie discrète, au racisme poli, à la discrimination de velours, où les exclusions se font si sournoisement qu'on a souvent de la difficulté à y faire face[74].

---

[71]. M. Wente, « A tale of two Torontos », *The Globe and Mail*, 16 décembre 2010.
[72]. R. James, « A city of disparities », *Toronto Star*, section spéciale, 6 octobre 2009.
[73]. Ontario Human Rights Commission, *Paying the Price: The Human Cost of Racial Profiling*, Inquiry Report, 2004.
[74]. G. Fraser, *op. cit.*, p. 160.

Le Canada tire une certaine fierté du fait que, proportionnellement à sa population, il accueille un pourcentage d'immigrants trois fois supérieur à celui des États-Unis et qu'il est toujours la deuxième destination mondiale des migrations après l'Australie. Mais pour emprunter un titre au *Courrier international* de juin 2005, «les grands déçus du rêve canadien» sont légion tant un fort nombre d'immigrés qualifiés ne réussissent pas à obtenir la reconnaissance de leur diplôme, à exercer leur profession ou à trouver les programmes de formation et d'intégration dont ils ont besoin. « D'autres villes, telles Barcelone et Vienne, disposent de services spécialisés pour aider les immigrants à créer leurs entreprises[75]. » Complexité des systèmes bureaucratiques ou discrimination sournoise? En conséquence, selon Jeffrey G. Reitz, sociologue de l'Université de Toronto, «les travailleurs qualifiés immigrés au Canada ont des revenus de plus en plus faibles qui correspondent aux […] plus bas enregistrés aux États-Unis, où les immigrés ont généralement de moins bonnes compétences[76] ». Cette situation évolue lentement. Michael Ornstein a montré en 2010 que le nombre d'avocats en provenance des minorités visibles a connu «un changement dramatique» ces dernières années pour atteindre 11,5 % en 2006. En 1981, ils représentaient 2 % des avocats de 25 à 34 ans, comparativement à 20 % en 2006. Cette progression s'accompagne cependant de pratiques douteuses, les avocats issus des minorités visibles étant moins susceptibles d'obtenir un statut d'associé et la parité salariale avec leurs collègues[77]. D'où le besoin d'une constante vigilance et d'une intervention soutenue des Torontois

---

[75]. N. Rogel, «On immigration, Canada could learn from world capitals», *The Globe and Mail*, 21 septembre 2011.

[76]. C. Krauss, «Les grands déçus du rêve canadien», *Courrier international*, 30 juin 2005.

[77]. J. Middlemiss, «Faces of Ontario law firms altering "dramatically"», *The National Post*, 21 juillet 2010.

pour que soit renforcée l'harmonie recherchée entre ces fragments du monde qui sont les fragments de leur ville.

La ville et l'eau

L'histoire de Toronto est intimement liée au lac Ontario, que les Iroquois nommaient Skanhdario (la belle eau) et dont les rives la bordent dans sa partie sud, d'Etobicoke à Scarborough avec ses superbes falaises de calcaire hautes de 60 mètres. Mais on peut séjourner à Toronto sans vraiment découvrir cette richesse tant le développement urbain anarchique a masqué l'immense plan d'eau qui constitue l'une de ses frontières naturelles. Depuis plus d'une décennie, des travaux d'importance cherchent à créer à nouveau le lien entre la ville et l'eau, et ainsi à joindre la chaîne de beautés qui, de Brighton à Niagara, font des rives du lac Ontario l'une des merveilles de la province. S'y trouve notamment le sentier Waterfront qui longe le lac et le fleuve Saint-Laurent sur 900 kilomètres et qui traverse un grand nombre de parcs et de zones protégées.

À la suite des recommandations d'un groupe de réflexion, rendues publiques en 1999, les gouvernements canadien, ontarien et celui de la Ville de Toronto ont lancé l'opération de revitalisation du bord de l'eau à Toronto, l'un des grands projets de réaménagement urbain sur le continent. L'ampleur des ambitions et des investissements évalués à 17 milliards de dollars en 2001 et à 43 milliards en 2010 est proportionnelle aux désastres créés depuis un demi-siècle[78].

Rendre le bord de l'eau accessible au public, réduire l'étalement urbain, créer des places de qualité et des

---

[78]. Waterfrontoronto, *Annual Report 2002-2003* ; *Management Report 2010-2011* ; *Economic Impact, 2010-2011.*

communautés à densité viable, construire des logements abordables et durables, inclure des lieux pour la culture et la créativité : tels sont les grands objectifs. Comme l'ont montré les débats houleux qui ont marqué récemment l'intention de l'administration torontoise de mettre fin à ce plan dans sa forme actuelle, intention que le maire Ford a dû abandonner, les Torontois sont satisfaits de ce qui est déjà accompli, et qui est considérable. La section centrale du bord de l'eau a été revitalisée : seize parcs publics ont été créés ou modernisés, des quais installés, des terrains de sport, des sentiers et des plages aménagés ainsi qu'une promenade de près de deux kilomètres. Enfin, le East Bayfront fait l'objet d'une revitalisation complète. On y construit 6 000 résidences ou logements, des espaces commerciaux et, en 2012, le quartier aura accueilli plus de 3 000 étudiants qui fréquenteront le nouveau campus du collège George Brown, au bord de l'eau. La mise en œuvre du plan s'étalera jusqu'en 2025 et, sans modestie, vise à doter Toronto de berges qui puissent rivaliser avec celles des villes riveraines les plus accomplies du monde. Le travail est considérable. Rendez-vous dans quinze ans pour évaluer cette ample restauration.

John Wildgust

Au cœur du quartier financier de Toronto, John Wildgust nous invite à déjeuner dans un bistro belge aux lignes épurées et au menu fusion. Autour de nous s'élève une forêt de hauts bâtiments de verre et d'acier. Là sont logés, entre ciel et terre, les sièges sociaux des institutions financières et des grandes banques canadiennes. En guise d'apéro, notre hôte lance un retentissant « bienvenue au centre de l'univers ». Cette surprenante mise en bouche appelle une explication. La conversation dure deux bonnes heures. La serveuse s'adresse à nous en français, langue que John Wildgust maîtrise parfaitement à la suite d'un long séjour à Québec. Il a du pays une connaissance rare, ayant planté sa tente de relationniste et de journaliste dans les principales villes canadiennes depuis plus de trente ans.

Natif de Stratford, John est un Torontois d'adoption, d'une adoption heureuse. Il aime sa ville et la défend bec et ongles pour sa bonne qualité de vie, sa proximité aux grandes étendues d'eau la protégeant des rigueurs de l'hiver, sa diversité ethnique la liant à toutes les régions du monde et son offre culturelle constamment enrichie. Le plaidoyer est luxuriant. Certes, les descendants des Européens, dont il est, y sont devenus minoritaires, et les minorités visibles, majoritaires. Cet état de fait ne le trouble pas du tout. « Toronto a su attirer et retenir un flux constant d'immigrants venus de toutes les latitudes, et plus récemment de la lointaine Asie. » Il aime ce kaléidoscope de races, de langues, d'attitudes et de coutumes, et il en souligne l'harmonie. Malgré des écueils certains et les problèmes spécifiques de telle ou telle communauté, une bonne entente a marqué et marque, selon lui, cette coexistence dans une communauté humaine qui incarnait et exemplifiait, il y a de cela quelques décennies à peine, l'univers de l'homme blanc.

John vient de résumer un siècle et demi d'histoire, soit le passage entre ce « monde de l'homme blanc » défendu à coup de législations, de règlements et de mesures défensives, et cet autre monde fait de personnes et de communautés de toute ascendance.

L'identité de John Wildgust est d'abord torontoise, cette ville de tous les *establishments*, mais qui « vote rouge et vert durablement », gauche ou centre gauche. Nous savons depuis l'élection municipale de 2010 et l'élection fédérale de 2011 que le Grand Toronto peut voter bleu. L'identité de John est aussi ontarienne, surtout « quand on visite les autres régions du pays, les

Texans de l'Alberta et les Californiens de la Colombie-Britannique». Ici se vivent non pas «l'affrontement et la discrimination honteuse» comme aux États-Unis, mais autre chose de difficile à définir et découlant d'une longue pratique de la négociation. Pour John, l'Ontario est l'épicentre de cette attitude circonscrivant la spécificité du pays.

Ce positionnement, selon lui, ne va pas sans problème. Toronto n'a pas la cote ailleurs dans la province. Elle ne l'a jamais eue. On lui reproche sa puissance, son arrogance et sa tendance à tout s'approprier. En clair, on lui envie «son succès durable». John le sait peut-être : en 1867, on avait baptisé l'ancien Haut-Canada «la province de Toronto», et le Bas-Canada, «la province de Québec». La réaction fut immédiatement négative. Sous la pression des régions convaincues que la ville de Toronto prenait déjà assez de place, on renonça à cette appellation. Ce jour-là, la province de Toronto est devenue la province de l'Ontario.

Toronto n'a pas la cote ailleurs au pays non plus. On lui reproche de tout absorber: richesse, talents et population. On lui reproche cet ascendant sournois sur l'âme du pays que lui assure son contrôle des grands médias écrits et télévisuels dont la suffisance, surtout à Radio-Canada, serait inversement proportionnelle au nombre de ses auditeurs. Le *Globe and Mail* est peu atteint par ces critiques. Il est dans une niche à part et, depuis sa création en 1844, indépendant politiquement. Certaines de ses signatures sont parmi les plus fiables du Canada. On ne sait pas très bien si on le vénère pour son âge qui normalement s'accompagne de sagesse ou pour sa modernité qui récemment s'est affichée avec bonheur dans sa maquette et son graphisme magnifiques. Le *Toronto Star*, bien qu'il ait le plus important tirage au pays, est moins connu aux deux extrêmes du continent qui délimitent ce pays impossible. On le dit libéral et il l'est, en effet. Certains jours, il est si près de la vie torontoise qu'on a l'impression, en le lisant, de s'insérer dans ce murmure polyphonique qui, selon Dionne Brand, se laisse entendre dans la Ville reine. Le *National Post* irrite les esprits libéraux, qui le lisent cependant pour certaines de ses analyses inédites. Le *Sun* est un avatar des tabloïds qui, dans la mère patrie, fouillent les poubelles, celles de l'histoire et celle de la rue. Ils exagèrent, disent les puristes. Ils posent les questions que la majorité se pose, répondent ses artisans.

Plus des deux tiers de tous les magazines canadiens en langue anglaise sont publiés à Toronto. Depuis le milieu du XIXe siècle, plusieurs magazines généralistes ont vu le jour à Toronto, du *Canadian Journal* en 1850 au *Toronto Life* plus d'un siècle plus tard. Certains ont eu une existence éphémère. D'autres ont mieux résisté à la concurrence des magazines américains et ont bénéficié du choix des lecteurs du pays. Certains titres appartiennent en propre à l'histoire intellectuelle, culturelle et politique canadienne et ontarienne : le *Queen's Quarterly* lancé en 1893, le *Toronto Saturday Night* en 1887 et devenu deux ans plus tard le *Saturday Night*, le *Canadian Forum* en 1920 et le magazine *Maclean's*, connu sous ce nom à compter de 1911 mais créé six années plus tôt sous l'appellation de *Business Magazine* et dont le rayonnement et l'influence politique et culturelle sont aujourd'hui prépondérants.

Mais la presse ontarienne est plus vaste que celle produite à Toronto. Chaque ville intermédiaire ontarienne dispose de son quotidien ; chaque communauté, de ses publications quotidiennes, hebdomadaires ou mensuelles. Dans la capitale provinciale, la presse en langue étrangère compte plus de 50 titres et des tirages imposants : plus de 225 000 pour la presse indienne, 175 000 pour la chinoise, 75 000 pour l'espagnole et 50 000 pour celles visant les communautés pakistanaise et celles des Caraïbes. On y trouve une abondance d'information sur les activités culturelles des communautés : programmes des centres culturels, expositions, ateliers, conférences et concerts offerts par des créateurs torontois ou venus des pays d'origine et, en bonne place, la promotion de la programmation d'OMNI Television, la télévision de toutes les langues et de toutes les histoires !

John confesse quelques inquiétudes.

> Comment garder le cœur de la ville bien vivant ? Que faut-il faire pour éviter que son centre s'étiole au profit de grandes et puissantes banlieues, la fameuse zone 905 se prolongeant dans ce cottage country, le refuge des Torontois en quête de calme et de nature ? Comment éviter la consolidation d'une couronne de pauvreté entre le centre et la périphérie ? Comment redessiner l'économie ontarienne en substitution du grand secteur industriel qui a fait la fortune de l'Ontario, notamment depuis le Pacte sur l'automobile ?... À moins que les Chinois viennent ici construire les voitures de l'avenir !

Howard Aster

Howard Aster est un éditeur, un grand. Le catalogue de la maison qu'il a créée, Mosaic Press, le prouve sans conteste. Ce dernier compte plus de cinq cents titres. Certains portent les signatures d'auteurs récipiendaires de prestigieuses reconnaissances : un Nobel, douze Prix du Gouverneur général et d'autres encore. L'entreprise est d'ici et du monde. Elle possède des relais ou des partenaires dans plus de trente pays. Elle est de tous les salons du livre en Europe et dans les Amériques. Son principal animateur nous reçoit dans sa maison encombrée de livres, de gravures et de souvenirs, en plein cœur d'Oakville.

Fondée en 1827, la ville a d'abord vécu de son port, de l'exportation du pin et du chêne pour la construction des navires de l'Empire au xixe siècle avant de devenir un grand potager pour l'approvisionnement de Toronto et un lieu de villégiature recherché. Dans les petites rues conduisant au bord du lac et au refuge de Howard Aster, une maison sur deux affiche son histoire, la date de sa construction, sa fonction dans la communauté, parfois les noms de ceux et celles qui l'ont habitée. Certaines sont modestes, d'autres somptueuses avec des jardins toujours beaux, même dans le froid vif de février. Elles témoignent toutes cependant d'une histoire singulière et, grâce à ces petits écriteaux qui la rappellent, d'un attachement à un patrimoine presque bicentenaire. Et au bout de la promenade aménagée le long de la berge, segment du sentier du bord de l'eau qui s'étend sur 900 kilomètres, de Niagara à la frontière du Québec, se laisse voir Toronto, lointaine et magistrale.

Nous voici dans une autre Ontario, patrimoniale, presque pastorale. Oakville vaut le détour pour l'harmonie de son quartier historique, sa beauté ancienne et actuelle, son rapport à l'eau qui l'a liée aux rives lointaines. Mais cette vision est trompeuse, Oakville est aussi une grande ville industrielle. De l'autre côté de l'autoroute qui divise la municipalité en deux, dans les terres du Nord, Ford a installé son siège social canadien et a contribué au développement, à la croissance et à la prospérité d'une ville moderne.

Howard nous accueille comme le ferait un vieil ami, et en français. La table est familiale, le vin chaud, le potage maison et la conversation superbe. Il nous ouvre son carnet d'adresses, insiste pour que nous visitions Hamilton, London, Oshawa et d'autres communautés. « Vous y découvrirez les grandes familles ontariennes qui ont développé ces régions. Vous y apprendrez l'histoire du mouvement syndical, des mouvements sociaux et des baronnies politiques qui ont fait l'histoire de la province et du pays. » Il nous suggère quelques auteurs, nous offre quelques livres « essentiels » et nous promet des listes longues et hétéroclites de personnalités « à voir absolument ». Il tiendra parole, et plusieurs de ces personnalités nous ont accueillis et ont enrichi notre rencontre avec les Ontariens.

Avec lui, nous replongeons dans la crise d'octobre, les sagas du lac Meech et de Charlottetown, les règnes impériaux de Trudeau et de Mulroney, celui aussi de Chrétien, ce centriste « géographique et social »… et dans ce qui est advenu au pays depuis. Nous apprécions la qualité (ou l'absence) de l'information d'un océan à l'autre, échangeons sur la paresse intellectuelle qui s'est abattue sur le pays, le peu d'audace des éditeurs canadiens dont les risques sont épongés par un système de subventions généreux et corrosif pour l'innovation et le dur travail de conquête des marchés locaux et étrangers.

Dès que nous nous laissons emporter par une forme insidieuse de nostalgie pour un pays qui n'existe plus et n'a peut-être jamais existé, Howard souffle sur les braises. Il évoque alors les nouveaux auteurs, « ses » nouveaux auteurs. Ceux-là fécondent de leur expérience récente du pays les terres brûlées de nos débats et rappellent les drames de l'oppression qui souvent les ont conduits sur nos rives. Plusieurs titres de son catalogue illustrent ces métissages, cet entremêlement des horizons, cet enrichissement des imaginaires, ceux plantés dans la terre d'ici et ceux qui se sont nourris d'autres terreaux. Leurs auteurs sont venus de partout, des Caraïbes, de l'Asie du Sud, d'Afrique et d'Amérique latine. Howard parle aussi des poètes, cinéastes, producteurs, directeurs de programmes de création littéraire et autres architectes socioculturels. Ceux-là, peut-être, nous font voir le pays tel qu'il devient. À son tour, comme John Wildgust avant lui, Howard évoque le passage du temps de l'uniformité à celui de la diversité. Il y perçoit les conditions d'une expérience humaine, sociale et culturelle sans précédent.

La conversation a peu à voir avec celles qui l'ont précédée. Voici deux Canadiens de vieille souche, cosmopolites sans doute, enracinés dans les terres du Bas et du Haut-Canada, la mémoire remplie des épisodes d'une histoire qui a fait la chronique canadienne depuis un demi-siècle et qui est probablement inconnue d'un bon nombre des nouveaux citoyens du pays, et aussi intéressés, fascinés par les nouvelles sédimentations qui enrichissent les paysages immatériels du pays. Honey Dresher, grande dame de la diversité culturelle montréalaise, a provoqué cette rencontre. Elle avait raison d'insister. « Passage obligé », disait-elle. Obligé et heureux.

Howard énumère les nouvelles conditions de sa passion qui est aussi son métier, la dimension mondiale du marché du livre, l'émergence des nouveaux supports et plateformes électroniques, les concurrences mondiales pour l'impression et l'illustration des livres, les beaux et les autres. Nous nous promettons de nous revoir et avons tenu parole depuis. Comme John Wildgust, qui avait évoqué la concurrence chinoise pour la production des automobiles, Howard Aster le fait à son tour pour celle des livres. Plus de deux millions d'Ontariens sont des immigrants d'origine asiatique. Ils sont de toutes les provenances, avec une évidente prépondérance pour ceux de Chine et d'Inde.

Comme plusieurs de nos interlocuteurs, Howard se fait insistant en traitant de la diversité ontarienne. Nous avons quitté Oakville convaincus qu'il était temps d'explorer cette diversité en établissant des contacts avec les communautés qui l'incarnent.

Les communautés

> Dans le vaste paysage occidental, dit Rahul Bhardwaj, la situation de l'Ontario est quasi unique tant la diversité est ici constitutive, et tant elle s'est imposée avec célérité comme LA valeur dominante. La diversité! Ou elle est une valeur dominante, ou elle ne l'est pas. Ce choix est premier, tous les autres débats sont à la marge.

Cette opinion de l'un de nos témoins n'a pas cessé de nous interpeller tout au long de notre exploration de la société ontarienne à mesure que nous en observions la justesse. Le maire de Windsor, qui nous reçoit à l'hôtel de ville, est d'origine libanaise; l'éditeur du *London Free Press* qui nous fait visiter sa salle de rédaction est d'origine italienne; l'économiste, ancien haut fonctionnaire des Nations Unies rencontré à l'Université McMaster à Hamilton est d'origine syrienne; la vice-présidente nationale du réseau télévisuel OMNI est d'origine biélorusse; le directeur du Desautels Centre for Integrative Thinking de l'Université de Toronto est d'origine roumaine; le président de la Toronto Community Foundation, d'origine indienne; l'écrivaine en résidence de la ville de Toronto est d'origine trinidadienne; la présidente de la Maytree Foundation, d'origine indienne, tout comme le directeur du campus de l'Université de Toronto à Mississauga. Incomplet, cet échantillon montre que la diversité est une donnée première, immédiate et constitutive pour qui observe aujourd'hui la société ontarienne. Cette donnée première est évidente à Toronto et est en train de le devenir dans un grand nombre de villes intermédiaires ontariennes.

Cette diversité est d'abord celle des personnes. Les Ontariens sont divers dans leur individualité irréductible marquée par leur origine, le moment de leur venue au pays, les motifs de leur immigration, leur âge, leur éducation, leur religion, leur position socioéconomique, leur maîtrise ou non des fondamentaux du pays, dont les langues. Une importante et magnifique littérature montre la singularité des expériences vécues par ceux et celles qui ont choisi de venir s'établir en Ontario. Aucune autre vie ne ressemble à celle du petit Samuel de Rabindranath Maharaj[79], *The Amazing Absorbing Boy*, dont la mémoire est remplie des paysages, des fêtes, des vivants et des morts de son île d'origine. Mais ses pas, ses regards, ses contacts et ses conversations se déploient entre Regent Park, la gare Union, le Nathan Phillips Square, les stations de métro et la bibliothèque publique de Toronto. Il y rencontre et côtoie des gens modestes souvent en difficulté. Ceux-là portent de lourds manteaux. Ils ont « le profil de fantômes dématérialisés qui peuplent les bandes dessinées ».

Les Ontariens sont divers au sein de chaque communauté, comme le montre le pluralisme religieux – chrétien, musulman et athée – de la communauté arabe ; le pluralisme culturel et linguistique des membres de la communauté noire ; le pluralisme ethnique, religieux, linguistique et culturel de la communauté indienne et de celles venues des autres pays de l'Asie du Sud ; le pluralisme linguistique, ethnique et culturel de la communauté chinoise.

Enfin, la diversité est aussi celle des communautés elles-mêmes. En effet, les Ontariens sont divers en raison de la pluralité de communautés qui, ensemble, forment la société ontarienne. Elle explique le grand nombre d'associations, d'organisations et de

---

[79]. R. Maharaj, *op. cit.*

fédérations qui, en Ontario, se réclament de tel ou tel groupe ou sous-groupe ethnique. Dans la quasi-totalité des diverses communautés ontariennes, le pluralisme associatif et le pluralisme de la représentation dominent comme expression de la variété des expériences, des situations et des appartenances géographiques, culturelles et spirituelles. Dionne Brand a montré les rapports qui peuvent exister entre les membres de différentes communautés, le jeu normal des interrelations humaines, l'affection qui peut les lier au-delà de toutes les différences, l'entraide qu'ils s'apportent, les joies et les peines qu'ils partagent[80].

Ces positionnements des uns et des autres n'épuisent pas les intérêts et les besoins personnels des Ontariens venus d'ailleurs. Ils sont aussi tributaires d'options philosophiques, éthiques, politiques, sociales et environnementales, d'intérêts corporatifs ou professionnels qui, au-delà des appartenances culturelles ou ethniques, expliquent leur adhésion à des rassemblements qui n'ont rien à voir, justement, avec leur appartenance culturelle ou ethnique. La découverte de Toronto par le petit Samuel de Rabindranath Maharaj est d'abord cette lente appropriation d'une ville dont les citoyens portent en leur cœur et leur esprit l'ensemble des enjeux et défis du monde.

Nous avons observé cette diversité telle qu'elle est réellement, y compris avec sa composante communautaire, lors de notre traversée de l'Ontario. Elle ne ressemble en rien aux caricatures grossières du communautarisme que l'on fait notamment en France, où son rejet a le poids d'un dogme. Aveuglés par une espèce de peur irrationnelle des identités, les tenants de cette conception s'éloignent dangereusement de la

---

[80]. D. Brand, *op. cit.*

société réelle. À la vérité, aucune communauté n'est homogène. Toutes sont plurielles et fragmentées, souvent divisées. De plus, elles existent par l'engagement de certains dans une mer d'indifférence des autres. Dans un entretien au magazine français *Le Point*, Charles Taylor dit l'essentiel:

> Si je me définis comme communautariste, ce n'est pas parce que je veux développer une floraison de communautés différentes à l'intérieur d'un État. Je suis communautariste dans le sens où je pense que la solidarité entre les individus est importante et que la société n'est pas un ensemble indifférent d'individus: elle est un ensemble de communautés, visibles ou non. Le mouvement communautariste est né dans les pays anglo-saxons en réaction aux thèses néolibérales qui voulaient réduire l'intervention de l'État et remettre en question les mécanismes collectifs de solidarité. C'est une réplique à ceux qui, comme Mme Thatcher, pensent que la société n'existe pas, il n'y a que les individus. Or cela ne correspond ni à la réalité ni aux problèmes auxquels sont confrontés les individus d'une minorité, par exemple les Maghrébins victimes de discrimination à l'embauche... Bien sûr qu'il existe des communautés oppressives. C'est justement le rôle de l'État de défendre les individus contre celles-ci. Mais il est absurde de penser que toutes le sont. C'est s'aveugler devant le fait que la solidarité communautaire sert souvent d'appui à la liberté des particuliers[81].

Que signifie l'expression « solidarité communautaire », quels sont ses objets et son utilité dans une société aussi diverse que la société ontarienne? Qui donc peut mieux répondre à ces questions que ceux et celles qui vivent cette diversité? Nous sommes

---

81. C. Taylor, « Le pape du communautarisme », *Le Point*, 28 juin 2007, p. 82.

allés à leur rencontre et avons recueilli leur témoignage. Il nous a fallu choisir. Nous avons privilégié les communautés chinoise, italienne, indienne, africaines et des Caraïbes, arabes et francophones. Nous aurions pu effectuer un choix différent. Mais il nous semble que les communautés retenues, en raison de leur importance numérique, sociologique et historique, constituent une sélection convenable.

Victor Wong
Dans les modestes bureaux du Chinese Canadian National Council installés en plein cœur de Tong Yen Gai, le quartier chinois historique de Toronto, Victor Wong nous accueille avec une convivialité contagieuse. L'homme est fin connaisseur de l'histoire du Canada et de l'immigration dans ce pays, soucieux d'équité et de justice pour ses compatriotes d'origine, y compris pour les Tibétains avec lesquels son organisation entretient un dialogue soutenu. Il rappelle que les Ontariens d'origine chinoise constituent l'une des plus importantes communautés visibles de la province et de sa capitale, qu'ils sont aussi présents dans un grand nombre de villes ontariennes, à Ottawa où ils forment la première minorité en importance, mais aussi dans la région de Kitchener-Waterloo, à Guelph, à Kingston et dans les villes de la couronne nord-est de Toronto. Il rappelle aussi que leur nombre pourrait doubler d'ici 2031. L'expression « minorité visible » est définie comme suit par la Loi sur l'équité en matière d'emploi : « font partie des minorités visibles les personnes, autres que les Autochtones, qui ne sont pas de race blanche ou qui n'ont pas la peau blanche ».

Trois idées fortes découlent de cet entretien : le poids de l'histoire, son indéniable diversité et le caractère spécifique de l'immigration chinoise.

Le poids de l'histoire
Le dossier historique est chargé. Les législateurs canadiens, provinciaux et fédéraux, arrêtent et imposent, par les lois, les pires discriminations systémiques et les dénis de droit les plus graves aux Chinois, ceux souhaitant émigrer au Canada et ceux disposant déjà de la citoyenneté canadienne.

On pense au sort réservé aux 17 000 travailleurs chinois de la province de Kwangtung qui, de 1880 à 1885, sont venus au Canada pour construire la section ouest du chemin de fer Canadien Pacifique en Alberta et en Colombie-Britannique. Plus de 4 000 d'entre eux y laissent leur vie. Les autres sont abandonnés à eux-mêmes dans le plus complet dénuement une fois le grand ouvrage achevé. Ils sont rejetés ici, sans possibilité de retour en Chine.

Les mesures contre la venue des citoyens de Chine sont radicales : taxe d'entrée à l'immigration (*head tax*) fixée à 50 dollars en 1885 et portée à 100 dollars en 1900, puis à 500 dollars en 1903, alors l'équivalent de deux années de salaire ; loi appelée *Exclusion Act* de 1923 qui mettra fin à toute immigration chinoise pendant un quart de siècle jusqu'au lendemain de la guerre, en 1947 ; négation formelle des droits politiques, dont le droit à l'éligibilité et au vote qui sera abolie en 1947. Dans un premier temps, cette politique discriminatoire odieuse est le fait des provinces qui disposent de la prérogative de déterminer les règles devant s'appliquer au fédéral. En 1920, l'Acte des élections fédérales détermine que le droit de vote fédéral est régi par la législation fédérale, et non provinciale. Il faudra attendre vingt-huit années pour que le droit de vote soit étendu aux Canadiens d'origine asiatique.

Durant cette longue période, on disait des Chinois qu'ils parlaient un dialecte incompréhensible et que leurs habitudes étaient étranges. On les craignait et, en conséquence, on les dominait. Outre les affreuses lois, on les traitait quotidiennement avec mépris et souvent avec violence. La présence effective ou appréhendée des Chinois certes, mais plus largement celle des Asiatiques, suscitait réprobation et refus dans toutes les régions du pays. Le dossier est navrant et concluant : émeutes urbaines à l'ouest, « menaçant de transformer les quartiers chinois et japonais en ruines[82] » ; éditoriaux à l'est, affirmant qu'ils ne sont pas des nôtres et que, dans cette mesure, ils ne peuvent pas « nous aider à nous développer selon les voies que la Providence a choisies pour nous ou que nous avons choisies pour nous-mêmes. Leur présence est une entrave et non un appui[83] ». Enfin, interventions racistes au Parlement fédéral, telle celle prononcée en 1922 par un député à la Chambre :

> Il est désirable que le Canada soit « blanc » et que nous ne devenions une nation jaune et bâtarde. Voilà une question de grande importance nationale mettant en cause notre futur progrès et notre avenir[84].

La même année, le magazine *Maclean's*, dans son édition du 15 mai, pose la question suivante : « Faut-il fermer la porte à la race jaune ? »

Deux décennies plus tard, en pleine Seconde Guerre mondiale, une petite fille suit les mouvements des uns et des autres sur les quais de Hong Kong :

> Un représentant canadien nous observe et, s'adressant à l'un de ses collègues, lui demande : « Que font ces gens-là ici ? Ils ne sont pas blancs ! Ils sont sur la liste. Pourquoi ne pas les laisser là ? [ ] » Et il passe à autre chose. Ce faisant, il nous ouvrait les portes du Canada même

---

82. N. Hillmer et J.L. Granatstein, *op. cit.*, p. 119.
83. *Ibid.*, p. 116.
84. *Ibid.*, p.178.

si nous étions chinois, même si nous étions orientaux, même si nous n'étions pas désirés[85].

Cette petite fille est née Poy. Elle deviendra Clarkson, Adrienne Clarkson, gouverneure générale du Canada de 1999 à 2005.

Il faudra attendre 2006 pour qu'enfin le gouvernement fédéral canadien donne une suite favorable aux campagnes menées par la communauté chinoise, notamment par le Chinese Canadian National Council, réclamant des excuses officielles du Canada pour les discriminations subies, de même que des compensations symboliques pour les personnes ayant été soumises à la taxe d'entrée et qui sont alors encore vivantes, ainsi qu'aux conjoints de celles qui sont décédées.

Qualifiant de « malheureux » ce chapitre de l'histoire canadienne et évoquant « les profonds regrets que nous inspirent les mesures racistes de notre passé », le premier ministre Harper déclare à la Chambre, le 26 juin 2006 :

> Je m'adresse aujourd'hui à la Chambre pour officiellement tourner la page d'un chapitre malheureux de l'histoire canadienne. Durant cette période, un groupe de personnes qui ne cherchaient qu'une vie meilleure a été maintes et maintes fois ciblé, et ce, délibérément, pour des traitements injustes. Je parle, bien sûr, de la taxe d'entrée […] ainsi que des autres mesures restrictives qui ont suivi. […] cette taxe est restée en vigueur jusqu'en 1923, année où le gouvernement a modifié la Loi de l'immigration chinoise, fermant effectivement la porte à la quasi-totalité des Chinoises et des Chinois jusqu'en 1947. Le gouvernement du Canada reconnaît les stigmates et l'exclusion subis à cette occasion par les

---
85. A. Clarkson, *Heart Matters*, Toronto, Penguin Books, 2008, p. 11.

Chinoises et les Chinois [...]. Nous reconnaissons aussi que le fait de ne pas réellement reconnaître des injustices historiques a empêché nombre d'entre eux de se sentir pleinement canadiennes et canadiens.

Stephen Harper a eu raison de signaler que ces politiques ont « empêché nombre d'entre eux de se sentir pleinement canadiennes et canadiens ». D'où sans doute l'intérêt de la communauté chinoise pour ce fragment tragique de l'histoire canadienne et de la leur. Nos interlocuteurs dans la communauté l'ont tous évoqué. La multiplication des projets de recherche et d'intervention en témoigne, et le cinéma en a fait un sujet récurrent. Victor sort de sa réserve et pulvérise l'idée d'une communauté homogène. Ses propos ont spécifiquement trait à la communauté chinoise, mais ils décrivent une pluralité présente dans la quasi-totalité des communautés.

> Il y a les très anciens comme mon grand-père qui ont payé la fameuse *head tax* et qui, après la Seconde Guerre, ont fait venir leur famille ou ce qui en restait. Il y a les travailleurs de Hong Kong qui, effrayés par la révolution culturelle, ont fait le choix du départ. Il y a aussi la première vague des immigrants investisseurs du même territoire qui, craignant les suites des événements de la place Tian'anmen, ont décidé de partir, et la deuxième vague, ceux qui ont pris la même décision quand il est apparu de plus en plus certain que le gouvernement britannique allait rétrocéder la colonie à Beijing. Il y a aussi les catégories plus aisées de Taïwanais qui décidèrent d'immigrer, inquiets des incessants incidents qui se déroulaient dans le détroit de Taïwan. Enfin, il y a les 300 000 immigrants chinois venus du continent dans la dernière décennie, sans compter ceux qui sont originaires d'autres pays asiatiques ou d'autres régions du monde. Il existe entre ces diverses catégories

des différences majeures. Prenons l'exemple de la langue parlée. Les premiers immigrants chinois venaient en très grand nombre de la province de Guangdong et parlaient un dialecte issu du cantonais. Ceux de Hong Kong parlaient un autre dialecte issu de la même langue. Les 300 000 arrivés récemment parlent le mandarin. Cette dernière langue, qui avait peu de locuteurs ici, est en train de s'imposer dans l'espace public, ses locuteurs étant plus présents, plus demandeurs d'information, plus désireux de participer ; bref, notre communauté connaît son propre problème linguistique !

Les deux quartiers chinois
Le vieux quartier chinois du centre-ville de Toronto a longtemps été l'unique lieu commun de la grande communauté. Tous les stéréotypes étaient alors condensés dans ce territoire : les lavoirs, les restaurants, les canards laqués suspendus dans les vitrines, les étals de fruits exotiques, les pharmacies spécialisées dans la médecine traditionnelle. Sa formation s'explique par le besoin d'une enclave devant la discrimination dont les Chinois étaient victimes. Le vieux quartier a été en partie détruit. Dans les années 1960, la campagne *Save Chinatown* a partiellement protégé le quartier historique de la démolition que les administrateurs de la métropole avaient choisi pour y construire le nouvel hôtel de ville de Toronto. Malgré les protestations, l'expropriation a bien eu lieu, et les deux tiers du quartier ont été démolis. Dans la communauté, on se rappelle cet épisode douloureux. On l'explique par les trois raisons suivantes : exécutée au milieu des années 1950, la décision de démolir a été prise bien avant, en 1947, à une époque où les citoyens chinois n'avaient pas le droit de vote. Cette décision s'inscrivait de plus dans l'idéologie assimilatrice de l'époque, que contredisait l'existence même d'un « quartier chinois ». Enfin, l'idée d'une planification

« moderniste et progressive » justifiait la démolition afin de faire de la place pour la construction d'un hôtel de ville répondant à ces critères.

Dans ce qui reste du quartier historique se rencontrent les mondes de l'Occident qui l'encercle et la fréquente, et celui d'une Asie abondante, diverse, commerçante et laborieuse. Le vieux quartier a été revitalisé. Il a intégré des études juridiques, des banques, des boutiques spécialisées, des bureaux de change, des agences de voyages et des magasins offrant une abondance de produits technologiques. Cet enrichissement n'a pas altéré l'énergie, la couleur, la vie du quartier historique. Mais Tong Yen Gai n'a plus le monopole du fait chinois à Toronto même s'il demeure le centre symbolique de la communauté. Il n'est plus la destination obligée des nouveaux arrivants d'origine chinoise.

Au nord-est de la ville, Chinatown Two se déploie sur le territoire des villes de Richmond Hill, de Markham et, en partie, de Scarborough. La dualité n'est pas que géographique. Elle traduit aussi une différence marquée dans la scolarisation, la capacité financière et les statuts sociaux.

Le contraste entre les deux « villes » chinoises de Toronto est frappant. La première est fidèle à la représentation que l'on se fait d'un grand quartier chinois traditionnel dans une ville nord-américaine. La seconde est apparemment moins spectaculaire. Dans le train qui nous y conduit, la clientèle est jeune, urbaine et branchée. La gare s'ouvre sur de vastes artères où domine l'automobile. On ne marche pas dans ces quartiers, contrairement au vieux quartier chinois où chaque pas vous réserve une surprise. À première vue, la seconde ville ressemble à une nouvelle banlieue américaine avec ses larges avenues, ses nouveaux lotissements résidentiels, ses centres commerciaux et ses parcs industriels. Mais elle est bien davantage qu'une banlieue ordinaire. Elle compte des centaines de sièges sociaux et de compagnies de haute technologie et de sciences de la vie. Elle n'est pas sans prétention non plus. Markham n'hésite pas à se présenter comme « la capitale canadienne de la haute technologie » et, avec Richmond Hill, comme la rue Bay du Nord. Certains des districts de ces villes sont à plus de 50 % d'origine chinoise, et l'affichage public reflète cette réalité.

Riche en symboles, la Varley Art Gallery de Markham possède la fameuse fresque murale *Tribute to Norman Bethune* créée par Avrom Yanovsky. Commanditée par le Parti communiste canadien en hommage au médecin canadien, héros en Chine et, au Canada, ardent protagoniste d'un système d'assurance-maladie universel, l'œuvre complétée en 1965 avait alors été installée au Norman Bethune-Tim Buck Educational Centre de Toronto.

On y trouve aussi le Centre culturel chinois du Grand Toronto, l'un des plus importants en Amérique du Nord. Entièrement financée par la communauté, cette belle maison inaugurée en 1988 conjugue le style traditionnel chinois et les lignes épurées de l'architecture minimaliste. Agrandi en 2006, cette fois avec l'appui financier du gouvernement ontarien, ce centre remplit des missions prévisibles dont principalement l'enseignement, la connaissance et la compréhension de la culture et des langues chinoises. Il a aussi favorisé des relations avec diverses autres communautés de l'Ontario qui y mènent leurs activités. Cette proximité traduit peut-être une réalité que plusieurs de nos interlocuteurs ont évoquée avec prudence, le fait que cette communauté est plus accueillante dans ses lieux que présente dans ceux des autres.

Si le centre est d'abord reconnu pour sa programmation culturelle de haut niveau, il est aussi l'initiateur d'interventions humanitaires d'importance : création d'une coalition au moment de la crise du SRAS en 2003 ; levée de fonds pour venir en aide aux victimes du tsunami en 2004 et création d'un service d'assistance pour les Ontariens désireux d'adopter un enfant chinois. Certains de ses programmes s'adressent exclusivement à la plus jeune génération, qui dispose d'une reconnaissance officielle sous la forme d'un conseil autonome. Parmi ces programmes, l'offre de séjour d'études en Chine occupe le tout premier rang. Le Centre culturel chinois du Grand Toronto abrite aussi l'Asian Business and Cultural Development Centre, dédié au développement des liens entre l'Asie et l'Ontario.

Le centre est un lieu privilégié de ralliement pour la communauté d'origine chinoise. C'est dans cette maison qu'on a célébré les victoires de Patrick Chan, le champion canadien du patinage artistique. C'est aussi dans cette maison que les autorités chinoises représentées par le vice-président de la République populaire de Chine ont choisi de présenter aux Canadiens l'exposition internationale de Shanghai et de les inviter à y participer. Enfin, pour ne citer que ces exemples, le centre a accueilli, à plusieurs reprises, la première ballerine du National Ballet of Canada, Chan Hon Goh. Fille de deux célèbres danseurs chinois, née à Beijing et arrivée au Canada en 1976, l'artiste s'impose sur la scène internationale comme l'une des plus grandes danseuses classiques de l'époque. Elle a raconté sa vie dans un ouvrage qui a été superbement accueilli par la presse du pays et du monde[86].

Dans le quartier du centre-ville, on a l'impression de rencontrer des Chinois dont plusieurs portent dans leur démarche et sur leur visage cette

---

86. C.H. Goh, *Beyond the Dance, a Ballerina's Life*, Toronto, Tundra Books, 2002.

extraordinaire réalité de l'immigration, ce passage voulu, complexe et rude d'un monde à un autre. À Markham et à Scarborough, on a l'impression de rencontrer les habitants de Shanghai, plutôt jeunes et accueillants, aimant les grosses cylindrées et la mode, ayant trouvé les leviers de leurs ambitions économiques.

Certains, comme les techniciens spécialisés, trouvent aisément à s'installer dans les secteurs où les hautes technologies sont fortement présentes, tels le district de Kanata à Ottawa ou les villes de Markham et de Scarborough au nord de Toronto. Il y a aussi la catégorie des immigrants investisseurs et des professionnels dont plusieurs, après un séjour au pays, retournent dans leurs patries d'origine. Mais un nombre important d'immigrants chinois sont des gens plutôt modestes ne maîtrisant pas les fondamentaux du pays et qui, en conséquence, forment une communauté quasi autarcique. Les causes de ce repli sont multiples, mais il y a notamment l'absence de maîtrise de la langue anglaise, d'où la multiplication des services dans les langues comprises par les nouveaux arrivants et, pour ces derniers, la recherche d'emploi dans des entreprises et des commerces fonctionnant dans ces langues. Ce cercle n'est pas vertueux. Selon Victor Wong, il a de désastreuses conséquences, « referme la communauté sur elle-même, maintient les travailleurs dans des emplois modestes et vulnérables au sein même de la communauté, explique les bas taux de participation et le peu d'engagement dans le bénévolat, et finalement le déficit de présence dans les emplois publics, y compris les fonctions électives ».

Au cours de notre conversation, je découvre que Victor connaît Karen Sun, notre premier guide dans cette découverte de la communauté chinoise ontarienne.

Karen Sun

Nous avons rencontré Karen dans le beau bâtiment rénové et lumineux du 215, avenue Spadina où loge le Centre for Social Innovation. Avec elle, nous avons longuement parlé de la communauté chinoise. La jeune femme travaille pour la section torontoise du Chinese Canadian National Council. Elle se bat pour « la promotion de l'équité, de la justice sociale, de la participation civique et du respect de la diversité ». Partant des catégories plus ou moins abstraites construites pour contenir des centaines de milliers de personnes aux expériences particulières, elle nous dirige vers les individualités, en commençant par la sienne.

Environnementaliste de formation, Karen avoue son étonnement de se retrouver « dans le social et l'ethnique », au service de la communauté chinoise de Toronto. Elle y voit la preuve de la discrimination systémique qui frappe les minorités visibles. Dans son cas, il ne s'agit pas du fameux problème de la reconnaissance des diplômes obtenus à l'étranger. « Je suis née au Canada et j'ai obtenu mon diplôme de l'Université Guelph. »

Elle parle avec ferveur de son travail: l'organisation d'une session d'information et de formation pour des femmes d'origine chinoise récemment arrivées au pays. Elle leur enseigne leurs nouveaux droits et compare, à leur intention, les systèmes judiciaires canadien et chinois. En contrepartie, ces femmes lui confient leur situation souvent difficile: non-maîtrise de la langue anglaise et, en conséquence, isolement permanent ou presque, distance intergénérationnelle, violence conjugale et autres difficultés. Elle mentionne la publication d'un ouvrage regroupant les témoignages d'anciens immigrants d'origine chinoise racontant leur expérience, les difficultés et les succès de leur passage d'un monde à l'autre, de leur adaptation ou non à la réalité de la société ontarienne.

La traduction en langue anglaise de ces témoignages par des jeunes Torontois d'origine chinoise a été faite dans le souci de maintenir les liens entre « les anciens et les modernes ».

Les jeunes. Karen, qui en est, affirme qu'ils s'intègrent plus rapidement et doivent vivre dans deux univers, celui de la famille et celui de leur nouvel environnement, au prix de conflits permanents. Pourtant, tous sont confrontés à des impératifs incontournables : apprendre la langue, trouver un travail, s'approprier les normes sociales et juridiques de leur nouvelle société, conjuguer les valeurs ancestrales de leur pays d'origine et celles prévalant dans leur pays d'adoption.

Karen évoque le sentiment de fierté d'être canadienne qui l'habitait dans les années 1980. Elle se sent aujourd'hui torontoise, vivant « dans la bulle » entourant la grande ville. Entre ces deux appartenances, l'Ontario occupe une place difficile à définir. Pour elle, la question se pose autrement. Dans ces mondes-là, elle refuse de se considérer comme minoritaire, ce statut que les « autres, tous les autres », lui confèrent. Paradoxalement, toute son action vise à renforcer les minorités ou, mieux, les minoritaires. Elle vise à créer solidarité et cohérence entre les fragments éclatés de la communauté chinoise et à construire des ponts entre ces mondes si différents, les minorités hispanophones, africaines et celles provenant d'Asie du Sud-Est. Il s'agit de faire reculer l'exclusion sociale et professionnelle, effet pour un grand nombre de la perte de toute valeur attachée aux diplômes, spécialisations et expériences qui leur ont valu, par ailleurs, d'être acceptés par Citoyenneté et Immigration Canada.

Ce que raconte Karen, nous l'entendrons de nombreuses sources et pour toutes les communautés : pauvreté, éclatement des familles, indigence et isolement des aînés, discrimination, dépression nourrie par une identité devenue confuse. Englobant ces drames, la perte, pour les uns, de l'espoir d'une meilleure vie, ce moteur qui les a conduits de leur pays jusqu'au Canada. Pour d'autres, heureusement, on parle plutôt d'une sortie de cette phase de transition et d'une prise de contrôle de leur vie en harmonie avec leurs aspirations. À la fin de notre rencontre, Karen nous remet un ouvrage, *My Story*, qui regroupe les témoignages d'anciens immigrants d'origine chinoise. Une lecture magique s'ensuit[87].

Yuncai Sun qui, à coût de centaines d'heures, a «fabriqué» une carte du métro torontois en mandarin et permis à des centaines de ses amis ne maîtrisant pas la langue anglaise de circuler facilement et ainsi de briser leur isolement. Guohua Leung, qui se fixe les plus hauts standards de maîtrise d'une langue qu'il ne connaît pas, la langue anglaise, pour réaliser son rêve : servir d'interprète pour les immigrants chinois dans les hôpitaux de Toronto. Lyuan Yang qui, pour sortir de sa tristesse, écrit ses mémoires de nomade, *Hong Kong's Essay*. Ziwei Bao, qui crée une chorale des anciens, véritable référence dans la communauté. Invité incontournable lors de ses fêtes et aussi aux grands rassemblements culturels du Nathan Phillips Square, le groupe enregistre son premier CD qui fait un tabac. Doug Hum, qui mobilise la communauté pour obtenir des autorités canadiennes des excuses officielles pour la fameuse taxe d'entrée, et pour qu'on mette fin à ce qu'il perçoit comme des émissions «racistes» sur le réseau CTV, émissions qui qualifiaient «d'étrangers» les étudiants canadiens d'origine chinoise, et finalement pour obtenir, dans le système scolaire, les premiers enseignements de la langue et de l'histoire chinoises.

---

[87]. Chinese Canadian seniors, *My Story*, Toronto, The Chinese Canadian National Council, Toronto Chapter, 2007.

Ces récits illustrent les multiples voies empruntées par une communauté pour se constituer et s'affirmer. Elles rendent possibles d'autres histoires, celles-là plus connues, voire plus spectaculaires. Celle d'Adrienne Clarkson devenue gouverneure générale du pays; celle de Raymond Chang, homme d'affaires, philanthrope et chancelier de l'Université Ryerson; celles de Susur Lee, chef de renommée mondiale, d'Olivia Chow, membre du Parlement canadien, de Jean Lumb, femme d'affaires récipiendaire de l'Ordre du Canada. La liste des Ontariens d'origine chinoise, dont la contribution exceptionnelle à la société mériterait une mention, est longue.

Alberto Di Giovanni

Le discours est aussi vaste que la grande et belle maison qui nous accueille. Nous voici au Centro Scuola e Cultura Italiana, créé pour montrer la place prise par les Canadiens d'origine italienne dans la mosaïque du pays et pour affirmer leur identité. La communauté d'origine italienne occupe une place singulière dans l'histoire de l'Ontario. Ses membres constituent la première minorité d'origine européenne de la province, après les Britanniques, et leur contribution à son développement a été significative.

L'Italie voit plus de sept millions de ses enfants la quitter pour les Amériques de 1889 à 1920. Le Canada bénéficie peu de cette première grande vague d'immigration italienne. Quatre-vingt mille Italiens le choisissent alors contre quatre millions pour les États-Unis et trois millions pour l'Amérique latine, dont les deux tiers en Argentine et l'autre tiers au Brésil. Ce constat s'explique notamment par la politique canadienne de l'époque, privilégiant le territoire britannique et le nord du continent européen comme provenances des nouveaux Canadiens. À compter de 1920, la source italienne est bloquée en raison des politiques restrictives canadiennes reflétant «les positions racistes et xénophobes des Canadiens, y compris des politiques », selon le sociologue Nicholas DeMaria Harney[88]. En cause aussi : les politiques du régime fasciste italien limitant strictement le nombre d'émigrants.

Il en ira tout autrement au lendemain de la Seconde Guerre mondiale. En effet, en quelques brèves années, la population canadienne d'origine italienne passe de 150 000 à plus de 600 000 personnes. Un grand nombre s'installe à Toronto. Par petits groupes, d'autres choisissent les territoires miniers et forestiers du nord, la vallée agricole du Niagara, les villes industrielles de Windsor, Hamilton, Guelph et Ottawa.

« Petit peuple », diraient certains Français : manœuvres dans le secteur de la construction, charpentiers, briqueteurs, maçons, plâtriers, aides-plombiers, électriciens et employés de ferme pour les hommes ; lingères, buandières, employées d'usines ou domestiques pour les femmes. La nature de l'immigration italienne au Canada évolue substantiellement de 1950 à 1980. Si, au lendemain de la guerre, 12,6 % des nouveaux venus occupaient des fonctions non manuelles et 62 % des fonctions manuelles, ces proportions seront renversées après 1980. Mais les représentations stéréotypées des immigrants italiens perdurent en dépit du fait que la nature de cette immigration change et que ses membres construisent hautes tours, conciergeries, écoles, hôpitaux, autoroutes et grands boulevards et, en conséquence, bouleversent le paysage urbain.

L'historienne Franca Iacovetta se rappelle les années 1950 et 1960 dans son important ouvrage *Such a Hardworking People, Italian Immigrants in Postwar Toronto* :

---

[88]. N. DeMaria Harney, *Eh, Paesan! Being Italian in Toronto*, Toronto, University of Toronto Press, 1999, p. 19.

J'ai grandi dans une famille d'immigrants italiens dans un quartier ethnique du centre-ville de Toronto. Dans mes plus anciens souvenirs, je me rappelle le retour de mes parents à la maison après leur journée de travail. Ma mère arrivait la première de la buanderie industrielle où elle nettoyait les nappes, les draps et les serviettes des hôtels. Nous avions passé toute la journée sous la surveillance étroite de ma nonna, ma grand-mère, qui a consacré la quasi-totalité de son âge adulte au Canada à élever les enfants de ses enfants […]. Mon père était un briqueteur et il deviendra sous-traitant. Il rentrait tard le soir. Peu après ma mère, les autres femmes de la maison arrivaient à leur tour : ma tante qui vivait à l'étage avec mon oncle, mon cousin et mes grands-parents ; puis la « femme d'en bas », dont la famille louait le sous-sol […]. Je partageais ma chambre, le vivoir, avec mes deux petits frères et la télévision. Mes parents dormaient dans la salle à manger, et mes deux frères aînés, dans le grenier. Je pouvais entendre les conversations de mes parents et celles des adultes autour de la table. Ils discutaient de la façon d'obtenir un emploi, du train-train quotidien au travail et de la nécessité de se battre. Ils répétaient sans cesse qu'ils étaient très travailleurs (*siamo lavoratori forte*) et que des étrangers s'émerveillaient devant leur remarquable capacité de travail.

[…] À la fin des années 1940 et encore dans les deux décennies suivantes, nos parents, nouveaux venus dans ce pays, ont effectué les tâches dangereuses et peu payantes que personne d'autre ne voulait accomplir. Ils parlaient peu l'anglais et furent souvent victimes d'abus. Mais ils étaient pleins de ressources, démontraient une formidable capacité de travail et un talent certain pour profiter pleinement de la vie et de la compagnie des autres, même dans l'adversité[89].

---

89. N. Hillmer et J.L. Granatstein, *op. cit.*, p. 275.

Telle était alors la vie d'un grand nombre d'immigrants italiens : solidaire, laborieuse, encombrée, déterminée, modeste, faite de duperie, mais non dépourvue de joie. Une vie avec des mères blanchisseuses, des pères briqueteurs, des tantes, des oncles et des cousins vivant à l'étage, des familles louant le sous-sol, des parents dormant dans la salle à manger, des petits frères partageant le vivoir avec leurs sœurs et des grands frères dormant dans le grenier. Au cœur de ce monde, comme un moteur indispensable, il y a le dur labeur recherché et assumé, une part d'exploitation et une autre faite de bonheur simple. Il y a aussi la mémoire du pays d'origine et certains épisodes vécus ici, tel, durant la Seconde Guerre mondiale, l'internement de membres de la communauté italo-canadienne, soupçonnés collectivement de sympathie, et davantage, avec le régime du Duce allié de l'Allemagne nazie.

Le pays d'origine
Pour ces personnes venues d'ailleurs, la vie était aussi dans le lien entretenu avec le pays d'origine pour maintenir le contact avec la famille, s'offrir des conversations téléphoniques pour annoncer naissances, mariages et décès de parents proches ou de cousins éloignés.

Véritable page d'anthologie, la description poignante de Frank G. Paci de l'une de ces conversations téléphoniques annonçant le décès d'Assunta à sa tante Pia dans son village lointain de Novilara. La ligne est mauvaise, l'italien aussi, la voix de la vieille femme faible et remplie d'émotions. Elle explique qu'elle ne vit plus au village, mais dans une ferme éloignée. Voilà pourquoi elle a reçu tardivement le télégramme. Mais peu habituée à utiliser le petit appareil, elle se dit craintive de passer un appel si loin dans le monde. « Un accident », lui explique-t-on. « Un accident de train, réplique la vieille femme… c'est la main de Dieu.» Puis le rappel incessant de l'intense désir d'Assunta, jamais assouvi, de revoir le pays et sa sœur Pia. Et ces dernières phrases d'une conversation chaotique et douloureuse ouvrant sur tous les espaces, ceux du temps et de la distance, ceux de l'affection contenue et de la mémoire toujours vive : « Nous ne nous sommes pas revues depuis trente ans. Depuis ce jour où, de la gare de Pesaro, elle est partie avec une valise et un coffre pour traverser l'océan jusqu'à l'Amérique[90]. »

Le rêve d'Assunta de revoir l'Italie se concrétise pour un grand nombre, le rêve d'une visite dans le village de l'enfance pour y renouer des liens avec des êtres chers, pour satisfaire des curiosités sur le destin de l'oncle installé à Buenos Aires ou à Sao Paulo, de la cousine devenue californienne, du voisin dandy ayant tenté sa chance à Sidney et de la dernière de la famille vivant quelque part en Europe de l'Est. Évoquant son village de San Giorgio, Fortunato Rao observe :

> Nous avions des nôtres dans tous les pays d'Europe y compris la Russie et dans tous les pays d'Amérique latine, partout aux États-Unis, au Canada et en Australie. Tous sont partis pour une seule raison : le travail. En vérité, les citoyens de San Giorgio ont émigré depuis la création du monde[91].

Cette espèce d'arbre géographique international aux racines plantées dans ce village comme dans tant d'autres explique la nature et l'importance des réseaux transnationaux des Italiens de la diaspora, des hommes et des femmes de toutes les diasporas. Il permet aussi de comprendre la nature et la diversité des regroupements dans un pays donné. Dans

---

90. C.M. Di Giovanni, *Italian Canadian Voices: A Literary Anthology*, 1946-2004, Oakville, Mosaic Press, 2006, p. 80.
91. N. Hillmer et J.L. Granatstein, *op. cit.*, p. 244.

Eh Paesan!, Nicholas DeMaria Harney a dressé l'inventaire des associations regroupant les Italiens de Toronto : plus de 38 en 1954, 240 en 1984, 400 à la fin du précédent siècle.

Dans la seconde moitié du xxe siècle, la communauté italo-ontarienne s'agrandit et s'organise. L'Institut culturel italien ouvre ses portes en 1976, la Chambre de commerce italienne de Toronto quelques années plus tard. La communauté croît autour de trois systèmes complémentaires de valeurs : la famille, le travail et la solidarité, cette dernière illustrée par la création d'une société d'entraide mutuelle, mais aussi par la mise en commun des ressources de la famille et du clan pour atteindre des objectifs autrement inatteignables. S'ajoute une quatrième valeur : l'ambition des familles quant à l'éducation de leurs enfants, une ambition et davantage, soit le but ultime de leurs tribulations, de leurs efforts et de leurs économies. Dans une simple phrase, Caroline Morgan Di Giovanni a dit l'essentiel : « Les jeunes fréquentent l'université pour les mêmes motifs qui ont amené leurs parents à traverser l'océan : accéder à une vie meilleure. » Et le mouvement est considérable. En 1971, rappelle Nicholas DeMaria Harney, 56 % des Canadiens d'origine italienne avaient fréquenté l'école pendant une durée inférieure à neuf années et seulement 5 % avaient terminé leurs études secondaires. « Accéder à une vie meilleure » : l'objectif est passé des parents aux enfants. En 1981, 56 % des Italo-Canadiens de 15 à 25 ans fréquentaient l'école, et leur inscription au secondaire se situait juste en dessous de la moyenne du pays. Bref, le taux de croissance de la scolarisation des enfants de cette minorité était supérieur à celui des autres Canadiens[92].

---

92. N. DeMaria Harney, *op. cit.*, p. 21.

Inferno… Paradizo
Alberto Di Giovanni assure la direction de son centre culturel depuis 20 ans avec une passion apparemment inusable. Né en Italie et éduqué à Toronto, l'homme est prolifique, précis et général tout à la fois. Nous visitons la « maison » avec un guide manifestement heureux. Voici la Carrier Art Gallery, superbe salle dédiée à Dante. On peut y voir un fac-similé du manuscrit de *La Divine Comédie*, des éditions des XVIIe, XVIIIe et XIXe siècles de l'œuvre célèbre, des illustrations fameuses portant les signatures de Gustave Doré, d'Amos Nattini, du studio Alinari et de Salvador Dalí, une superbe collection d'œuvres d'artistes italiens contemporains, des huiles, des eaux-fortes, des collages et des croquis représentants les trois lieux éternels, l'*inferno*, le *purgatorio* et le *paradiso*. La bibliothèque est remarquable tant par ses collections que par son ambiance feutrée et studieuse. Le centre comprend des salles de classe où l'on enseigne la langue et la civilisation italiennes, la première vocation de la maison.

Notre interlocuteur a privilégié la référence au Canada au point de n'avoir jamais évoqué l'Ontario. Je l'interroge sur la notion d'identité. Après un moment de réflexion, il laisse tomber : « Une identité ontarienne, je ne sais pas. Une société ontarienne, certainement. »

Nos questions intéressent Alberto Di Giovanni, mais il les incorpore aux siennes comme on mélange des cépages. D'emblée, il affirme que « l'année 1967 marque l'entrée du Canada dans l'ère moderne », et il retient « l'Exposition universelle de Montréal comme l'événement pivot de ce passage ». Pour lui, cet événement est un avènement. Au-delà des péripéties du temps, l'homme évoque une phase majeure de « libération de la mentalité coloniale et un vrai moment de réflexion pour tous. Pour les Italiens comme pour les autres. Enfin, ce pays commençait à se penser comme autre chose qu'une addition à un empire décadent ».

Sans que nous l'ayons sollicité, Alberto livre sa compréhension des débuts du multiculturalisme canadien. Elle a peu à voir avec les études savantes, les statistiques contradictoires, le financement d'événements, certains de qualité et tous les autres, et les récupérations politiciennes. Il se rappelle un discours de Gérard Pelletier, alors secrétaire d'État, « un grand intellectuel comprenant le concept bien davantage que Pierre Elliott Trudeau, ce bureaucrate ». L'homme politique y affirmait que le multiculturalisme et le pays lui-même sont consanguins en raison notamment de la présence historique des Autochtones. Il faisait ensuite le constat de l'omniprésence du multiculturalisme dans la société canadienne moderne. « Le gouvernement a défini une politique, rien de plus, rien de moins. Mais l'accueil favorable qu'elle a reçu n'est pas politique », selon Alberto. Pour lui, cet accueil s'explique « par le sentiment, partagé par un grand nombre, d'une reconnaissance personnelle. Le multiculturalisme se rapporte avant tout aux êtres humains comme êtres humains ».

Notre interlocuteur croit que cette politique marque pour la communauté italienne le passage d'une époque où elle était ostracisée à une autre où elle a finalement été reconnue.

> Nous, les Italiens, n'étions plus une minorité dont les membres étaient condamnés à effectuer les dures besognes, notamment dans le secteur de la construction. Nous étions encore partiellement cela, mais aussi bien autre chose que les stéréotypes, les préjugés et les platitudes encombrant les discours paternalistes qui nous y enfermaient. Nous étions aussi des artistes, des écrivains, des avocats, des médecins, et nous le

savions, mais les autres feignaient de l'ignorer. […] Certes, nous étions de ce pays d'adoption, mais nous venions aussi d'ailleurs, d'Italie, et notre riche héritage culturel a traversé les mers avec nous. Dans nos bagages, il y avait aussi cette chose impossible à nier et à définir, cette chose que nous portions en nous, cette chose créant des conflits permanents entre les valeurs de l'école et les valeurs de la famille, et qui alimentait un profond sentiment de vide, de confusion et de tension émergeant de l'affrontement entre deux mondes : notre Italie natale et le pays où sont nés nos enfants. Il nous fallait éduquer nos éducateurs et mettre fin à une forme extrême d'anglicisation qui, dans plusieurs cas, amenait les personnes à changer de nom. Voilà ce qui était enfoui au fond de nous et qu'il nous fallait extérioriser. Voilà les vraies origines de cette maison. Voilà ce que le multiculturalisme a changé.

Me vient à l'esprit, en écoutant Alberto Di Giovanni, le beau poème de l'écrivain ontarien Celestino de Luliis :

Je possède une maison maintenant. Mon père plantait des graines dans sa cour arrière. Il y récoltait de la laitue et des tomates. Il savait qui il était quand ses mains transformaient en fromage le lait de son troupeau.

Venu ici, il était moins certain. Il travaillait dans les usines ou dans la construction. Il fabriquait son vin et abattait toujours l'agneau pascal pour nous. Il aimait les siens sans effusion et avec encore moins de mots. Aussi fort fût-il, les paroles ne lui venaient pas.

J'écrivais les chiffres sur une feuille et alors il pouvait écrire ses chèques et payer ses comptes […]. Dans ma jeunesse, j'avais honte de lui. Mon petit visage rougissait soudain et je détournais le regard quand il venait timidement, et dans son anglais déficient, me demander comment j'allais.

Dans ma cour, j'ai ma pelouse et mes fleurs et je fais mon épicerie chez Dominion. Je détourne maintenant le regard, honteux d'avoir déjà été ce garçon[93].

Ajit Jain

Éditeur canadien du mensuel *India Abroad*, l'importante publication nord-américaine de la communauté indienne du continent, Ajit Jain appartient à cette école de pensée qui, sans naïveté, fait le pari de l'insertion réussie, d'une espèce de victoire contagieuse remportée par les immigrants sur les obstacles de tout ordre que leur statut implique.

> L'expression convenue pour les désigner est « minorité visible ». Mais ils sont au sens propre invisibles. Et ils demeurent invisibles à moins qu'ils réussissent à acquérir un visage, une voix, une réputation qui résonnent dans les milieux qui comptent. Facile à dire. Les membres de ces minorités sont venus de leur terre ancestrale. Ils étaient programmés depuis des générations et portés par une génétique des rôles en conséquence d'un éthos particulier. Et, dans leur terre d'adoption, ils découvrent que tout ce qu'ils ont vécu et appris est désormais inutilisable. Ils sont forcés de naviguer dans un éthos culturel, social et économique qui leur est étranger. Au cœur de cette bataille, que faut-il faire pour acquérir un visage, un profil, une réputation qui transcendent ces barrières invisibles[94] ?

Si, à l'échelle du monde, plusieurs s'interrogent sur la puissance à venir et comparée de la Chine et de l'Inde, il apparaît qu'en Ontario, selon les projections médianes, la minorité indienne d'Asie supplantera en nombre, dans les prochaines années, celle d'origine

---

93. C.M. Di Giovanni, *op. cit.*, p. 141.
94. A. Jain, « The power list », *India Abroad*, septembre 2008.

chinoise. Comprenant plus de 950 000 membres au Canada et 600 000 en Ontario en 2008, la minorité indienne pourrait totaliser 1,3 million de membres en 2020.

L'arrivée relativement récente des Indiens semble les avoir préservés du sort tragique réservé aux Canadiens d'origines chinoise, japonaise, allemande ou italienne marqués par le racisme émergeant à la fin du XIXe siècle, l'hostilité et la méfiance des périodes de guerre du XXe siècle. Mais tel n'est pas le cas. Discriminés aux États-Unis au début du XXe siècle, les Indiens cherchent refuge au Canada, évoquant leur statut de sujets britanniques et les obligations de la couronne à leur endroit. Mais dès leur arrivée, ils sont confondus avec les autres Asiatiques et font l'objet d'un rejet parfois violent[95]. À la suite de difficiles négociations entre les gouvernements indien et canadien, la fameuse clause du passage direct est retenue et l'immigration des Indiens au Canada rendue impossible à toutes fins utiles pour un demi-siècle. Elle mènera au drame du *Komagata Maru*.

> La principale bataille qui a impliqué les Indiens d'Asie découlait de l'attitude de la société dominante à leur endroit. La société dominante voulait préserver le territoire canadien d'une autre invasion en provenance d'Asie, les Indiens dans ce cas. Pour atteindre son objectif, la société dominante chercha, dans un premier temps, à les exclure du Canada. En 1914, elle avait effectivement fermé les portes de l'immigration aux Indiens d'Asie. La société dominante chercha aussi à éteindre toute possibilité de leur reproduction. Elle rendit impossible la venue au pays des épouses des

---

[95]. F. M. Bhatti, « A Comparative Study of British and Canadian Experience with South Asian Immigration », et S. Raj, « Some Aspects of East Indian Struggle in Canada, 1905-1947 », dans K. Victor et G. Hirabayashi, *Visible Minorities and Multiculturalism: Asians in Canada*, Toronto, Butterworths, 1980, p. 43.

Indiens qui s'y trouvaient déjà. On espérait qu'une telle mesure libérerait le pays des éléments indésirables en une génération.

[…] La société dominante avait plusieurs motifs d'exclure les Indiens. Leur admission, même en petit nombre, aurait été contraire à l'avancement, à la préservation et à la prééminence de la civilisation anglo-saxonne. Chez les anglophones de ce temps, on croyait représenter le pinacle de l'évolution et de la réussite humaines […] L'admission de « races inférieures » au Canada allait frustrer la réalisation de « cette noble destinée[96] ».

Le drame du *Komagata Maru* mérite un bref rappel. Le 23 mai 1914, le bateau à vapeur *Komagata Maru* arrive au port de Vancouver avec, à son bord, 376 sujets britanniques d'origine indienne qui souhaitent s'établir au Canada. Selon les autorités fédérales, leur venue contrevenait à la Loi sur le passage sans escale votée par le gouvernement canadien en 1908. Cette loi exigeait des immigrants qu'ils se rendent au Canada directement de leur pays d'origine, itinéraire pratiquement impossible pour les immigrants du sous-continent indien. En conséquence, leur débarquement est interdit pendant deux mois, et les deux parties acceptent de soumettre leur différend aux tribunaux. Ces derniers autorisèrent le débarquement de vingt-deux citoyens canadiens et ordonnèrent au *Komagata Maru* de quitter le port de Vancouver et de repartir vers l'Inde avec tous les autres passagers. Une émeute éclate alors sur le bateau et les forces de l'ordre font feu. Vingt-neuf passagers sont atteints, dont vingt mortellement. Cette tragédie en rappelle une autre, incommensurable et insupportable, soit le refus par le Canada d'accueillir les

---

[96]. S. Raj, *op. cit.*, p. 65.

900 passagers juifs du *S.S. St. Louis* cherchant à fuir l'Allemagne nazie[97].

La première minorité
En 1960, à la suite de la levée des lois restrictives qui bloquaient jusque-là leur venue au pays, les Indiens ont commencé à emprunter la route du Canada. Depuis, le flux a été en constante augmentation. De 1996 à 2001, si la croissance de la population canadienne est de 4 %, elle atteint 30 % pour la communauté indienne. En 2001, les deux tiers des membres de cette minorité étaient nés à l'étranger, comparativement à 18 % pour l'ensemble des Canadiens ; 65 % d'entre eux en Inde et 35 % au Pakistan, au Bangladesh, au Sri Lanka, au sud et à l'est de l'Afrique, dans la grande région de l'océan Indien, et, en nombre restreint, dans la région des Caraïbes.

Près de 60 % des Indiens vivent en Ontario, comparativement à 26 %, 10 % et 6 % respectivement pour la Colombie-Britannique, l'Alberta et le Québec. Selon les données les plus récentes, ce choix de l'Ontario irait en s'accentuant. Il s'agit, en fait, d'un choix pour la région métropolitaine de Toronto. Au tournant du millénaire, plus de 350 000 Indiens y avaient élu domicile.

Le profil de cette communauté est singulier. Sa diversité est connue et elle est ethnique, linguistique et religieuse. En 2001, 34 % des Indo-Canadiens sont sikhs, 27 % hindous, 17 % musulmans, 16 % chrétiens et 4 % sans appartenance religieuse. Compte tenu de son importance numérique et de la diversité de ses allégeances religieuses, cette minorité contribue puissamment au nouveau pluralisme religieux ontarien.

---

[97]. I. Abella et H. Troper, *None is Too Many, Canada and the Jews of Europe, 1933-1948*, Toronto, Key Porter, 2000.

Sur le plan sociologique, elle se distingue par sa relative jeunesse. En 2001, 39 % de ses membres avaient moins de 24 ans, comparativement à 32 % pour l'ensemble des Canadiens, et 33 % de ses membres se situaient parmi les 25 à 44 ans. Bref, 72 % des Canadiens d'origine indienne ont moins de 45 ans, comparativement à 63 % pour l'ensemble des Canadiens.

Des traits distinctifs de cette communauté sont le taux de scolarisation élevé et la maîtrise de la langue anglaise parlée par 85 % de ses membres à leur arrivée au pays, traits qui normalement devraient constituer un avantage comparatif d'importance. Près des deux tiers des 15 à 24 ans, à parité chez les deux sexes, poursuivaient des études à temps plein, comparativement à 55 % pour l'ensemble des Canadiens. Par ailleurs, 26 % de ses membres adultes possédaient un diplôme universitaire, comparativement à 15 % pour les autres Canadiens. En ce qui a trait aux diplômes d'études supérieures, le ratio est de un sur deux en faveur de la communauté indienne, notamment en mathématiques, en physique, en informatique et en science appliquée. Les Canadiennes d'origine indienne de 25 à 37 ans appartiennent à la catégorie la plus éduquée du pays, 58 % d'entre elles possédant un diplôme universitaire, comparativement à 25 % pour le même groupe d'âge dans la population non issue de l'immigration. De plus, cette communauté se distingue par un taux de mariage très supérieur aux taux prévalant pour l'ensemble des Canadiens, soit 61 % contre 50 %, et un nombre d'unions libres cinq fois inférieur à la moyenne canadienne. Il en va de même pour le nombre de chefs de famille monoparentale. À noter aussi, le fait que les membres de la communauté soient peu susceptibles de vivre seuls, y compris les aînés, soit 4 % comparativement à 13 % pour les autres Canadiens.

Un passé abstrait, un avenir abstrait
Sur le plan politique, les membres de cette minorité affirment avoir un profond sentiment d'appartenance au Canada, mais aussi un fort sentiment d'attachement à leur groupe ethnique ou culturel. Des écrivains ontariens ayant des liens avec ces deux mondes en ont fait l'objet de leurs récits, tels *Winterscape* d'Aenita Desai et la superbe nouvelle d'Uma Parameswaran *The Door I Shut Behind Me* :

> Que sont-ils, se demande-t-elle, en observant des immigrants indiens vivant à Toronto, indiens ou canadiens ? Ils n'ont pas changé leurs habitudes alimentaires ; les femmes ont conservé leur façon de s'habiller ; ils forment apparemment une communauté tricotée serrée, loin de l'assimilation par les courants d'ensemble de la vie les entourant. Mais en même temps, ils étaient aussi très loin des courants indiens. Ils évitaient de parler de retour, mais on pouvait penser que leur espoir se situait dans un avenir abstrait, tout comme leur mémoire puisait dans un passé abstrait. Comme Trishanku, le dieu de la mythologie, ils étaient comme suspendus entre deux mondes, incapables d'entrer dans l'un ou l'autre[98].

Peut-être est-ce là la vraie situation des immigrants, de tous les immigrants, cette installation entre le pays d'origine et le pays d'accueil. Il s'agit, selon Shyam Selvadurai, « d'un espace merveilleux et ouvert représenté par ce trait d'union et dans lequel les deux parties de mon identité sont liées, s'affrontent et se frottent l'une contre l'autre comme des plaques tectoniques qui forcent l'éruption de mon œuvre[99] ».

---

[98]. U. Parameswaran, « The Door I Shut Behind Me », dans *Selected Fiction, Poetry and Drama*, Madras, Affiliated East-West Press, 1990, p. 67.
[99]. S. Selvadurai, *Story-Wallah: Short Fiction from South Asian Writers*, New York, Houghton Mifflin Company, New York, 2005, p. 1.

En peu de temps, la visibilité de la communauté indienne en Ontario s'impose. Les temples hindous font leur apparition, tout comme les mosquées. Les premiers accueillent gourous et pandits; les seconds, des imams du pays et de l'extérieur. Les fêtes religieuses et les manifestations culturelles se montrent dans l'espace public. Abdullah Hakim Quick, imam de la mosquée Jami à Toronto et doctorant en histoire à l'Université de Toronto, retrace l'évolution de la communauté musulmane d'origine sud-asiatique comme suit:

> Dans les années 1960 et 1970 en Ontario, être un musulman d'origine sud-asiatique forçait les individus à avoir une double personnalité. À l'extérieur du lieu de résidence, les hommes et les femmes étaient une partie de la société canadienne, adoptant la plupart des habitudes reconnues. À l'intérieur des lieux de résidence, les familles musulmanes d'origine sud-asiatique créaient un environnement semblable à ceux de l'Inde ou du Pakistan. Une sorte de cocon était ainsi formé, et les visiteurs étaient enveloppés d'odeurs, de sons et des habitudes d'une résidence de l'Asie du Sud. Les relations étaient aussi les mêmes, l'homme y était considéré comme maître après Dieu et on attendait des enfants qu'ils soient tranquilles et soumis.
>
> De cette évidente contradiction naissaient tensions, divisions et violence domestique. [...] De plus, pour des raisons économiques, les femmes devaient entrer dans le marché du travail. Leur contact avec des féministes modifiait leur vue quant au rôle de leur mari et de leur père. La fatigue, la dépression et les malentendus conjugués à l'isolement culturel produisaient un nombre important de querelles et la désintégration familiale. En conséquence, les enfants élevés dans un tel climat se forgeaient une conception

désillusionnée de leur famille, de leur culture et de leur religion[100].

La communauté ne pouvait rester indifférente devant des problèmes sociaux d'une telle acuité. Elle décide donc, après avoir consulté les aînés, d'accélérer le développement de ses institutions, les lieux de prière se multiplient, notamment la mosquée Jami et l'espace interconfessionnel établi dans la maison Hart de l'Université de Toronto. Les services pour les décès, les mariages, les naissances, les fêtes de l'Aïd s'organisent, et les communautés se resserrent. À leurs fonctions spirituelles, les imams ajoutent celle de conseiller social en raison des violences conjugales, de la délinquance juvénile et des maladies mentales... Les mosquées deviennent alors le second cocon protégeant les musulmans asiatiques des maux de la société canadienne.

> Dans les années 1980, la communauté musulmane originaire du sud de l'Asie passe à une autre étape. Des milliers de musulmans se sont établis au pays, et un sentiment de sécurité prévalant chez les plus anciens – couplé à une meilleure compréhension des lois, notamment des droits des citoyens – a engendré une demande de reconnaissance de ces droits et de leurs bienfaits. [...] En 1989, 20 000 personnes ont assisté au festival Aïd el-Fitr, l'un des plus imposants rassemblements de musulmans en Amérique du Nord ! Des associations sociales musulmanes se fédèrent actuellement pour rassembler les ressources conjuguées des professionnels et des religieux. Des médecins, des avocats, des comptables et des travailleurs sociaux venus de l'Asie du Sud se mobilisent en vue de contrer la croissance

---

100. A. H. Quick, « Muslim Rituals, Practices and Social Problems in Ontario », dans *Polyphony*, vol. 12, Toronto, Multicultural History Society of Ontario, 1990, p. 120.

des problèmes familiaux en utilisant ce que les deux mondes offrent de meilleur[101].

Pour importantes qu'elles soient, ces évolutions rallient difficilement la plus jeune génération. Même protégé par les deux cocons de la famille et de la mosquée ou du temple, un premier groupe marque son opposition aux mariages arrangés, aux traditions prévalant dans les ménages et, plus généralement, aux façons de faire asiatiques. Un deuxième groupe renoue avec sa foi et vit une sorte de fusion entre sa culture d'origine et celle prévalant en Amérique du Nord. Enfin, un troisième groupe se déclare complètement agnostique.

Aisance linguistique, scolarisation avancée : ces acquis d'importance devraient normalement faciliter l'accès à l'emploi pour les membres de cette communauté. En effet, ces derniers, hommes et femmes, sont plus susceptibles d'obtenir un emploi et le trouvent et l'exercent dans le secteur manufacturier et dans les domaines scientifiques et techniques. Si ces données apparaissent plutôt favorables, elles s'accompagnent d'autres qui le sont moins : des revenus inférieurs à la moyenne nationale et, pour 20 % des travailleurs d'origine indienne, une rémunération inférieure au seuil de faible revenu, sans compter une proportion élevée d'aînés disposant de faibles revenus.

> De nombreuses personnes d'origine indienne d'Asie ont rapporté avoir fait l'objet de discrimination. En 2002, 49 % des Canadiens d'origine indienne d'Asie ont déclaré avoir souffert de la discrimination ou d'un traitement injuste fondés sur leur origine ethnique, leur race, leur religion, leur langue ou leur accent, au cours des cinq dernières années ou depuis leur arrivée au Canada. Une immense majorité (87 %) de ceux qui ont été vic-

---
101. *Idem.*

times de discrimination a déclaré penser que celle-ci était basée sur leur race ou la couleur de leur peau[102].

Ajit Jain sait tout cela et bien davantage. Ce bilan traduit imparfaitement, selon lui, la situation de sa communauté. Nombreux sont ses membres qui, à son avis, ont acquis un visage, un profil, une réputation qui transcendent toutes les barrières visibles et invisibles. Il évoque les nouvelles relations du pays avec l'Inde, les visites du premier ministre ontarien dans la plus importante démocratie du monde, les coopérations économiques qui se mettent en place et la qualité de l'insertion d'un grand nombre dans la société ontarienne. Il me donne deux exemplaires de sa publication, *India Abroad*, consacrés à la Power List[103], qui recense les Canadiens d'origine indienne dont la carrière est exceptionnelle. À leur lecture, on saisit mieux la contribution exceptionnelle de tant d'Ontariens d'origine indienne dans presque tous les secteurs de la société.

Lincoln M. Alexander
En 1968, le premier Canadien noir fait son entrée à la Chambre des communes qui compte, à l'époque, une seule femme parmi les 264 députés fédéraux. Lincoln M. Alexander est élu dans la circonscription ontarienne d'Hamilton Ouest. Il sera élu à trois reprises.

Il est le fils d'immigrants venus des Antilles, d'une mère femme de ménage et d'un père bagagiste dans les chemins de fer, «l'un des rares emplois accessibles alors à un homme de couleur». Né à Toronto, le nouveau député a vécu à Harlem et a servi durant la Seconde Guerre mondiale comme radiotélégraphiste dans l'armée canadienne. Étudiant adulte, il obtient

---

[102]. Statistique Canada, *La Communauté indienne d'Asie du Canada*, – numéro 4, (www.statcan.gc.ca/pub/89-621-x/89-621-x2007004-fra.htm), 2007.
[103]. « The Power List », *India abroad*, septembre 2008 et août 2009.

un baccalauréat ès arts de l'Université McMaster et une licence en droit à Osgoode Hall, la célèbre faculté de droit de l'Université York. Au début des années 1950, il appartient à ce club restreint des quatre ou cinq avocats ontariens de race noire. Après avoir essuyé le refus des grandes études légales, il intègre le premier cabinet d'avocats interracial au pays. « Personne ne le disait, mais le fait d'être noir signifiait que tu étais perçu comme un incompétent[104]. »

Son élection, son accession au cabinet en 1979 et sa nomination à la fonction de lieutenant-gouverneur de l'Ontario en 1985, trois premières, retiennent l'attention de la presse nationale et internationale. Premier président de la Fondation canadienne des relations raciales (1996), créée par le gouvernement fédéral dans le cadre de l'Entente de redressement à l'égard des Canadiens japonais, Lincoln Alexander mène une vaste campagne pancanadienne contre le racisme. Il fait à nouveau les manchettes en déclarant en 1999 : « Les attitudes racistes et le racisme institutionnel sont encore très vivants ; il nous reste encore un long chemin à parcourir… Nous voulons que les Canadiens combattent le racisme partout où il se pointe, dans les écoles, au hockey, dans les milieux de travail, sur la rue et oui, même au Parlement[105]. » Ces déclarations sont, à première vue, étonnantes pour qui n'a pas lu les mémoires de Lincoln Alexander[106].

Modéré, l'homme n'est cependant pas sans conviction ni courage. Au terme de cette formidable carrière, Alexander choisit de raconter sa vie. À chaque étape de cette vie, le spectre du racisme sous toutes ses formes, des plus subtiles aux plus brutales, étend

---

[104]. W. Brown, « L'honorable Lincoln M. Alexander, Premier Canadien de race noire élu à la Chambre des communes », *Perspectives électorales*, Ottawa, Élections Canada, octobre 2002.
[105]. *Idem*.
[106]. L.M. Alexander, *Go to School, You're a Little Black Boy*, Toronto, Dundurn Press, 2006.

son ombre froide sur cet homme noir et sa communauté. « Après tout, nous vivions dans les années 1920 et 1930, dans une ville de Toronto très blanche, anglo-saxonne et protestante, où des gens de la couleur de mes parents et la mienne constituaient à peine un groupe minoritaire en nombre. Le racisme était une sinistre donnée de la vie quotidienne[107]. » Ce racisme, Lincoln Alexander le ressent à l'école primaire, au collège, dans l'armée « dont les trois services – armée de terre, de l'air et de mer – n'étaient pas intéressés à enrôler des Noirs[108] », dans les services au public[109], dans la recherche d'un emploi après son retrait de l'armée[110], à la faculté de droit de l'Université de Toronto[111], dans ses contacts avec les bureaux d'avocats[112], dans l'achat d'une propriété[113] ainsi que dans la première phase de sa carrière politique[114].

Austin Clarke a fait de ce trop-plein la matière de son œuvre remarquable[115]. Il y décrit une société, la société ontarienne, qui, selon les termes de Sonnet L'Abbé écrits en 2008, « ne peut trouver la paix dans sa conscience troublée par la division raciale, visible et profonde. On aimerait que cette division soit une donnée de l'histoire accomplie, mais elle est toujours une donnée de l'histoire actuelle[116] ».

Dans sa fonction de lieutenant-gouverneur, Alexander intervient avec force pour dénoncer le racisme et souhaiter que des actions significatives

---

[107]. *Ibid.*, p. 16.
[108]. *Ibid.*, p. 39.
[109]. *Ibid.*, p. 43.
[110]. *Ibid.*, p. 54.
[111]. *Ibid.*, p. 61.
[112]. *Ibid.*, p. 65. Le même ostracisme frappait les diplômés en droit d'origine juive.
[113]. *Ibid.*, p. 70. Dans ce cas, la discrimination affectait les citoyens d'origines juive, italienne, polonaise, chinoise ou nés hors du pays.
[114]. *Ibid.*, p. 96, 217.
[115]. A. Clarke, *More*, Toronto, Thomas Allen Publishers, 2008.
[116]. S. L'Abbé, « Toronto the black », *The Globe and Mail*, 27 septembre 2008.

soient entreprises pour changer ce qui devait l'être. L'une de ses interventions devant la Chambre de commerce de l'Ontario est restée célèbre en raison de son contenu et de la polémique qu'elle suscita alors. Était-il convenable pour le représentant de la couronne de prendre parti aussi clairement ? L'intéressé lui-même n'en doutait pas tant son histoire s'inscrit dans la continuité d'une lutte plus que centenaire pour que soit reconnue et mise en œuvre l'égalité de tous et de toutes sans égard à la couleur de leur peau.

Diversifiée comme toutes les autres communautés visibles ontariennes, celle rassemblant la population noire est aussi l'une des plus anciennes. Sa venue en Ontario découle au départ de deux événements majeurs de l'histoire moderne : l'accession des États-Unis à l'indépendance et la longue bataille pour l'abolition de l'esclavage.

La toute première communauté noire ontarienne est constituée de loyalistes qui fuient les États-Unis, convaincus que le système impérial britannique leur sera plus favorable que la nouvelle république américaine au lendemain de son indépendance. Dans les décennies suivantes jusqu'à la guerre civile américaine et encore plus jusqu'à l'adoption, en 1865, du treizième amendement abolissant l'esclavage, cette communauté initiale est enrichie par la venue de milliers d'esclaves. Ceux-là sont à la recherche de leur liberté, d'une vie allégée des extrêmes discriminations raciales et légales dont ils étaient les victimes depuis des générations. Ce mouvement prend de l'ampleur en conséquence de la guerre de 1812 et de la *Fugitive Slave Law* américaine de 1850, autorisant les propriétaires d'esclaves du Sud à récupérer « leurs biens, c'est-à-dire leurs esclaves » ayant fui au Nord et à faire usage de la force pour y arriver[117]. Dans une lettre du

---

117. D. Benjamin, *A North-Side View of Slavery. The Refugee: or the Narratives*

Les Ontariens

12 octobre 1850 conservée aux Archives de l'Ontario, S. Wickam résume la situation comme suit: « [...] la loi est actuellement telle que les propriétaires d'esclaves peuvent reprendre leurs esclaves peu importe où ils se trouvent [...] toutes les personnes de couleur qui se trouvent au Canada devraient y rester qu'elles soient libres ou fugitives[118]. »

Même s'il déborde manifestement l'objet de cet ouvrage, nous relatons cet épisode de l'histoire ontarienne en raison de mouvements de solidarité qui ont permis ces passages des fugitifs en provenance des États-Unis vers la colonie du Haut-Canada. Au-delà des débats politiques et des choix idéologiques de l'époque, ces mouvements ont impliqué un grand nombre de citoyens et d'institutions sans lesquels ces passages n'auraient tout simplement pas été possibles. L'historien ontarien Fred Landon a, le premier, reconstitué cette histoire épique du passage périlleux de ces esclaves venus d'un des États américains limitrophes, mais aussi de lointains États du Sud, tels la Virginie et la Caroline du Nord. Il a aussi documenté le système qui a rendu possible ces passages: le fameux chemin de fer clandestin qui déjouait les services américains avec une terminologie, des messages et des symboles codés. Il a enfin relaté les conditions de leur installation dans les communautés du Sud-Ouest ontarien. Ce fragment de l'histoire est reconstitué modestement mais puissamment au North American Black Historical Museum, inauguré en 1981 à Amherstburg[119], l'une des destinations « terminus » des esclaves

---

of Fugitive Slave in Canada, Related by Themselves, With an Account of the History and Conditions of the Colored Population of Upper Canada, Boston, John P. Jewett and Company, 1856.

118. Archives de l'Ontario, code de référence : F499MU2885.
119. F. Landon, « Amherstburg, Terminus of the Underground Railroad », dans *The Journal of Negro History*, vol. X, Association for the study of African American Life and History, 1925.

fugitifs[120]. Il est aussi relaté dans des documents de l'époque conservés aux Archives de l'Ontario et montrés à l'occasion de l'exposition *La Vie des Canadiens de race noire en Ontario entre 1834 et 1914: de l'exode à l'enracinement*, projet conjoint des Archives publiques de l'Ontario et de l'Ontario Black Society.

Abolition de l'esclavage
L'abolition de l'esclavage a suscité dans la colonie du Haut-Canada un vif débat. Elle engendre la création de groupes d'intérêt tels, en 1851, l'Anti-Slavery Society of Canada et, en 1859, l'Association for the Education of the Coloured people of Canada. Elle provoque le lancement de journaux dédiés à la défense des intérêts des anciens esclaves tels, en 1851, la *Voice of the Fugitives* et en 1853, *The Provincial Freeman*, créé et dirigé par une femme noire, Mary Ann Shadd. Une même bataille engendre ces initiatives: l'abolition de l'esclavage. Cette dernière ne fait pas l'unanimité dans la colonie qui comptait toujours un nombre important d'esclaves et de défenseurs du *statu quo*[121]. Mais elle bénéficie de l'appui de nombreuses personnalités blanches et noires, religieuses et civiles ontariennes, dont George Brown, l'éditeur du *Toronto Globe* qui ouvre les pages de son journal au mouvement, et Oliver Mowat, qui sera premier ministre de l'Ontario de 1872 à 1896. Ces initiatives locales adhèrent au mouvement abolitionniste international, s'en inspirent et le renforcent. À l'occasion du 150ᵉ anniversaire de la création de l'Anti-Slavery Society of Canada en 2001, Bibliothèque et Archives

---

120. On peut voir aux Archives publiques de l'Ontario une modeste carte intitulée: «Southwestern Counties of Canada West». Cette carte montre les principaux lieux d'établissement de la population «de couleur» en 1855. Code de référence: brochure 1855, n° 41.
121. F. Landon, «Evidence is found of Race Prejudice in Biddulph, 1848», dans *Ontario's African-Canadian Heritage: Collected Writings*, London, London Free Press, p. 95.

Canada a organisé une exposition sur cet épisode majeur de l'histoire ontarienne.

Ces mouvements abolitionnistes ont trouvé des appuis dans l'administration impériale locale. Certains administrateurs, comme le lieutenant-gouverneur John Graves Simcoe, prennent des initiatives telle la Loi de 1793 qui, sans abolir l'esclavage, interdit l'importation d'esclaves dans la colonie et prévoit l'émancipation graduelle des enfants d'esclaves y vivant. En 1829, le lieutenant-gouverneur John Colborne résume ainsi la position des dirigeants de la colonie à l'intention de visiteurs américains :

> Dites aux républicains de votre côté de la frontière que les royalistes ne connaissent pas les hommes en fonction de leur couleur. Si vous décidez de vivre avec nous, sachez que vous disposerez des mêmes privilèges dont bénéficient les autres sujets de sa Majesté[122].

Quatre années plus tard, en 1833, le Parlement impérial abolit l'esclavage et, en 1842, la Grande-Bretagne et les États-Unis signent le traité de Webster-Ashburton visant à éliminer la traite des esclaves depuis l'Afrique jusqu'en Amérique. En 1865, à la suite de la victoire des forces de l'Union, les États-Unis adoptent le treizième amendement qui a pour effet d'abolir l'esclavage dans ce pays. Une page de l'histoire du monde se tourne de même qu'une page de l'histoire de l'Ontario. En effet, la question de l'esclavage a occupé les esprits depuis des décennies dans la colonie. Très largement, les élites du temps, les administrateurs, les chefs religieux et de nombreux citoyens militent pour son abolition, contribuent à la venue de milliers d'esclaves fuyant les

---

122. V. Ullman, *Look to the North Star: A Life of William King*, Boston, Beacon Press, 1969, p. 84.

États-Unis, à leur installation et à l'aménagement de leurs communautés.

Mais l'abolition légale ne met pas fin à toutes les pratiques si profondément enracinées dans l'histoire. À la question de l'esclavage succède celle des droits des citoyens de race noire. Comme le montrent le témoignage de Lincoln Alexander et les œuvres d'écrivains ontariens, cette question traverse l'histoire contemporaine de la province comme elle traverse l'histoire contemporaine de l'Amérique.

Plus d'un siècle et demi sépare deux documents majeurs illustrant la pérennité de la question des droits des citoyens de race noire en Ontario : le texte de la pétition des gens de couleur de Hamilton en 1843[123] et le rapport sur le racisme de 1992 portant la signature de Stephen Lewis[124]. L'un et l'autre réclament une loi pour protéger les jeunes Noirs et leur assurer un traitement équitable quant à la fréquen-

---

123. « Monsieur, Nous, les gens de couleur de la ville de Hamilton, avons le droit d'informer Votre Excellence du traitement que nous sommes contraints de subir. Nous avons payé nos impôts et on nous refuse l'accès à l'école publique. Nous avons déposé plainte auprès de la Commission de la police et aucune mesure n'a été prise pour changer ce type de traitements. Ce genre de traitement n'existe pas aux États-Unis, car les enfants de couleur vont à l'école publique avec les enfants blancs, plus particulièrement à Philadelphie. Je croyais qu'un homme ne devait pas être jugé selon la couleur de sa peau dans les contrées où flotte le drapeau britannique ; ainsi avons-nous quitté les États-Unis dans l'espoir que les préjugés n'existaient pas en cette terre. Je suis venu, Dieu me vienne en aide, afin de vivre selon les règles de votre gouvernement et dans le but de demeurer fidèle à ce même gouvernement. Je suis désolé de vous gêner avec cette question, mais nous sommes fort attristés et on nous impose beaucoup de choses, et s'il plaisait à Votre Excellence de bien vouloir répondre à ce grief. J'ai laissé des biens derrière moi aux États-Unis et j'ai apporté des biens au Canada ; tout ce que je demande est que justice soit faite et alors je serai satisfait. On nous traite de « sales nègres » lorsque nous nous aventurons dans la rue et parfois on nous lance des pavés lorsque nous marchons dans cette même rue. Nous ne sommes pas tous des fugitifs. Nous avons emporté de l'argent pour nous établir dans cette province et nous espérons ne jamais devoir la quitter, car nous désirons jouir de nos droits dans cette même province. Je prie que Dieu sourie sur votre vie publique et vous guide dans les voies de la vérité. Que Dieu bénisse la reine et la famille royale. Les habitants de couleur de Hamilton. » Archives de l'Ontario, Code de référence, RG 2-12.
124. S. Lewis, « Racism in Ontario », dans *Report to the Premier*, Toronto, Office of the Premier, juin 1992.

tation de l'école publique au milieu du XIXe siècle, quant à leur sécurité, à l'accès à l'emploi et aux services éducatifs à la fin du XXe siècle. « On nous traite de sales nègres lorsque nous nous aventurons dans la rue et parfois on nous lance des pavés… », écrivent les pétitionnaires de Hamilton auxquels le président de la commission de police donne raison. Dans son rapport d'enquête, ce dernier écrit :

> Je regrette de devoir vous informer de l'existence de profonds préjugés parmi les plus basses strates des Blancs contre les gens de couleur. Plusieurs enseignants, ainsi que d'autres personnes qui sont bien au courant de l'étendue de ces préjugés, craignent que, si les enfants de couleur étaient admis aux écoles, les parents de la majeure partie des enfants blancs retirent ces derniers de l'école[125].

Cent cinquante ans plus tard, après des émeutes considérables qui ont ébranlé Toronto dans les années 1990, Stephen Lewis affirme :

> Le racisme antinoir est ce qui nous occupe à la base, et fondamentalement. Ce sont les Noirs qui se font tirer dessus, ce sont les jeunes Noirs qui sont au chômage en trop grand nombre, ce sont les enfants noirs qui, de façon disproportionnée, décrochent.

Une pluralité d'origines
L'expression « communauté noire » est très ambiguë. Elle englobe en effet une pluralité d'origines et de situations[126]. Les descendants des pétitionnaires de

---

125. Archives publiques de l'Ontario, *Documenting a Province. The Archives of Ontario at 100. Chronique d'une province. Le centenaire des Archives publiques de l'Ontario*, Toronto, Queen's Printer for Ontario, 2003.
126. Toutes les données statistiques de cet ouvrage, faisant référence aux Africains, à la communauté africaine, aux Canadiens ou aux personnes d'origine africaine, désignent les personnes qui ont déclaré une appartenance ethnique africaine en réponse à la question sur l'origine ethnique dans le recensement de 2001 ou dans l'Enquête sur la diversité ethnique de 2002.

Hamilton en constituent le fragment le plus ancien. Cette communauté serait beaucoup plus importante en nombre si la politique canadienne n'avait pas empêché l'entrée des Noirs au pays. Cette politique affirmée clairement en 1911 prohibait la venue d'immigrants « de race noire, race jugée inappropriée, compte tenu du climat et des exigences du Canada ». Cette prohibition est levée en 1953, puis en 1962 quand ces restrictions racistes sont retirées de la loi.

En 2006, 473 765 citoyens ontariens étaient d'origine africaine. Ce terme générique désigne différentes provenances nationales, langues et cultures. Ces chiffres ont été critiqués, et depuis longtemps. On a en effet soutenu qu'ils étaient très inférieurs à la réalité[127].

Les citoyens appartenant aux communautés noires partagent certaines caractéristiques. Ils sont, par exemple, plus jeunes que la moyenne de la province qu'ils ont choisie, sauf pour les ressortissants d'origine haïtienne. D'autre part, leur croissance démographique est supérieure à celle des autres Ontariens. Ils comptent un nombre largement inférieur d'aînés, dont 24 % vivent dans les familles, comparativement à 5 % pour les Canadiens dans leur ensemble. De plus, ils sont moins nombreux à avoir des racines ethniques croisées. Enfin, à leur arrivée au pays, une très forte majorité d'entre eux maîtrisent l'une des deux langues officielles du Canada et ont une connaissance d'une ou de plusieurs autres langues.

Mais ces mêmes citoyens des communautés noires diffèrent à maints égards. Si beaucoup de ceux qui sont venus d'Afrique ne sont pas nés au pays, il en va autrement pour les Jamaïcains dont les membres de la deuxième génération forment la tranche d'âge la plus importante de leur communauté. Une autre dif-

---

[127] D. Morris et J.F. Krauter, « The Negroes », dans *The Other Canadians, Profile of Six Minorities*, Toronto, Methuen Publications, 1971, p. 40 ; G.E. Clarck, *Le Visage complexe des Noirs au Canada*, Montréal, McGill News, hiver 1997.

férence a trait à la scolarisation, très élevée dans le cas des Ontariens d'origine africaine, au point où ils surpassent les moyennes du pays de 5 %. La différence est marquée. En effet, 71 % des Africains de 15 à 24 ans étudient à plein temps, comparativement à 57 % pour le même groupe d'âge de la population du pays.

Ces gens plus scolarisés sont paradoxalement moins employés que les autres Canadiens, une différence de 11 % pour l'année 2001 et qui s'est accrue depuis pour les 25 à 44 ans, différence qui se renverse légèrement pour les 45 à 64 ans. Les femmes de la communauté noire sont les plus touchées par cette difficulté à obtenir du travail. Ces disparités se retrouvent sur le plan de la rémunération, où les écarts atteignent les 20 % en défaveur des membres des communautés noires. Ces écarts se répercutent sur les revenus disponibles à la retraite, qui sont de 10,5 % inférieurs à la moyenne de ceux disponibles pour les autres retraités, et de 30 % dans le cas des femmes noires retraitées. Conjuguées, ces situations créent des seuils de pauvreté très élevés dans la communauté noire. On estime à 39 % la proportion des membres de cette communauté dont les revenus sont inférieurs au seuil de pauvreté, comparativement à 16 % pour les autres Canadiens, et à 47 % la proportion des enfants de moins de 15 ans vivant dans la pauvreté, comparativement à 19 % pour les autres Canadiens du même groupe d'âge.

Que dissimulent donc ces données troublantes ?

Sans doute, elles témoignent du maintien de l'ambiguïté quant au traitement de la question raciale dans ce pays. On se rappellera la teneur des débats qui ont entouré la venue des esclaves dans la colonie dans la première moitié du XIXe siècle : une vraie sympathie et un appui actif et décisif d'un grand nombre, mais aussi une opposition tout aussi déterminée que seule la loi du Parlement de Londres abolissant l'esclavage dans tout l'Empire britannique en 1833 fera taire, publiquement du moins.

Par la suite, les vieux démons ont changé de visage. Le pouvoir de la loi a été déployé pour limiter, voire empêcher l'immigration des Noirs au pays durant un siècle. Climat, inadaptation présumée des tropicaux[128], stratégies visant à décourager l'immigration des Noirs au pays[129], réserves formulées à l'endroit des Noirs quant aux occasions offertes aux autres immigrants[130], consécration des écoles ségrégées par les tribunaux[131], discrimination quant à l'accès aux lieux publics[132]. Deux rapports, l'un de 1909 et l'autre de 1949 portant les signatures de hauts responsables de l'immigration canadienne, tirent une même conclusion. Au début du précédent siècle, William J. White, inspecteur de l'immigration, écrit au ministre canadien responsable:

> Tant chez les gens de couleur comme chez les autres, il y a des exceptions. Nous en avons un certain nombre dans l'Ouest canadien et j'estime qu'ils sont supérieurs à ceux que j'ai vus dans le sud [des États-Unis]. S'il y en a qui sont meilleurs, nous les avons déjà accueillis. Mais le risque de la venue d'un grand nombre qui s'avérerait indésirable est si élevé que j'estime qu'il serait sage de prendre des mesures pour empêcher désormais que certains d'entre eux s'établissent au Canada[133].

---

[128]. « L'adaptation dans la vie de la communauté dans une période raisonnable constitue une des conditions pour l'entrée au Canada d'immigrants. Compte tenu de l'expérience, il est irréaliste de penser que les immigrants qui ont passé une grande partie de leur vie dans des pays tropicaux ou semi-tropicaux soient facilement adaptables au mode de vie canadien qui est largement déterminé par les conditions climatiques. C'est un fait prouvé que la santé des ressortissants de ces pays est plus susceptible de se détériorer que celle d'immigrants venus de pays au climat voisin du nôtre. » House of Commons Debates, Session 1952-53, vol. IV, p. 1351.
[129]. N. Hillmer et J.L. Granatstein, *op. cit.*, p. 127.
[130]. D. Morris et J.F. Krauter, *op. cit.*, p. 43.
[131]. *Ibid.*, p. 45.
[132]. *Ibid.*, p. 48.
[133]. N. Hillmer et J.L. Granatstein, *op. cit.*, p. 126.

Cinquante années plus tard, A. L. Jolliffe, commissaire à l'immigration, écrit au ministre canadien responsable :

> D'une façon générale, les personnes de couleur, compte tenu de l'état de la pensée de l'homme blanc, ne constituent pas un atout tangible dans la communauté et, en conséquence, elles sont plus ou moins ostracisées. Elles ne s'assimilent pas rapidement et végètent en bas de l'échelle sociale. Plusieurs ne peuvent pas s'adapter à nos conditions climatiques. Élargir nos règlements aurait pour effet immédiat de provoquer un afflux considérable d'immigrants de couleur. D'une façon réaliste, cela consisterait, autant que j'en puisse juger, à un acte de générosité peu judicieux[134].

Tel fut, durant près d'un siècle, l'état d'esprit des Canadiens envers leurs compatriotes de race noire. Et, pour citer à nouveau le commissaire à l'immigration Jolliffe : « En conséquence, elles sont plus ou moins ostracisées. » Ce « plus ou moins » englobe toute une gamme de discriminations récurrentes au logement, dans ce cas en contrevenant à la loi ontarienne, à l'emploi, aux services publics et à l'accès aux loisirs, discriminations souvent validées par les tribunaux[135]. Si, formellement, les droits civils et politiques des citoyens appartenant à cette minorité sont les mêmes que ceux de tous les autres citoyens, les politiques générales d'immigration et les décisions judiciaires concourent à leur négation. Ainsi, en 1924, une cour ontarienne donne raison à un restaurateur de London qui refusait les Noirs dans son établissement. En 1939, la Cour suprême du Canada confirme une décision d'une cour de justice québécoise donnant raison à

---

134. *Idem.*
135. D. Morris et J.F. Krauter, *op. cit.*, p. 46.

un propriétaire de taverne qui refusait de servir de la bière à un Noir. Commentant cette décision du plus haut tribunal du pays, l'éditorialiste du *Dominion Law Reports* écrit :

> Cette décision qui fait autorité constitue une première quant à une question hautement controversée et une confirmation légale de l'infériorité sociale imposée aux gens de couleur[136].

Devant cette infériorité systémique et historique des citoyens de race noire, la réaction s'organise pour que soit assuré aux membres de la communauté noire le plein respect de leurs droits. Elle est menée par les victimes elles-mêmes, qui se regroupent dans plusieurs associations dont l'importante Canadian League for the Advancement of Colored People et par des acteurs de la société civile, dont le Congrès du travail du Canada et le Labour Committee to combat Racial Intolerance créé à Winnipeg en 1946 et qui s'étend rapidement à tout le pays.

Une première loi contre la discrimination raciale
Les autorités politiques ontariennes participent à cette réaction d'une façon décisive. En 1944, le gouvernement provincial dépose et vote la première loi du pays contre la discrimination raciale. En 1950, il modifie la Loi sur les relations de travail pour y inclure des dispositions consacrées aux pratiques d'emploi équitables et la rendre conforme aux exigences découlant de la Déclaration universelle des droits de l'homme des Nations Unies, et vote une loi visant à mettre fin à la discrimination au logement. Enfin, il crée, en 1958, la Commission antidiscrimi-

---

136. D. Morris et J.F. Krauter, *op. cit.*, p. 48.

nation de l'Ontario qui deviendra, en 1961, la Commission ontarienne pour les droits de la personne et la dote d'un code des droits, le premier dans l'histoire du Canada. La même année, le Parlement fédéral adopte à l'unanimité la Déclaration canadienne des droits chère au premier ministre de l'époque, John Diefenbaker. Dans la société, les comportements évoluent très lentement. En 1960, la Ville de Toronto engage son premier policier noir, Larry McLarty, qui sera seul dans cette catégorie durant plusieurs années. À l'occasion du mois de l'histoire des Noirs en 2009, il se remémore avec humour ce temps pas si lointain : « Quand les gens me voyaient dans la rue, ils ne croyaient pas ce qu'ils voyaient et s'étonnaient. Certains me demandaient si j'étais un vrai policier[137]. »

Selon un important sondage mené par Statistique Canada et consacré à la diversité ethnique, rendu public en septembre 2003 et portant sur les cinq années précédentes, le tiers des répondants membres de la communauté noire affirmaient avoir été victimes de discrimination ou de traitements injustes en raison de leur ethnicité, de leur religion ou de leur accent. Une majorité d'entre eux soutenaient que ces situations découlaient de leur race ou de la couleur de leur peau et que ces discriminations s'étaient manifestées dans leur milieu de travail, notamment quand ils postulaient un poste vacant ou en vue d'une promotion.

Mohammed Brihmi
Un superbe tapis royal de Rabat orne l'entrée de cette belle enclave marocaine au cœur de Toronto, rue Front près de la gare Union, la plus achalandée

---

[137]. D. Mamhu, « Oui, tu peux… Au service de la police de Toronto », *Le Métropolitain*, semaine du 4 au 10 février 2009.

du pays. Mohammed nous attend au bar sur un fond de rideau de taffetas, de lampes d'Aladin et de beaux meubles bas importés du royaume chérifien. La musique et les odeurs viennent de la lointaine Andalousie et des montagnes d'épices que l'on voit dans la casbah de Marrakech.

Sans complexes, cet Ontarien est manifestement heureux dans un pays qui lui a réussi. Il se décrit avec fierté : « Canadien d'origine marocaine, arabophone, francophone et musulman. » Il aime Toronto, « ses vitrines des cultures du monde qui se renouvellent sans cesse ». Mais il s'inquiète cependant de la présence de nombreux quartiers défavorisés et de la pauvreté de beaucoup de Torontois.

Dissident dans son pays, étudiant au Québec, trilingue, fonctionnaire onusien, élu municipal ontarien, porte-parole des Franco-Ontariens, activiste politique ayant ses entrées à Ottawa, Québec et Queen's Park, son intégration est pleinement accomplie, et sa citoyenneté, achevée. De l'histoire canadienne, ancienne et actuelle, il a une connaissance approfondie, sans doute plus riche que celle de bien des Canadiens « de souche ». Il est incollable sur la trame canadienne depuis la Seconde Guerre mondiale et encore moins sur les événements récents au Québec et en Ontario. Il en connaît les thèses et les protagonistes. Il a été l'acteur et le témoin de plusieurs de ces événements. Il a aussi le vif sentiment d'appartenir à une minorité significative, plus de 300 000 Ontariens de culture arabe.

Leur provenance illustre la diversité de ces minorités : Arabes chrétiens et musulmans du Maghreb, du Mashrek, des pays du Golfe, de l'Irak, d'Égypte, de la Palestine et de la Jordanie ; musulmans venus d'Inde, de Malaisie, d'Indonésie, de l'Iran, du Bangladesh, de Chine, des Caraïbes et d'Afrique subsaharienne. Un monde ou des mondes. Les premiers sont venus de la

Syrie et du Liban en 1880, fuyant la politique régressive de l'Empire ottoman[138]. Ils n'ont pas cessé de venir depuis l'immédiat après-guerre, 36 500 dans la décennie des années 1960, et 133 000 dans les années 1990. Mohammed insiste : la diversité est l'essence même de cette communauté. Malheureusement, on a pris l'habitude de tout confondre, notamment les Arabes et les musulmans, alors que plus de 50 % des Arabes vivants au Canada sont chrétiens, et d'associer les Canadiens musulmans au Moyen-Orient, alors qu'une partie significative d'entre eux est originaire de l'Asie du Sud et de l'Asie du Sud-Est.

Mohammed évoque les figures emblématiques de ces communautés, les immigrants investisseurs qui ont réussi et créé ici des entreprises considérables, des patrons discrets et puissants tel Nadir Mohamed, le président et chef de la direction de Rogers Communications, quelques intellectuels et scientifiques de haut niveau « que l'on n'entend pas suffisamment ».

Septembre 2001
Interrogé sur les événements de septembre 2001, Mohammed qualifie leurs effets de « descente aux enfers » pour les siens. Irrationnelle et omniprésente, l'hostilité contre les Arabes et les musulmans, tous confondus, a produit des aberrations tel l'incendie d'un temple sikh à Hamilton. Ce dernier a été pris pour une mosquée. Certains de ses camarades ont souhaité changer de nom, particulièrement des jeunes. La période a été difficile, « mais, depuis, la tempête s'est partiellement résorbée ». D'ailleurs, selon lui, elle n'a pas eu que des effets négatifs. Elle a renforcé la solidarité et mené à la création de regroupements tels ceux créés au sein des universités. Mais ces

---

138. B. Abu Laban, « The Canadian Muslim community: The need for a new survival », dans *The Muslim Community in North America*, Edmonton, University of Alberta Press, 1981.

avancées ont été brouillées par une politique sécuritaire certes justifiée quant à sa nature, mais souvent injuste dans sa mise en œuvre.

Mohammed insiste sur les débats qui opposent, en Ontario comme ailleurs dans le monde, les tenants d'une lecture conservatrice de l'islam et des règles sociales et morales qui en découlent selon eux, et ceux qui cherchent à conjuguer les impératifs de l'islam avec les exigences de la doctrine et de la politique des droits de l'homme, dont l'égalité et l'équité. Pour lui, ces derniers sont largement majoritaires en Ontario, mais l'attention médiatique est d'abord portée sur les radicaux ou supposés tels, favorisant les préjugés d'un grand nombre.

Mohammed sait bien que la question de la présence arabe et musulmane en Occident cause des débats depuis des décennies, comme en témoigne l'ouvrage majeur d'Ali M. Kettani de 1986[139]. Il sait aussi que cette histoire, d'abord européenne, a traversé les mers en septembre 2001 et qu'elle s'est répandue dans toute la zone atlantique, y compris au Canada. En témoignent, parmi tant d'autres, les affaires Maher Arar[140], Abousfian Abdelrazik, Abdihakim Mohamed, Suaad Hagi Mohamud, Hassan Almrei, Mohamed Mahjoub, Adil Cherkaoui, Mohamed Harkat, qui se sont conclues, la plupart du temps, par des revers pour le gouvernement canadien à la suite des décisions des tribunaux et du rapport du juge Dennis O'Connor. Celle aussi, unique et tragique, d'Omar Khadr, capturé à 15 ans et accusé d'avoir tué un soldat américain. Trois décisions des cours fédérales et une décision de la Cour suprême n'ont pas ébranlé la volonté du gouvernement fédéral de ne pas le rapatrier. « *Bring Back Omar Khadr* », écrivait en éditorial le *National Post*

---

[139]. A.M. Kettani, *Muslim Minorities in the World Today*, London, Mansell, 1986.
[140]. K. Pither, *The Story of Four Canadians Tortured in the Name of Fighting Terror*, Toronto, Viking Canada, 2008.

en août 2010 : « Le Canada est le seul pays occidental qui n'a pas encore négocié le retour de ses ressortissants de la base cubaine utilisée pour détenir des prisonniers capturés par les Américains et soupçonnés d'être des terroristes. [Le jugement à venir d'Omar Khadr] constitue une bonne occasion de changer cette situation [141]. »

Enfin, le cas des dix-huit terroristes torontois qui voulaient « prendre le contrôle du pays », « assassiner le premier ministre » et faire couler le sang dans le Parlement [142] de même que les récits troublants de camps de formation, de fabrication d'explosifs, de caches secrètes ont défrayé la chronique et contribué à accréditer les pires appréhensions.

Tous ces cas ont formé deux catégories de victimes : les Canadiens d'origine arabe ou adhérant à l'islam en raison d'un climat favorisant la terrible notion de culpabilité collective, puis les institutions canadiennes chargées des fonctions d'intelligence, de contre-espionnage et de la diplomatie du pays en raison de leur manque de transparence. Pour sa part, le système judiciaire a fait preuve d'intégrité et d'indépendance, restaurant partiellement l'honneur du pays.

Dans le climat mondial et continental des dernières années, ces affaires sont venues renforcer les réactions de rejet, de mépris et de discrimination contre les Canadiens d'origine arabe, comme le montrent avec continuité les sondages ou analyses découlant des recensements.

Mohammed soutient que la demande d'application de la charia en Ontario était le fait d'un petit nombre qui n'a pas réussi à imposer sa volonté et, sans nier son existence, tient la présence d'éléments plus radicaux comme une faction infime sans enracinement

---

[141]. T. Walcom, « Bring back Omar Khadr », *The National Post*, 10 août 2010.
[142]. M. O'Toole, « "Toronto 18" man pleads guilty, set free », *The National Post*, 21 janvier 2010.

et sans impact dans la communauté. Selon lui, «les Canadiens d'origine arabe, chrétiens ou musulmans, ont quitté majoritairement leur pays pour des motifs liés au respect des libertés ou en raison des conditions économiques difficiles y prévalant. Rien n'est plus contraire à leur projet de vie que de venir ici semer la pagaille». Mohamed n'est pas preneur des thèses qui n'en finissent plus de trouver des excuses historiques ou culturelles pour justifier l'islamisme radical. Victime lui-même d'un régime hostile aux libertés, il n'a rien perdu de ses convictions et refuse de croire que la violence peut combattre la violence.

Nous nous sommes invités au siège de la Fédération canado-arabe à Scarborough. Les bureaux y sont vides et la permanence est assurée par son directeur, Mohamed Boudjenane, et par quelques rares bénévoles là où hier encore des équipes nombreuses y tenaient des séances d'information pour les nouveaux arrivants, des classes d'anglais et séminaires d'information sur les formations disponibles, l'emploi et autres services de base. Une guerre de mots a produit ce vide et a conduit le gouvernement fédéral à mettre fin à l'appui financier substantiel accordé à la fédération considérée depuis dix années comme un partenaire utile de son ministère de l'Immigration.

En cause, certaines des prises de position publiques de la fédération dans le conflit israélo-palestinien, assimilées par les autorités fédérales à de l'antisémitisme. Même après que les membres eurent qualifiés les propos de son président Khaled Mouammar de regrettables, le ministre Jason Kenney a assujetti le soutien financier de son ministère au changement du leadership de la fédération et à une reconnaissance des «valeurs canadiennes» prises au sens large. Mais l'écart entre les deux parties était si profond qu'il était devenu impossible à combler. Cas extrême de dissidence de la part de la fédération ou entêtement des autorités canadiennes ? Étouffement de la liberté d'expression d'un groupe qui n'a pas la faveur de la population ou recours à des propos publics assimilables à un appui à peine déguisé à des groupes terroristes ? Il est difficile d'être arabe en Occident, et difficile d'être arabe au Canada et en Ontario.

Mohammed est un fier Ontarien. Il se tient loin de ces querelles politiques tout en profitant pleinement de la totalité des prérogatives de la citoyenneté. Il n'a rien perdu de la fierté de ses origines, mais l'a enrichie grâce à ce qu'il a accompli dans son pays d'adoption. Pour lui, il est possible d'être arabe en Occident, au Canada et en Ontario.

François Boileau

François Boileau est commissaire aux services en français de l'Ontario depuis 2007, une sorte de chien de garde pour « que la population francophone puisse vivre, grandir et évoluer en français en Ontario ». L'homme est direct et compétent, audacieux, disent les uns ; courageux, selon les autres. Il appartient à cette catégorie de Canadiens qui ont du pays une vision enracinée dans sa longue histoire, celle qui est accomplie et celle qui le sera. Il nous reçoit dans son bureau au centre-ville de Toronto et nous présente son équipe composée de francophones « de souche », mais aussi de francophones venus de toutes les latitudes et qui appartiennent à cette minorité linguistique qui est aussi, en Ontario, une minorité historique.

Un passé français

Anciens et actuels, les rapports de l'Ontario à la civilisation et à la langue françaises traduisent une situation géographique, historique et politique unique sur le continent.

Avant d'être britannique et canadien, le territoire ontarien a appartenu au roi de France durant plus de deux siècles et demi. « Toronto a été sous l'autorité de la France plus longtemps qu'elle n'a été une ville », font observer William Kilbourn et Rudi Christl[143]. Dans leur volonté de situer l'expérience ontarienne à très long terme, les historiographes de la province rappellent son lointain passé français désigné comme « l'histoire de la présence française en Ontario ». Ils énumèrent les découvreurs français qui, les premiers, ont exploré et nommé le territoire ontarien[144]. La liste est impressionnante : Samuel de Champlain, Étienne Brûlé, Jean Nicollet, Adrien Jolliet, le jésuite Isaac Jogues, les sulpiciens François Dollier de Casson et René de Bréhant de Galinée (1641). Ils rappellent que Jean Talon, le célèbre intendant, souhaitait créer des établissements sur ces terres neuves « pour la grandeur future de la Nouvelle-France et l'honneur de la France ». Mais à Paris, Colbert insiste : « Il faut se ramasser dans la vallée du Saint-Laurent, se serrer les coudes pour mieux se défendre contre tout ennemi éventuel[145]. » Ils rappellent aussi que la toponymie de l'Ontario témoigne de cette ancienne présence française[146] au point où le gouvernement a dû se doter d'une politique sur le traitement linguistique des noms géographiques français de l'Ontario. Enfin, les premiers établissements européens sur le territoire ontarien sont français, tels le fort Frontenac érigé en 1673 sur l'emplacement actuel de la ville de Kingston et de nombreux postes de traite des fourrures, dont le célèbre poste de Michillimakinac construit en 1680 à la jonction des lacs Huron et Michigan.

---

[143]. W. Kilbourn et R. Christl, *op. cit.*, p. 8.
[144]. Archives publiques de l'Ontario, *op. cit.*, Toronto, Queen's Printer for Ontario, 2003.
[145]. A. Vachon, V. Chabot, A. Desrosiers, *Rêves d'Empire : le Canada avant 1700*, Ottawa, Archives publiques du Canada, 1982, p. 65.
[146]. A. Lapierre, *Toponymie française en Ontario*, Montréal, Éditions Études vivantes, 1981.

Le voisinage avec le Québec
Le rapport de l'Ontario à la civilisation et à la langue françaises n'est pas épuisé, loin de là, par cet intérêt envers son passé lointain. Il traverse aussi son histoire depuis la conquête britannique de 1759-1760 en raison de son voisinage géographique et de ses liens politiques avec le Québec, seule société majoritairement francophone en Amérique du Nord.

Depuis 1791, le territoire ontarien partage une longue frontière avec le Québec. De 1791 à 1840, les deux sociétés qui habitent ces territoires, alors nommés Haut et Bas-Canada, vivent côte à côte comme deux entités distinctes, mais liées par un fort mouvement de personnes, d'idées et de biens qui ne cessera de croître jusqu'à aujourd'hui. De 1840 à 1867, la province anglophone et la province francophone sont associées dans un même régime politique dit d'union. Enfin, dans un troisième temps, de 1867 à aujourd'hui, elles appartiennent à un même régime fédéral. Bref, les deux provinces sont partenaires politiques depuis près de cent soixante-quinze ans. Ce lien découle aussi de la constante migration vers l'Ontario de Québécois qui, tout au long des deux derniers siècles et encore aujourd'hui, ont marqué et marquent profondément les deux sociétés. Ces mouvements de population ont notamment permis l'émergence en Ontario d'une minorité francophone dont l'histoire a fait l'objet de nombreuses études et analyses[147]. Ce lien a été enrichi par l'installation de succursales d'un grand nombre d'enseignes

---

[147]. G. Gervais, « L'histoire de l'Ontario français, 1610-1997 », dans J.-Y. Thériault, *Francophonies minoritaires au Canada – L'état des lieux*, Moncton, Éditions d'Acadie, 1999; J.-P. Corbeil, C. Grenier, S. Lafrenière, *Les minorités prennent la parole : résultats de l'Enquête sur la vitalité des minorités de langue officielle*, Ottawa, Statistique Canada, 2007; N. Labrie et G. Forlot, *L'Enjeu de la langue en Ontario français*, Sudbury, Prise de parole, 1999; F. Boudreau, J. Cotman, Y. Frenette, A. Whitfield, *La Francophonie ontarienne : bilan et perspectives de recherche*, Hearst, Éditions du Nordir, 1995.

du Québec à Toronto ces deux dernières décennies. Il l'a été aussi par la décision prise par les gouvernements québécois et ontarien de créer « un espace économique commun », le quatrième en importance sur le continent, objectif consigné dans l'Accord de commerce et de coopération conclu entre les gouvernements ontarien et québécois en 2009. Bref, les deux sociétés voisines sont interpellées en permanence par cette dualité culturelle et linguistique unique en Amérique du Nord.

Longtemps, des partenariats politiques et stratégiques se sont noués entre des groupes et des individus des deux provinces. Ces partenariats se retrouvent dans les partis politiques fédéraux et dans des organisations pancanadiennes. Ils se créent aussi entre les deux gouvernements provinciaux eux-mêmes. On pense entre autres aux alliances entre Lafontaine et Baldwin, Mowat et Mercier, Robarts et Johnson, Peterson et Bourassa, et aux rapprochements récents entre les deux gouvernements dirigés par Jean Charest et Dalton McGuinty. On pense aussi aux intellectuels ontariens qui, notamment dans les décennies qui ont accompagné ou suivi la révolution tranquille, ont fait du Québec l'objet de leurs recherches et interventions, notamment Kenneth McRoberts, Stephen Clarkson, Graham Fraser et Margaret Atwood.

Certains événements intervenus dans l'une de ces sociétés ont eu d'importantes conséquences sur l'autre. Selon plusieurs auteurs anglophones canadiens, la nouvelle affirmation du Québec dans les années 1960 n'a pas seulement transformé radicalement le Québec. Elle a aussi changé le Canada. Dans son fameux texte *Across the River and Out of the Trees*, Northrop Frye déclare que « la découverte d'une nouvelle identité au moment de la révolution tranquille a constitué un facteur crucial pour la consolidation d'un sentiment semblable dans le Canada anglais[148] ». En effet, la révolution tranquille, l'irruption politique du souverainisme québécois, la création par René Lévesque du Mouvement souveraineté-association sont tous à l'origine d'initiatives politiques majeures prises par les gouvernements de Queen's Park. À titre d'exemple, on peut rappeler la conférence « sur la Confédération de demain »[149], organisée à Toronto en novembre 1967 par le premier ministre John Robarts contre la volonté du gouvernement fédéral. Cette conférence avait pour but d'accommoder les revendications du Québec. Il y a aussi eu la conférence constitutionnelle de Victoria de 1971 et les forts engagements pris alors par le gouvernement de Queen's Park sur le statut de la langue française et de la minorité francophone en Ontario[150].

Ce positionnement des deux provinces a eu et a toujours d'importantes conséquences. Il a suscité toutes les formes possibles de rapports favorables et défavorables entre deux capitales appartenant à un même régime politique fédéral : alliances entre les leaders et les partis, positions convergentes entre les deux provinces par rapport au pouvoir central, mise en place de coopération bilatérale et, plus récemment, signature d'une vaste entente qui marque un rapprochement multisectoriel entre elles. Il a aussi suscité des oppositions, chaque capitale défendant normalement ses intérêts qui ne sont pas tous convergents. Récemment, ces oppositions se sont manifestées envers, notamment, le libre-échange nord-américain[151], le rapatriement de la constitution canadienne et la création d'une unique

---

[148]. N. Frye, « Across the river and out of the trees », dans *The Arts in Canada: The Last Fifty Years*, Toronto, University of Toronto Press, 1980, p. 6.
[149]. J.-L. Roy, *Le Débat constitutionnel Québec-Canada, 1960-1976*, Montréal, Leméac, 1978, p. 139.
[150]. *Ibid.*, p. 225.
[151]. S. Clarkson, *Canada's Secret Constitution: NAFTA, WTO and the end of Sovereignty?*, Ottawa, Canadian Centre of policy alternatives, 2002.

Autorité des marchés financiers au Canada. Ces rapports ne se sont pas cantonnés au domaine politique. Avec des degrés d'intensité variable, les milieux universitaires et intellectuels, économiques et syndicaux des deux sociétés ont, eux aussi, entretenu des relations significatives, entre autres au sujet du statut du Québec dans l'ensemble canadien[152].

La francophonie ontarienne
Les rapports de l'Ontario à la civilisation et à la langue françaises découlent aussi de l'existence sur son territoire de citoyens dont l'identité est indissociable de cette civilisation et de cette langue[153]. Homogène durant la plus grande partie de son histoire, la communauté des Franco-Ontariens fut d'abord constituée d'immigrants venus du Québec et de l'Acadie. Cette communauté est aujourd'hui en pleine mutation, conséquence de la croissance continue du nombre d'immigrants francophones qui choisissent de s'établir dans la province. Ces dernières années, de nombreux regroupements reflétant la présence de communautés africaines francophones sont nés en Ontario[154]. La transformation de l'Association canadienne-française de l'Ontario en Assemblée de la francophonie de l'Ontario (AFO) en 2006 illustre cette mutation. Les Haïtiens ont été parmi les tout premiers à s'y intégrer. Des Européens, des Maghrébins et des Africains ont suivi. Forte de 650 000 personnes, l'Assemblée constitue la première

---

152. W.J. Keith et B.Z. Shek, *The Arts in Canada: The Last Fifty Years*, Toronto, University of Toronto Press, 1980.
153. Pour une chronologie de la francophonie ontarienne, on consultera l'ouvrage de P.F. Sylvestre, *L'Ontario français au jour le jour. 1 384 éphémérides de 1610 à nos jours*, Toronto, Éditions du Gref, 2005.
154. Union provinciale des minorités raciales et ethnoculturelle francophones ; Association de la diaspora africaine du Canada ; Diversité et futur ; Association africaine de la Ville reine ; Association tchadienne de l'Ontario ; Association africaine francophone de formation continue ; Association marocaine de Toronto ; Association cinéma masques d'Afrique. D'autres se forment, notamment avec les Ontariens ivoiriens et congolais.

minorité francophone en nombre dans un pays officiellement bilingue. Rappelons ici l'exceptionnelle résilience de cette minorité franco-ontarienne devant des dénis de droits majeurs dont le tragique règlement 17 adopté en 1912 et faisant de l'anglais la seule langue d'enseignement dans les écoles publiques ontariennes et, en conséquence, niant le droit des francophones de disposer d'écoles publiques dans leur langue. Cette décision est contestée par l'Association canadienne-française d'éducation de l'Ontario devant le Conseil privé de Londres, contestation suivie de 200 recours en justice contre le fameux règlement qui sera finalement abandonné en 1927. Aujourd'hui, cette minorité dispose de 12 conseils scolaires qui, en 2009-2010, ont obtenu un financement de 1,2 milliard de dollars. On pense aussi à son extraordinaire combativité pour obtenir une reconnaissance qui lui a été longtemps refusée[155] et à sa capacité de bâtir de multiples coalitions locales ou provinciales qui lui ont permis de mener et de remporter des luttes décisives[156].

---

155. Historiquement, la première grande bataille porta sur la question de l'usage de la langue française dans les écoles publiques, bataille marquée par des crises importantes, notamment à Sturgeon Falls en 1971 et à Penetanguishene en 1976. La plus récente portait sur la sauvegarde de l'hôpital Montfort, seul hôpital universitaire francophone ontarien.

156. Voici une liste incomplète de ces coalitions : l'Association canadienne-française d'éducation d'Ontario créée en 1910, devenue l'Association canadienne-française de l'Ontario en 1969 et l'Assemblée de la francophonie de l'Ontario en 2005, qui regroupe 75 organismes francophones ; l'Association multiculturelle de l'Ontario ; l'Association française des municipalités de l'Ontario ; l'Association des professionnels de la chanson et de la musique ; le Regroupement des organismes du patrimoine franco-ontarien ; la Fédération des Caisses populaires de l'Ontario ; le Conseil de la coopération de l'Ontario ; le Bureau franco-ontarien du Conseil des arts de l'Ontario ; l'Assemblée des centres culturels de l'Ontario ; la Fédération des élèves du secondaire franco-ontarien ; la Fédération des aînés francophones de l'Ontario ; l'Association des juristes d'expression française de l'Ontario ; l'Association des enseignants et enseignantes franco-ontariens ; le Regroupement des gens d'affaires de la Capitale nationale ; le Club canadien de Toronto ; le Regroupement des intervenantes et intervenants francophones en santé et en services sociaux de l'Ontario ; la Chambre économique de l'Ontario ; le Mouvement des intervenants et intervenantes en communication radio de l'Ontario ; l'Association interculturelle franco-ontarienne ; la Table féminine francophone de concertation de l'Ontario et la coalition francophone pour l'alphabétisation.

Comme minorité au sein du Canada, la communauté des francophones ontariens bénéficie des droits limités mais réels que lui assurent la Loi constitutionnelle de 1982 et la Loi sur les langues officielles de 1988.

Cette communauté jouit aujourd'hui d'une reconnaissance, d'un statut et d'une protection juridiques définis et garantis par une loi votée à l'unanimité des membres de l'Assemblée législative ontarienne. Elle bénéficie aussi d'un enrichissement du nombre de ses membres en raison d'une nouvelle définition inclusive du terme « francophone ». Ces acquis ne sont ni fortuits, ni circonstanciels. Ils sont le résultat d'une mobilisation centenaire, d'un maillage d'organisations, d'associations, de regroupements largement fédérés par l'Assemblée de la francophonie de l'Ontario. Ils sont le fruit d'une incessante tension faite de propositions, d'échecs et de réussites dont le Sommet de la francophonie ontarienne tenu à l'Université de Toronto en 1991 constitue une illustration forte.

Suivant une tradition qui remonte à 1982, les leaders de la francophonie ontarienne se dotent périodiquement d'un plan stratégique qui leur sert de guide et de jauge. Ces plans stratégiques ont eu, au fil des ans, d'importantes suites sur l'éducation, la santé et la justice. Ils ont aussi contribué à la création, en 1985, de TFO, seule chaîne de télévision francophone au Canada hors Québec et à l'organisation de grands rendez-vous festifs dont le Festival franco-ontarien et la Franco-Fête de Toronto. Ils ont eu un impact également en fournissant à la communauté ses propres symboles, dont le drapeau franco-ontarien.

La Loi sur les services en français
Votée à l'unanimité par les députés ontariens, La Loi sur les services en français[157] confère à la langue

---
157. Loi sur les services en français, Assemblée législative de l'Ontario, 1996.

française un statut légal à l'Assemblée législative de l'Ontario où les deux langues officielles peuvent être employées dans les débats et autres travaux. Elle stipule également que les projets de loi et les lois de l'Assemblée sont présentés et votés en français et en anglais, et que toutes les lois de caractère public qui ont été adoptées après l'entrée en vigueur des Lois refondues de l'Ontario de 1980 seront traduites en français et, à nouveau, adoptées par l'Assemblée. Elle énonce aussi que les règlements dont le procureur général estime la traduction appropriée le seront et seront adoptés par le Conseil exécutif ou l'autorité compétente. Enfin, la loi prévoit un régime général sur le droit aux services en français. Selon Linda Cardinal, la responsable de la Chaire de recherche sur la francophonie et les politiques publiques de l'Université d'Ottawa, cette loi instaure un régime linguistique en Ontario, « une façon de gouverner les langues ».

> Chacun a droit à l'emploi du français, conformément à la présente loi, pour communiquer avec le siège ou l'administration centrale d'un organisme gouvernemental ou d'une institution de la législature et pour en recevoir les services. Chacun jouit du même droit à l'égard de tout autre bureau de l'organisme ou de l'institution qui se trouve dans une région désignée[158].

On compte aujourd'hui vingt-cinq régions désignées[159].

Les intentions du législateur sont larges, comme le montre l'important préambule de la loi :

---

158. *Ibid.*, article 5.
159. Elles couvrent, en plus des villes de Toronto, de Hamilton, d'Ottawa, du Grand Sudbury, de Mississauga et de Brampton, les municipalités régionales de Niagara comprenant les cités de Port Colborne, de Welland et de Pell, dix-huit comtés provinciaux comprenant les villes de Windsor, Belle River, Tilbury, Rochester, Pembroke, Penetanguishene, London et Kingston.

Attendu que la langue française a joué en Ontario un rôle historique et honorable, et que la Constitution lui reconnaît le statut de langue officielle du Canada ; attendu que cette langue jouit, en Ontario, du statut de langue officielle devant les tribunaux et dans l'éducation ; attendu que l'Assemblée législative reconnaît l'apport du patrimoine culturel de la population francophone et désire le sauvegarder pour les générations à venir ; et attendu qu'il est souhaitable de garantir l'emploi de la langue française dans les institutions de la législature et du gouvernement de l'Ontario comme le prévoit la présente loi.

Ce rappel du statut du français comme « langue officielle devant les tribunaux et dans l'éducation » fait référence à trois lois : la Loi sur les tribunaux judiciaires de 1984, qui confère aux langues française et anglaise le statut de langues officielles dans le système judiciaire ; la Loi sur l'éducation de 1968, qui reconnaît les droits des francophones à recevoir une éducation en français au primaire et au secondaire, et la Loi sur la gestion scolaire de 1986 qui garantit aux francophones une représentation proportionnelle au sein des conseils scolaires anglophones et un contrôle sur les budgets et les programmes des écoles françaises. La même année, le Conseil des écoles françaises de la communauté urbaine de Toronto est créé.

De l'avis même des promoteurs de la Loi sur les services en français, cette dernière demeurait incomplète en l'absence d'une autorité chargée de veiller au respect des obligations qui en découlent. Ce vide a été comblé en 2007 avec la nomination d'un commissaire aux services en français ayant le pouvoir d'enquêter à la suite de plaintes reçues, soit 351 en 2009-2010, ou de sa propre initiative, ayant aussi la capacité d'émettre des recommandations quant à l'application de la loi.

Premier commissaire aux services en français de l'Ontario, François Boileau a signé trois rapports annuels à ce titre[160]. L'homme est expérimenté, exigeant et ne perd pas de vue ses cibles[161]. Il félicite et admoneste, visite les communautés et les sous-ministres, conçoit une vision d'ensemble qui vise à la fois le règlement des situations pressantes et l'aménagement d'un régime intégral axé sur «une offre active», «des services de qualité» et «l'implication des responsables francophones à l'élaboration des politiques découlant de la loi». Il œuvre pour le développement optimal des services publics en langue française sur l'ensemble du territoire, entre autres grâce aux organisations auxquelles le gouvernement ontarien délègue des responsabilités. Dans son rapport pour 2009-2010, le commissaire s'impatiente devant l'inactivité du gouvernement en matière de services en français offerts par des tiers et réclame un cadre réglementaire. Le commissaire ontarien rappelle les décisions de la Cour suprême du Canada, notamment l'arrêt Beaulac:

La Cour suprême du Canada y rappelle l'objet véritable des droits linguistiques, à savoir la recherche de l'égalité réelle. En rappelant ainsi cet objet, l'honorable juge Michel Bastarache, au nom de la cour, confirmait le caractère collectif des droits linguistiques. Il en est de même des droits linguistiques reconnus dans la Loi sur les services en français. Bien qu'elle soit basée sur l'approche de la personnalité et la reconnaissance des

---

160. Premier Rapport du Commissariat aux services en français, *Ouvrir la voie*, 2007-2008; Rapport annuel 2008-2009, *Une voix, des changements*; Rapport annuel 2009-2010, *L'accès aux solutions*, Toronto, Commissariat aux services en français de l'Ontario.
161. Commissariat aux services en français de l'Ontario, *Lettre envoyée au ministre de la santé, l'honorable David Caplan, au sujet du projet de règlement sur la santé*, 12 novembre 2008; Commissariat aux services en français de l'Ontario, *Rapport spécial sur la planification des services de santé en français en Ontario*, Toronto, 2009.

droits individuels, elle implique, par son préambule, la nécessité de reconnaître les droits de la communauté qui parle cette langue et les obligations du gouvernement vis-à-vis de cette communauté. Autrement dit, sans communauté, sans société, la langue ne remplit plus sa fonction première, qui est de transmettre et de véhiculer la culture de la communauté[162].

Ces principes ont d'importantes conséquences. Ils impliquent notamment « que les politiques et programmes devront être adaptés aux besoins particuliers de cette communauté[163] ». La création par le gouvernement ontarien de douze conseils scolaires de langue française en 1995, vingt-sept ans après l'ouverture de la première école secondaire publique francophone à Welland en 1968, permet de mesurer le chemin accompli[164].

Dans le domaine de la santé, certaines dispositions de la Loi sur l'intégration du système de santé local prévoient la création d'un conseil consultatif des services de santé en français ainsi que la participation des francophones à la mise en œuvre de ces services. Ce conseil a été créé et ses membres sont de haut niveau. Ces principes politiques se sont trouvés réaffirmés et renforcés à la suite de la décision de la Cour suprême du Canada dans la cause Desrochers c. Canada (2009). La cour y a confirmé l'importance du principe d'égalité réelle des deux langues officielles en matière de prestation de services. Cette dernière ne saurait se

---

[162]. Commissariat aux services en français de l'Ontario, *Ouvrir la voie, 2007-2008*, Rapport du commissariat aux services en français, Toronto, p. 17.
[163]. *Idem*.
[164]. Pressé par les demandes des Franco-Ontariens souhaitant disposer d'un système scolaire financé adéquatement, le gouvernement provincial crée, en 1967, le Comité sur les écoles de langue française en Ontario, le comité Bériault. Les projets de lois 140 et 141, la première instituant des écoles secondaires publiques de langue française et la seconde créant des comités consultatifs de langue française, constituent des mises en œuvre des recommandations du comité Bériault.

limiter à la seule prestation linguistique, mais doit mener à des services distincts pour chacune des communautés linguistiques en raison des besoins particuliers de la minorité.

Linda Cardinal est l'une des vraies spécialistes de ces questions difficiles. Elle ne dissimule pas l'importance de la loi ontarienne sur les services en français, mais, dans une intervention remarquée, elle en propose des prolongements d'importance. Elle évoque son inscription dans la Constitution canadienne, la responsabilité du commissaire devant le Parlement ontarien, l'adoption par le gouvernement ontarien d'un mécanisme différencié dans l'analyse des situations propres à la communauté et enfin l'exigence dans les transferts de responsabilité par le gouvernement à des tiers que ces derniers « aient une optique favorable » pour leur éventuelle clientèle francophone[165].

Une définition inclusive
Les francophones ontariens étaient 578 040 en 2006. Ils étaient 630 000 en 2010, constituant près de 5 % de la population ontarienne. Cette croissance est la conséquence d'une décision politique du gouvernement ontarien consacrant une définition inclusive du terme « francophone ».

Proposée par les francophones ontariens en 2006 avec la transformation de l'Association canadienne-française de l'Ontario en Assemblée de la francophonie de l'Ontario, mise au point par un groupe de travail de Statistique Canada[166], retenue par la Fondation Trillium, recommandée par le commissaire aux services en français de l'Ontario dans son rapport

---

[165]. Voir les importants travaux conduits par la Chaire de recherche sur la francophonie et les politiques publiques de l'Université d'Ottawa (www.sciences-sociales.uottawa.ca/crfpp/fra/).
[166]. J.-P. Corbeil et C. Blaser, *Le Portrait linguistique en évolution, recensement de 2006 : résultats*, Ottawa, Statistique Canada, 2007.

de 2008, cette définition inclusive a finalement été acceptée par le gouvernement ontarien en 2009. Ce dernier affirme alors que cette loi « reflète mieux l'évolution et la diversité des communautés francophones de l'Ontario ».

« À des fins statistiques, les francophones étaient auparavant définis comme ceux dont la langue maternelle était le français. » Il s'agissait essentiellement des descendants des Québécois et des Acadiens venus en Ontario à l'occasion de la construction des chemins de fer ou attirés par les possibilités offertes par l'agriculture, les secteurs miniers et forestiers de 1880 à 1920, ainsi que des Québécois qui, depuis, année après année, ont franchi la frontière et se sont installés en Ontario.

Mais la nouvelle définition inclusive englobe « ceux dont la langue maternelle n'est ni le français ni l'anglais, mais qui ont une bonne connaissance du français comme langue officielle et qui utilisent le français à la maison ». Du coup, les Franco-Ontariens font un gain immédiat, incontestable à long terme.

Cette décision prend en compte la croissance continue de l'immigration francophone en Ontario depuis 1996, conséquence d'une politique provinciale axée sur cette croissance[167]. Cette politique inclut leur accueil en français et diverses propositions sociales pour les aider à « vivre mieux à Toronto » et en français. À cette date, les francophones issus de l'immigration comptaient pour 4,8 % de tous les francophones ontariens. Dix années plus tard, cette proportion excédait les 16 % et comptait pour près de 50 % des francophones torontois, soit 20 % et 15 % respectivement pour les villes d'Ottawa et de Hamilton[168]. Il importe

---

[167]. Guide d'établissement de l'Ontario, *Nouvel arrivant au Canada*, numéro 22, Toronto, Centre francophone de Toronto, août 2009.
[168]. K. de Verdier et F. Nanguy, *Vivre en français à Toronto/The French Side of Toronto*, Toronto, Les Éditions Franco, 2004.

de prendre en compte le million d'étudiants ontariens qui optent pour les classes de français langue seconde, soit 49 % de la clientèle possible, dont 120 000 qui choisissaient les programmes d'immersion[169].

Qui sont donc ces nouveaux francophones ? Le commissaire aux services en français de l'Ontario répond à cette question.

> Cette nouvelle définition s'applique effectivement aux nouveaux arrivants n'ayant pas le français comme langue maternelle, qui connaissent le français et qui parlent le français à la maison. Ainsi, une famille originaire de l'Algérie, par exemple, peut parler le plus souvent l'arabe à la maison, en famille. Elle peut même avoir une connaissance de l'anglais. Mais si la deuxième langue qu'elle parle à la maison demeure le français, alors cette famille sera considérée comme francophone selon cette définition.
>
> [...] Cette nouvelle définition s'applique aussi aux familles exogames, composées d'un parent anglophone et d'un autre francophone. En Ontario, le pourcentage de couples exogames représente aujourd'hui près de 65 % des foyers francophones. Or, avec la méthode de calcul retenue par le gouvernement de l'Ontario, on considère comme étant francophones les familles où l'on parle aussi le français à la maison et non seulement les familles où l'on ne retenait que le critère de langue la plus souvent parlée à la maison, qui est souvent l'anglais. Plusieurs des enfants issus de ces familles vont à l'école de langue française. Il était important qu'ils soient pris en compte et reconnus comme des francophones.
>
> Qui plus est, de plus en plus de jeunes se définissent comme étant soit « bilingues », soit canadiens, c'est-à-dire des personnes qui sont bilingues. Il est alors

---

169. Canadian parents for French, *French Second Language Education in Ontario: Report and Recommendations to the Ontario Minister of Education*, Toronto, 2008.

question ici d'identité. Ces jeunes qui sont, pour la plupart du temps, issus des familles exogames vivent en français et participent aux activités de la communauté. On devait aussi les considérer comme étant des francophones et c'est exactement ce que propose cette définition[170].

Résultat : une opération de sauvetage de la minorité francophone selon les uns, dont l'avenir serait mis à mal par la stagnation démographique et le vieillissement de ses membres,[171] mis à mal aussi par la démographie de la province qui a pour effet de diminuer l'importance relative de cette minorité. Opération vérité pour les autres, qui rappellent la venue des immigrants francophones, leurs besoins et attentes en matière de services publics en français, notamment dans les domaines de l'éducation, de la santé et de la justice. Ces attentes sont partagées par d'autres immigrants non francophones – la communauté chinoise est souvent citée – qui souhaitent avoir accès à des services en français. Ces évolutions sont complémentaires comme le sont les deux mondes qu'elles lient, la communauté des Franco-Ontariens, dont l'importance numérique diminue, et les francophones issus de l'immigration dont l'importance est croissante. En 2009, l'Assemblée de la francophonie ontarienne rendait public un plan d'action spécifique pour l'accueil des immigrants. « On veut bien vivre ensemble. »

L'effort de l'État ontarien pour appuyer sa communauté francophone est réel, significatif et visible. La quasi-totalité des documents publics imprimés et

---

[170]. F. Boileau, « La portée de la nouvelle définition de la population francophone », *Le Droit*, 6 juin 2009.
[171]. Gouvernement de l'Ontario et Fondation Trillium de l'Ontario, *Le Profil de la communauté francophone de l'Ontario*, Toronto, Imprimeur de la reine pour l'Ontario, 2009.

électroniques consultés aux fins de cet ouvrage était disponible en français, tout comme un nombre appréciable de textes officiels d'organismes ontariens des secteurs publics et privés. Cet effort a été reconnu, en juin 2009, par les Nations Unies. À l'occasion de la journée que l'organisation consacre à la fonction publique, le secrétaire général Ban Ki-moon a en effet décerné un certificat de reconnaissance au gouvernement ontarien pour «l'offre active de services de qualité mis à la disposition de la communauté francophone de l'Ontario».

Conclusion

Tels sont les Ontariens et telle est la société avancée qu'ils ont aménagée en un peu plus de deux siècles. Les séquences de son histoire laissent apparaître un passage entre deux visions de la diversité. L'une lui est hostile; l'autre la reconnaît, l'intègre et la promeut comme une valeur fondamentale et non pas seulement comme une réalité objective. Selon leur propre expérience et observation, nos interlocuteurs ont été quasi unanimes dans leur opinion de ce passage inachevé et irréversible. Pour eux, ce pari quasi utopique est réussi.

Prévalant en Ontario jusqu'au lendemain de la Seconde Guerre mondiale, la première de ces visions privilégiait un monde homogène sur les plans ethnique, culturel et linguistique. Elle s'inscrivait dans la trame occidentale moderne et contemporaine. Les immigrants de la période et ceux qui les accueillent appartiennent à une même constellation de valeurs. Le rapport traditionnel majorité-minorités constituait l'armature principale du pays d'adoption. Si la rhétorique politicienne évoque une histoire faite d'accueil et de tolérance, la vérité historique est tout autre. Pendant un siècle, du milieu du XIXe siècle au milieu du XXe siècle, une préférence est réservée aux immigrants blancs et chrétiens. Certains ont qualifié ces cent années de « passé raciste » et cherché à démontrer que l'histoire de l'immigration au Canada n'était en rien une *success-story*[172].

Il faudra attendre la réforme de la Loi de l'immigration dans les années 1960 pour que la discrimination systémique soit éradiquée et que des normes communes président enfin à la sélection des hommes et des femmes qui désirent acquérir la citoyenneté canadienne. Dans l'intervalle, la sélectivité raciale domine dans les esprits, les discours et les lois. Ce thème était absent de notre projet initial. Il s'est imposé avec force à mesure que se multipliaient nos rencontres avec les Ontariens. En effet, nos interlocuteurs, notamment ceux des communautés asiatiques et noires, l'ont abordé spontanément comme un élément significatif de leur relation avec leur pays d'adoption. Cette question, qui intéresse notamment les plus jeunes, n'est évidemment pas propre à l'Ontario. Mais ce sont des Ontariens qui nous ont fait prendre conscience à nouveau du poids de la mémoire dans les sociétés humaines.

La seconde de ces visions s'est imposée dans les dernières décennies du XXe siècle. Elle a transformé l'« ADN » de la société ontarienne, devenue hétérogène, multiethnique, multiculturelle et multilingue. Cette mutation n'a pas été aisée, mais elle est aujourd'hui manifeste, les diverses communautés ontariennes étant appelées à constituer une majorité virtuelle à court terme. Cette mutation touche aussi la communauté francophone ontarienne. Comme nous l'avons établi précédemment, l'effort de l'État ontarien pour appuyer la communauté francophone est réel, significatif et visible. Il consacre sa singularité comme communauté historique et politique.

---

172. N. Hillmer et J.L. Granatstein, *op. cit.*, p. 3.

Ce passage a radicalement changé la société civile en y incorporant un nombre considérable d'associations créées par les communautés et en contribuant au renouvellement du leadership culturel, social et économique. En contribuant aussi à l'ouverture de la société ontarienne au domaine de la culture, à la pluralité de ses sources dans le monde et à la diversité de ses expressions, qui se laissent désormais voir et entendre en Ontario.

Inachevé, cet état de fait pose des défis à la société ontarienne, mais la protège des pièges inhérents à la relation majorité-minorités. Il la situe dans un registre sans précédent de mitoyennetés sociales, de relations interethniques, de mobilités interculturelles, de partages de l'espace public, de ressources institutionnelles et de fonctions de leaderships. Ce registre inédit constitue le creuset de rencontres, d'objectifs et de valeurs partagés, le terreau du développement d'une bienveillance réciproque, la sphère où se crée l'unité et se forge l'identité. L'une et l'autre n'absorbent pas la pluralité des appartenances, mais la soumettent à des expériences la situant dans une nouvelle sphère qui définit l'appartenance commune des Ontariens. Cette vision n'est pas théorique. Nous l'avons observée maintes fois dans notre traversée de l'Ontario, dans les salles de classe des universités et des écoles maternelles, les conseils d'administration, le leadership et les personnels des institutions, les responsables d'organismes non gouvernementaux et les responsables du domaine culturel qui nous ont accueillis.

La diversité ethnique, culturelle et linguistique constitue la référence première et la donnée quotidienne de la vie des Ontariens. Aux discours victoriens a succédé « un murmure polyphonique », selon la belle expression de Dionne Brand, auteure ontarienne renommée et actuellement écrivaine en résidence à Toronto.

Nommez une région de la planète et vous trouverez ici quelqu'un qui en provient... Dans cette ville, il y a des mécaniciens bulgares, des comptables érythréens, des propriétaires de café colombiens, des éditeurs de Lettonie, des couvreurs gallois, des danseurs afghans, des mathématiciens iraniens, des cuisiniers tamouls dans des restaurants thaïlandais, des garçons de Calabre avec l'accent jamaïcain, des disc-jockey de Fushun, des esthéticiennes philippino-saoudiennes, des médecins russes changeant des pneus, des agents de recouvrement roumains, des poissonniers de Cape Croker, des commis japonais dans les épiceries, des lecteurs français de compteurs de gaz, des boulangers allemands, des chauffeurs de taxi haïtiens et bengalis répondant aux commandes de répartiteurs irlandais. Et toutes ces langues donnent à la ville sa vraie beauté, son murmure polyphonique[173].

Ce murmure n'est pas seulement entendu dans la métropole. Il se fait entendre dans l'ensemble du territoire ontarien. En effet, si la population immigrante est majoritairement installée dans la région métropolitaine de Toronto, elle est également présente dans les autres villes et régions ontariennes.

Des rencontres avec les dirigeants des diverses communautés, nous avons appris que la diversité ontarienne est aussi inscrite dans chacune de ces communautés. Aucune n'est homogène tant la pluralité religieuse, culturelle, linguistique, sociale et politique des pays d'origine se retrouve à l'identique dans le pays d'accueil. Ce constat est d'importance. Il met à mal certaines visions apocalyptiques de la diversité associée à une négation de la citoyenneté commune, un acide qui dissout les valeurs acquises, la cohésion sociale et certaines composantes de l'État de

---

[173]. D. Brand, *What We All Long For*, Toronto, Alfred A. Knopf, 2005, p. 4.

droit. Nous avons appris que la solidarité communautaire gère de nombreuses situations que les non-immigrants ne soupçonnent pas.

Enfin, ce passage de l'ancienne vision de la diversité à l'actuelle a fait sentir ses effets sur les pouvoirs politiques et judiciaires qui ont dû prendre en compte dans leurs analyses et décisions les besoins et les attentes des communautés. Rien n'est achevé en conséquence de ce passage et rien ne le sera jamais définitivement. La diversité comme valeur est au cœur de cet ordre en gestation, et ce dernier fera sentir ses effets sur l'ensemble de la fédération.

En 2031, les Ontariens seront 16,3 millions ou 18 millions selon l'estimation retenue, moyenne ou forte. John Wildgust sera sans doute déçu : l'Ontario ne sera pas le centre de l'univers, mais la province conservera sa place pivot au Canada. En effet, à la même date et selon les mêmes estimations, les quatre provinces atlantiques, plus le Québec, compteront 10,7 millions d'habitants, et celles de l'Ouest plus le Yukon, les Territoires du Nord-Ouest et le Nunavut en compteront 12 millions. Suivie de loin par le Québec avec 8,38 millions, la Colombie-Britannique, 5,46 millions et l'Alberta, 4,11 millions, l'Ontario comptera pour un peu plus de 42 % de la population canadienne.

Sa primauté au pays et son rang sur le continent, le cinquième après la Californie, le Texas, New York et la Floride seront l'un et l'autre renforcés. L'Ontario devra ces positionnements à une migration nette qui lui assurera une croissance démographique estimée à 27 % dans les deux prochaines décennies, représentant 3,3 millions de personnes. L'Ontario accueillera alors 55 % des immigrants qui ont choisi le Canada, et son taux de croissance démographique sera supérieur à celui de l'ensemble de la fédération en raison notamment du taux de reproduction des femmes des minorités visibles qui excède celui de leurs concitoyennes. La croissance démographique naturelle du pays deviendra vraisemblablement négative vers 2020. Alors l'immigration deviendra la seule source de croissance de la population.

Cette croissance assurera à l'Ontario une supériorité démographique et, en conséquence, un poids prépondérant dans le système fédéral canadien. En 2030, l'Ontario aura accueilli plus de 7 millions d'immigrants, confortant son statut de société composée de diverses communautés avec les défis et les atouts qui en découlent. Société sans majorité, elle vivra de convergences multiples et de conjugaisons d'identités innombrables qui seront les matériaux d'un modèle inédit du vivre ensemble.

Cet attrait passé et actuel de l'Ontario n'aurait pas eu la même constance et la même densité si son économie avait été incapable d'absorber ces millions d'immigrants et de leur assurer un niveau de vie parmi les plus enviables du monde. Certains doutent du maintien de cette capacité dans les décennies à venir et, en conséquence, évaluent à la baisse toutes les projections, y compris démographiques. D'autres croient, au contraire, que l'Ontario va réussir la transformation de son économie si profondément affectée, comme toutes celles des pays occidentaux, par le «basculement de la richesse» à l'échelle du monde. Centrales, ces questions sont abordées dans le chapitre qui suit. Consacré à l'économie ontarienne, il explore sa mutation en cours, d'un fragment de l'économie continentale en un fragment de l'économie mondiale.

Chapitre 2

UNE ÉCONOMIE EN TRANSFORMATION

Au tournant du millénaire, l'Ontario comptait pour près de 40 % du PIB canadien, plus de 50 % de l'activité industrielle du pays et 51 % de ses exportations. Toronto occupait le troisième rang des places financières du continent et le septième sur le plan international. Tel est le capital considérable construit par les générations successives d'Ontariens. Selon John Ibbitson, « ce succès constitue la métaphore fondamentale de l'Ontario[174] ».

L'économie ontarienne est aujourd'hui confrontée à deux défis considérables: nouvelle concurrence dans la production des biens et services à l'échelle de la planète et affaissement du marché des États-Unis qui semble incapable de s'extirper de la crise qui, depuis 2008, le précarise devant les nouveaux marchés solvables des pays émergents. L'Ontario partage ces défis avec toutes les économies de la zone atlantique tant les changements du monde et les effets de

---

174. J. Ibbitson, *Loyal no More. Ontario's Struggle for a Separate Destiny*, Toronto, Harper Collins, 2001, p. 4.

la crise ont été sévères pour elle plus que pour toute région du pays.

Le moment est particulier. Nos interlocuteurs ontariens cherchent les bonnes formules pour conjuguer la forte performance historique de leur économie et les effets des mutations du marché mondial et ceux, calamiteux, du cataclysme qui, depuis 2008, a érodé son secteur manufacturier. Fragment de l'économie continentale, l'Ontario a été brutalement touchée par l'effondrement du marché américain. En un temps bref, la source de sa prospérité est devenue la cause de ses difficultés et de ses inquiétudes.

Cette crise américaine et ses suites ne constituent pas un affaissement cyclique semblable à d'autres qui ont jalonné l'histoire du capitalisme américain contemporain. Dans un ouvrage percutant, Roger L. Martin, le doyen de la Rotman School of Management de l'Université de Toronto, l'un des penseurs des systèmes économiques les plus respectés du continent, explique cet effondrement par une mutation systémique du capitalisme américain. Selon lui, depuis trente-cinq ans, on a accordé la priorité au marché des attentes plutôt qu'au marché réel, la priorité aux rendements pour les gestionnaires et les actionnaires plutôt qu'aux produits et services aux consommateurs. Tant que ces priorités ne seront pas renversées, toutes les réformes seront vaines, et le système tel qu'il est pourrait mener à « la destruction de notre économie et au pourrissement des fondements du capitalisme américain[175] ».

Ce positionnement et ses effets se déploient au moment même où une transformation géopolitique et géoéconomique sans précédent fait basculer les ressources financières, scientifiques et techno-

---

[175] R.L. Martin, *Fixing the Game*, Boston, Harvard Business Review Press, juin 2011, p. 31.

logiques de la zone occidentale vers la zone orientale de la planète, l'équivalent en importance de la prise de contrôle progressive du monde connu par les puissances européennes au XVIe siècle. La communauté internationale s'en trouve déjà bouleversée, d'autant que les économies américaine et européenne sont dans une phase délicate de leur histoire. Les abus manifestes des institutions financières américaines, y compris des banques, et leur prise de risques irresponsables, les fragilisent ainsi que les États qui sont leurs débiteurs. Dans ce contexte catastrophique, le Canada a fait preuve d'une vraie résilience depuis 2008. Mais il ne faut surtout pas tirer la conclusion que le pays est immunisé contre les effets de ce qui advient ailleurs dans le monde, à moins de croire que tous les travailleurs du pays trouveront de l'emploi en Alberta. En conséquence, le besoin de penser et de construire l'avenir autrement s'impose sans conteste.

L'Ontario est confrontée à ce besoin considérable en un temps où rien de ce qui est acquis ne doit être considéré comme assuré. Ni les composantes traditionnelles du secteur privé de l'économie, ni les politiques publiques dont l'ensemble des politiques de transferts fiscaux et de programmes qui sont au cœur des relations entre l'État fédéral, les provinces et territoires du pays. Ce temps d'incertitudes couplées au laisser-faire du gouvernement fédéral durant les premières années du gouvernement Harper a conforté la conviction de ceux qui croient que ce pays de régions doit reconnaître leur légitimité et leur capacité à gérer leur développement, d'autant que leurs intérêts sont devenus spécifiques et plus difficiles à rendre convergents. D'où la montée du régionalisme ou du provincialisme au Canada, y compris en Ontario.

Quels sont les intérêts de l'Ontario dans cette conjoncture canadienne, continentale et mondiale ?

Ce chapitre cherche à retracer les débats en cours, les hypothèses et propositions des Ontariens au sujet de cette situation inédite dont le dénouement aura des conséquences majeures sur leurs conditions de vie et celles de tous les Canadiens.

LES PLUS IMPORTANTS MARCHÉS DE LA PLANÈTE

Le succès incontestable de l'économie ontarienne a plusieurs causes. Il s'explique par un positionnement géopolitique qui lui a offert un accès ininterrompu aux plus importants marchés mondiaux depuis plus de deux siècles : le marché de l'Empire britannique et celui des États-Unis d'Amérique. À ces vastes espaces extérieurs s'ajoute le marché intérieur canadien, construit dans un premier temps sur les bases de la politique nationale de John A. Macdonald, grande figure de l'histoire ontarienne et canadienne[176].

Ces accès privilégiés aux principaux marchés mondiaux et au marché intérieur canadien ont favorisé l'Ontario, et huit ou dix générations successives ont pu en profiter, produisant l'une des économies les plus avancées du monde. Cette marche favorable circonscrit le passé ontarien. Mais elle dessine aussi ses défis actuels : être arrimée aux marchés du monde et produire des biens et services répondant à leurs demandes.

Manifeste, la réussite économique de l'Ontario a eu de multiples effets. Elle a permis un nombre élevé d'investissements venus de l'extérieur, notamment de la Grande-Bretagne et des États-Unis ; la mise en place et le développement d'un vaste secteur

---

[176]. P.B. Waite, *Macdonald: His Life and World*, Toronto, McGraw-Hill Ryerson Limited, 1975.

industriel et, plus récemment, d'un secteur de services ; ainsi que la constitution d'une place financière de renommée mondiale. Cette réussite a rendu possible le flux constant d'immigrants enrichissant la société ontarienne. Elle a soutenu de nombreux emplois et services offerts à ceux qui, venus de toutes les régions du monde et du Canada, ont trouvé en Ontario les conditions de vie qu'ils cherchaient. Enfin, elle éclaire la contribution ontarienne à l'expérience socioéconomique canadienne, de la péréquation à l'ensemble des politiques publiques qui différencient la fédération canadienne de la république américaine.

Len Crispino
Len Crispino a immigré en Ontario en 1957, à 9 ans. Des décennies plus tard, il retourne dans son Italie natale comme représentant officiel de l'Ontario avant de revenir pour y occuper des fonctions élevées. Voilà bien un parcours révélateur d'une politique inclusive à l'endroit des citoyens issus de l'immigration.

Engagé dans la transformation de l'économie ontarienne, il nous reçoit dans la grande salle de conférences de la Chambre de commerce de la province. Nous évoquons son itinéraire personnel et professionnel, « qui n'aurait sans doute pas été possible ailleurs dans le monde, notamment en Europe ». Nous parlons de la diversité culturelle de la société ontarienne, qu'il a vue croître « comme un arbre beau et gigantesque ». Pourtant, un autre horizon moins net nous réunit : l'état des lieux de l'économie deux ans et demi après le début de la crise « qui a tout changé et qui devrait tout changer ».

> Il nous faut faire le deuil d'un retour à la situation antérieure dans de nombreux secteurs, notamment dans celui de l'automobile, comme il nous faut absolument

pénétrer de nouveaux marchés. Cette conviction est forte en période de crise économique, quand le marché américain s'effondre. Nous savons que nous ne pouvons plus dépendre uniquement de ce marché. Cependant, quand la situation s'améliore, nous retournons à notre routine. Nous disposons de capacités considérables à pénétrer de nouveaux marchés, mais nous nous contentons d'une part minime. Il nous faut prendre des initiatives beaucoup plus vigoureuses et durables, investir dans l'avenir, fixer des objectifs ambitieux : doubler nos exportations, par exemple. Il nous faut aussi tenir compte du fait que notre devise est à parité avec le dollar américain et que le temps d'un dollar canadien faible n'est pas près de se présenter à nouveau.

Si le gouvernement fédéral ne prend pas ces initiatives, celui de l'Ontario doit le faire et réussir tout en sachant que cette nécessité constitue une responsabilité partagée, l'État ne pouvant l'accomplir seul. D'où l'idée de l'organisation d'un Sommet économique de l'Ontario dont la Chambre de commerce a pris l'initiative. Pour la septième année consécutive, les pouvoirs publics, les entreprises, les syndicats, les universités et les organisations non gouvernementales sont conviés à réfléchir ensemble aux enjeux et défis de la croissance et du développement économiques. Ces sommets confortent une culture de la responsabilité partagée. Tel est peut-être leur principal résultat.

Quatre objectifs découlent de notre entretien avec Len Crispino : faire le deuil d'un retour à la situation antérieure, mettre fin à notre dépendance au marché américain, pénétrer de nouveaux marchés et fixer des objectifs ambitieux.

Un stress majeur
Ce constat est partagé. La Task Force on Competitiveness, Productivity and Economic Progress de

l'Ontario l'a établi sans complaisance dans son rapport de l'année 2009. Ce rapport porte la signature du réputé Martin Prosperity Institute.

> Dans chacun de nos précédents rapports, nous observions la bonne santé de notre économie et celle de notre plus important partenaire commercial, les États-Unis. Mais la situation actuelle est dramatiquement différente. L'économie nord-américaine et toutes les économies du monde subissent un stress majeur. Des sentiments de pessimisme et de panique ont saisi bon nombre de nos concitoyens, les dirigeants d'entreprises et les leaders publics [...] Les signes de faiblesse émergent de toute part, le secteur manufacturier est affaibli, le chômage s'accroît après une longue période de plein emploi, la vente des maisons neuves est faible, les déficits gouvernementaux sont de retour, et ils sont considérables[177].

À des années fastes de croissance ont succédé des semestres désastreux marqués par le recul. Après un long temps marqué par des ajustements périodiques de l'économie ontarienne a surgi le besoin manifeste de sa transformation. Plus de quatre années après le début de la crise, la situation s'est en partie redressée, comme le montrent notamment les investissements des entreprises dans les usines et la machinerie depuis 2010, même si «le plus important partenaire commercial du Canada demeure et demeurera un océan d'incertitudes dans les années qui viennent[178]». Mais la dette publique de la province est toujours considérable; en 2011, les exportations étaient à la baisse et, après sept trimestres consécutifs, le PIB a chuté en milieu d'année, la production industrielle a faibli

---

[177]. Institute for Competitiveness & Prosperity/Martin Prosperity Institute, *Opportunity in the Turmoil*, Toronto, 2009, p. 7.
[178]. J. Simpson, «Recession Recovery: We've only just begun», *The Globe and Mail*, 29 juin 2011.

et l'emploi stagne. Bref, même les commentateurs les plus optimistes considèrent que la sortie de crise sera longue et difficile en raison des dommages profonds et durables qu'elle a provoqués[179].

Au stress majeur qui a fragilisé toutes les économies de la zone atlantique, y compris celle de l'Ontario, viennent s'ajouter, dans le cas de la province, des facteurs convergents susceptibles de fragiliser ses résultats économiques. Ces facteurs sont de trois ordres : un mouvement de lent repli des fondamentaux de l'économie ontarienne qui a précédé la crise de 2008 ; une faiblesse en matière de compétitivité, de productivité et d'innovation des intervenants des secteurs industriels et commerciaux et, finalement, un retard manifeste à pénétrer les marchés des puissances émergentes. Bref, la crise de 2008 n'a pas produit l'idée de transformation de l'économie de l'Ontario. Cette idée lui est antérieure puisqu'elle s'est imposée au début du nouveau siècle. La crise l'a cependant renforcée.

> L'Ontario assiste actuellement à une transformation de l'économie mondiale. Amorcée depuis plus d'une trentaine d'années, cette transition vers une économie créative, fondée sur les connaissances ou sur les idées, est plus marquée aujourd'hui qu'auparavant, en cette époque où le monde est plongé dans un tourbillon financier et économique[180].

Le diagnostic qui suit porte sur l'économie ontarienne. Cependant, certaines de ses composantes affectent également les économies d'autres provinces ou régions du Canada.

---

[179]. Chambre de commerce du Canada, *Perspectives économiques de 2010 : sur la voie de la relance*, Toronto, 2009.
[180]. R.L. Martin et R. Florida, *L'Ontario à l'ère de la créativité*, Toronto, Rotman School of Management, février 2009, p. 1.

Les fondamentaux de l'économie ontarienne

Au tournant du millénaire, le rendement de l'économie ontarienne est apparemment solide. Cependant, dans les années qui précèdent immédiatement la crise de 2008, ces fondamentaux montrent des signes de repli. Ainsi, si l'impact de la crise sur le volume des exportations a été majeur, leur diminution continue s'était amorcée dès 2004-2005. De plus, la production manufacturière ontarienne oscille, depuis l'an 2000, entre stagnation et avancées modestes. Dans la même période, la balance des paiements glisse vers une position défavorable, et les emplois manufacturiers du secteur secondaire diminuent au profit des emplois administratifs. Enfin, si la crise a ralenti le secteur minier ontarien et si le secteur forestier s'est effondré à la suite de la chute brutale de la construction immobilière aux États-Unis, les deux grands secteurs étaient déjà affectés par la nouvelle concurrence de certains pays émergents sur le marché américain.

Ces glissements trouvent certaines de leurs causes dans les terres lointaines dont les capacités de produire et de commercer ont commencé à changer le monde. Des observateurs sérieux se demandaient bien avant la crise si l'Ontario était en train de céder son rôle habituel de moteur de la croissance économique au Canada. Le taux de croissance de l'emploi d'octobre 2006 à octobre 2007 se situait à 1,5 % dans la province, comparativement à 2,3 % pour le Canada, et la croissance du revenu personnel disponible se situait à 5,5 % en Ontario, comparativement à 6,2 % pour le Canada[181]. Enfin, le taux de croissance du produit intérieur brut a connu une baisse continue, de 4,8 % en 1996-2000 à 2,1 % en 2000-2005. Il n'est plus que de 0,8 en 2006-2010[182]. Selon l'économiste ontarien

---

[181]. M. Vallières, « L'Ontario piétine », *La Presse*, 6 octobre 2007.
[182]. The Conference Board of Canada, *Provincial Outlook Long-Term Economic Forecast*, Toronto, 2011.

Serge Coulombe, « l'Ontario n'est plus la locomotive du développement économique du pays depuis 2002[183] ». Un diagnostic encore plus ancien établi en 2003 par la Task Force on Competitiveness, Productivity and Economic Progress statue que les faibles indices d'innovation et de productivité de l'économie ontarienne provoquent son recul au pays et sur le continent[184].

Compétitivité, productivité et innovation

Les questions de la capacité en matière de compétitivité, de productivité et d'innovation ont été posées bien avant 2008. Étude après étude, la relative performance des entreprises canadiennes et ontariennes a été documentée et débattue. Comparativement aux États-Unis et aux pays de l'OCDE, cette performance apparaît faible et bien en deçà du seuil requis pour conquérir de nouveaux marchés et s'imposer dans de récents secteurs stratégiques. Dans son rapport pour 2011, le Conseil des sciences, de la technologie et de l'innovation du Canada rappelle les évaluations internationales relatives à la productivité du travail au pays :

> Selon l'Institut européen d'administration des Affaires, le Canada se classe au 95ᵉ rang sur 132 pays pour ce qui est de la croissance de la productivité de la main-d'œuvre. Selon l'International Institute for Management Development (IMD) à Lausanne, en Suisse, le Canada arrive au 45ᵉ rang sur 58 pays. La mauvaise position du Canada aux classements internationaux de la croissance de la productivité est en partie attribuable au fait que les pays en développement ont un beaucoup plus grand potentiel de croissance rapide de la productivité en raison de la convergence technologique et de

---

[183]. J.-D. Bellavance, « Péréquation : le portrait », *La Presse*, 12 janvier 2010.
[184]. M. Campbell, « Study finds Ontario is falling behind », *The Globe and Mail*, 4 décembre 2003.

leur faible productivité de départ. Parmi les 33 économies avancées du classement de l'IMD, la croissance de la productivité au Canada se classe au 24ᵉ rang. La productivité du Canada continue d'accuser un retard malgré les réformes macroéconomiques censées améliorer la performance économique, et les économistes disent de plus en plus que le manque d'innovation au Canada contribue aux mauvais résultats sur le plan de la productivité[185].

Menée en 2009 auprès de 6 233 entreprises canadiennes de vingt employés et plus et dont le revenu excède 250 000 dollars, une vaste enquête a rendu plus concrète cette classification troublante[186]. Elle portait sur quatre catégories d'innovation : les systèmes d'organisation, les produits, les procédés et la mise en marché. Seules 19 % des entreprises consultées considèrent alors l'introduction des biens et services nouveaux comme l'un de leurs objectifs stratégiques, et seulement le tiers affirme vouloir introduire des pratiques améliorées de procédés d'affaires, de marketing et de gestion. L'innovation et la mise en marché de nouveaux produits se classent au troisième rang de ces objectifs de l'ensemble des entreprises. Ces données expliquent les faibles investissements en recherche et développement, sauf dans certains secteurs spécifiques. Les résultats de cette enquête indiquaient que les investissements avaient diminué au cours des années précédentes.

Bénéficiant des avantages de la proximité au marché américain et de l'abondance de leurs propres

---

[185]. Conseil des sciences, de la technologie et de l'innovation du Canada, *De l'imagination à l'innovation : le parcours du Canada vers la prospérité*, Ottawa, Gouvernement du Canada, 2011 ; S. Cooper, *Canada's Disturbing Productivity Performance*, Toronto, BMO Nesbitt Burns, 10 mars 2011.

[186]. Le projet pilote de l'Enquête sur l'innovation et les stratégies d'entreprise (EISE) de 2009 a été mené conjointement par Industrie Canada, Affaires étrangères et Commerce international Canada, et Statistique Canada.

ressources naturelles, facteurs qui « nous ont isolés du reste du monde[187] », les cultures d'entreprise ontarienne et canadienne ont peu ou n'ont pas intégré les exigences de l'innovation qu'une situation plus concurrentielle aurait normalement imposées[188]. Elles ont cédé à la facilité découlant de la proximité et de l'accès au premier marché solvable du monde. En conséquence, les entrepreneurs canadiens qui disposent depuis vingt-cinq ans d'un accord de libre-échange avec les États-Unis auraient été moins sensibles aux formidables évolutions et occasions offertes par le marché mondial. Cette culture a aussi été imprégnée par les effets de la faible valeur de la devise canadienne et des dividendes commerciaux qu'une telle situation crée à court terme.

Mis à part la Colombie-Britannique, les exportations des provinces canadiennes aux États-Unis représentent au moins 70 % du total des exportations. Seules celles de l'Alberta et du Nouveau-Brunswick excèdent celles de l'Ontario sur le marché américain[189]. Après tant d'autres, un groupe d'économistes de la CIBC évoquait, en juin 2011, les effets d'ensemble de cette proximité, mais en les situant dans le contexte ontarien.

> L'attention prédominante de l'Ontario vers le partenaire commercial majeur et lucratif que représentent les États-Unis l'a menée à ignorer largement les autres marchés et occasions. Bien que de nombreuses discussions aient eu lieu au fil des ans quant au besoin de l'Ontario de diversifier ses partenaires commerciaux, jusqu'à tout récemment, la force de sa relation économique avec les États-Unis a bloqué tout besoin réel de

---

[187]. R. Griffiths, *Canada in 2020: Twenty Leading Voices Imagine Canada's Future*, Toronto, Key Porter Books Limited, 2008, p. 10.
[188]. The Conference Board of Canada, *How Canada Performs*, Toronto, 2009.
[189]. CIBC, *Provincial Forecast*, 1er février 2011.

construire de vraies présences dans d'autres marchés. Cependant, les changements accélérés de l'économie mondiale rendent impérieux pour l'Ontario l'élargissement de ses perspectives commerciales[190].

Les discours et interventions sur l'innovation ou son manque sont légion dans la littérature administrative, politique et prospective canadienne récente. Dans un plaidoyer sans complaisance publié en juillet 2010, l'ancien premier ministre ontarien rappelait que son gouvernement a déposé un plan quinquennal visant à accroître la productivité du secteur industriel ontarien. Ce plan comporte notamment l'élimination des taxes sur les capitaux et l'inclusion de la taxe de vente harmonisée. Ce meilleur environnement fiscal conjugué à la valeur de la monnaie canadienne crée une situation plus que favorable pour l'investissement en capital dans la machinerie, les équipements et autres supports industriels.

En dépit de nos efforts considérables pour que l'économie de l'Ontario soit plus compétitive, nous sommes à court en matière de productivité. De 2001 à 2008, la production moyenne aux États-Unis a connu une croissance de 2 % par année. Au Canada, elle a enregistré une croissance de 0,7 % par année. En 1960, le Canada occupait un rang aussi élevé que la troisième place sur 20 pays de l'OCDE en matière de productivité. Nous avons glissé au seizième rang sur trente et un pays membres de l'organisation… La productivité ne se rapporte pas à la durée des journées de travail. Elle se rapporte aux bons choix d'investissement effectués par les entreprises permettant aux travailleurs de maximiser le temps passé au travail.

---

[190] B. Tal, K. Rangasamy, E. Enenajor, *Spicing up the Ontario-India Economic Relationship*, Toronto, CIBC World Markets Inc, juin 2011.

Voilà où les entreprises ontariennes glissent. Nous savons que, comparativement aux compétiteurs, nos entreprises sous-investissent dans la machinerie et les équipements, la formation, la recherche et le développement ainsi que les technologies de l'information et des communications. Voilà les importants conducteurs de productivité, et là où il nous faut faire mieux[191].

Un an plus tôt, John Manley se fait insistant au cours d'un solide entretien avec Paul Wells dans le magazine *Maclean's*.

> Je ne crois pas qu'il soit possible d'affirmer que l'innovation est ancrée profondément dans l'ADN des entreprises canadiennes [...] Nous avons construit notre prospérité jusqu'à la présente décennie à partir d'un paradigme relativement simple: nous sommes riches en ressources naturelles. Nous sommes efficaces dans leur exploitation. Nous avons aussi construit un secteur manufacturier et un secteur des services, et nous avons réussi dans notre pénétration du marché américain [...] Mais le monde change si rapidement que l'incapacité de trouver des moyens pour s'adapter aux mutations de l'environnement est préjudiciable non seulement pour les entreprises mais pour le pays lui-même[192].

« Innover ou périr. » John Manley ne peut être plus clair.

La crise

Hormis les États-Unis, c'est peut-être l'Ontario que la crise financière et économique de 2008 a frappée le plus durement en conséquence de l'intégration

---

[191]. D. McGuinty, « Ontario's productivity challenge: Step up, business leaders », *The Globe and Mail*, 2 juillet 2010.
[192]. P. Wells, « Innovation isn't in Canada's DNA », *Maclean's*, 24 juillet 2009.

poussée de l'économie provinciale à l'économie continentale. Nous avons précédemment évoqué quelques effets spécifiques de cette crise sur la province et ses habitants. Ces effets ont produit des situations d'ensemble qui ont changé, pendant une durée imprévisible, les finances publiques ontariennes et le rendement de son économie en comparaison avec celle de ses partenaires canadiens.

Après avoir expérimenté une hausse de ses ressources publiques de 2003 à 2007, puis équilibré ses budgets successifs de la période en conformité avec la Loi de 2004 sur la transparence et les responsabilités financières, le gouvernement ontarien a soudain vu sa situation financière se dégrader dans des proportions considérables.

Prévu pour l'année fiscale 2009-2010 à 14,1 milliards de dollars, le déficit bondit plutôt à 24,7 milliards de dollars, selon l'énoncé économique du gouvernement ontarien d'octobre 2009. Pour ce gouvernement, cette situation a de désastreuses conséquences, notamment fiscales : diminution de 48,1 % du rendement des impôts des sociétés et du rendement des impôts des particuliers en raison de l'explosion du chômage, et diminution de 25,5 % dans le seul secteur de l'automobile d'octobre 2008 à octobre 2009.

Le projet d'un retour à l'équilibre budgétaire en 2017-2018 semble peu réalisable à moins d'une forte reprise économique aux États-Unis, ce que nul ne voit venir. Ce retour à l'équilibre pourrait aussi découler d'une gestion plus serrée des finances publiques et d'un contrôle rigoureux des dépenses. Mais pourra-t-on éviter des compressions draconiennes dans les budgets dédiés à l'éducation et aux programmes sociaux, qui représentent les deux tiers des dépenses provinciales ? L'idée d'une augmentation majeure des impôts des corporations est si contraire à la relance de l'économie qu'elle n'est pas évoquée, sauf par des groupes marginaux. Et, dans un tel contexte, comment maintenir un bon nombre d'investissements publics dans les domaines susceptibles de contribuer à la transformation de l'économie, à sa modernisation, compétitivité et, ultimement, à son rendement?

La commission Drummond a annoncé quelques projections fort troublantes. Elle a conclu que les mesures annoncées dans le budget de 2011 ne suffiraient pas à rétablir l'équilibre budgétaire. Elle a élaboré un scénario de *statu quo* qui conclut à un doublement du déficit porté à 30,2 milliards de dollars en 2017-2018. Enfin, elle a proposé un scénario privilégié qui permettrait l'équilibre budgétaire en 2017-2018 au prix de réduction draconienne des dépenses, soit de 17 % par rapport à celles prévues dans le scénario de *statu quo*. Cette réduction proposée est considérable. Elle affecterait tous les secteurs des dépenses publiques qui décroîtraient de 2,4 % par année, sauf la santé, l'éducation et les services sociaux qui bénéficieraient respectivement d'une croissance de 2,4 %, 1 % et 0,5 %. La mise en œuvre partielle de cette politique a suscité de très vives réactions et a précipité la démission du chef du gouvernement ontarien.

Les rendements de l'économie ontarienne sont tombés en dessous de la moyenne du pays. Ce positionnement s'explique, en partie, par la crise de 2008 et par la croissance des revenus de l'Alberta, de la Saskatchewan et de Terre-Neuve. Pour la première fois dans l'histoire du pays, l'Ontario touche des paiements de péréquation[193], d'où la demande d'un *New Deal* pour elle-même et la réclamation d'un retour plus équitable d'une part des 20 milliards de dol-

---

[193]. On sait que, dans le passé, elle aurait pu bénéficier, à quelques reprises et pour de courtes périodes, de cette politique de redistribution.

lars qui, selon de nombreuses évaluations convergentes, représentent l'écart entre sa contribution aux finances publiques du pays et ce qu'elle reçoit du fédéral.

Deux causes principales expliquent cette dégradation. Si la première de ces causes est une conjoncture qui pourrait muter en une donnée structurelle, la seconde ne fera vraisemblablement que s'affermir dans les décennies qui viennent. Il ne s'agit certes pas pour l'Ontario de substituer une intégration à l'autre, mais bien de reconnaître leur complémentarité, expression d'une nouvelle totalité qui s'impose à tous.

Ces deux causes sont indissociables. La crise économique a illustré la transition en cours vers un monde financier multipolaire. Elle n'a certes pas réduit l'Amérique à l'insignifiance. Cependant, elle a mis à mal la prépondérance américaine et illustré magistralement les nouvelles capacités de certains pays émergents.

Effets de facteurs étrangers à la crise ou effets de la crise elle-même, les données les plus récentes montrent un lent mais réel mouvement des exportations canadiennes et ontariennes vers les pays émergents. Exportation et développement Canada (EDC) a titré un rapport de 2011 *Les Dividendes de la diversification*[194] et, dans une analyse d'avril 2011, Statistique Canada démontre que la part des exportations canadiennes vers l'Europe et l'Asie augmente.

Sherry Cooper

Ses conférences, ses livres et ses interventions ont fait de la vice-présidente à la direction et économiste en chef du groupe financier de la Banque de Montréal une star de la communication en matière d'économie

---

194. Exportation et Développement Canada, *Les Dividendes de la diversification. Prévisions à l'exportation*, Ottawa, gouvernement du Canada, juin 2011.

locale et mondiale. En effet, les prévisions de Sherry Cooper sur l'état des lieux nationaux et internationaux sont attendues en raison de leur fiabilité et de leur originalité[195]. En 2001, avant bien d'autres, elle a évoqué l'entrée dans un temps de turbulences économiques comme conséquence de l'émergence d'un nouvel ordre mondial, économique et social. Dans la présentation de son ouvrage, *Ride the Wave*, on peut lire que « nous approchons d'une période économique tout à fait folle. Excitante. Annonciatrice d'un système économique et social radicalement nouveau qui va déboucher sur la création d'une richesse sans précédent. Mais, avant d'atteindre cette étape, il nous faudra survivre à des années d'une terrible volatilité économique[196] ».

Elle nous accueille dans les bureaux confortables du groupe, au coin des rues King et Bay, au cœur du quartier financier de Toronto.

> Ce qui s'est produit en 2008 ne ressemble en rien à l'une de ces crises cycliques qui affectent l'évolution économique à intervalles irréguliers. Des changements considérables se sont alors produits aux États-Unis, dont le marché représente près du tiers de l'économie du Canada, davantage sans doute pour l'Ontario. La base industrielle de la province s'est trouvée comme enveloppée dans un tourbillon de situations complexes anciennes et nouvelles. À une productivité insuffisante s'est ajoutée une baisse soudaine et majeure des exportations notamment, mais non exclusivement, dans le secteur automobile. Concurremment, l'évaluation substantielle du dollar canadien a rendu plus difficiles

---

[195]. En 2010, Mme Cooper a reçu le Lawrence Klein Award en raison de la justesse de ses prévisions sur l'évolution de l'économie américaine pour la période 2006-2009. Cinquante autres économistes étaient en lice.

[196]. S. Cooper, *Ride the Wave, Taking Control in a Turbulent Financial Age*, Toronto, Financial Times, Prentice Hall, 2001, introduction.

les exportations. Pour sa part, le secteur des services financiers a connu une compression des activités qui a engendré un nombre élevé de reports d'investissements et de mises à pied. Bref, cette période est particulière, et ces temps sont difficiles. Nous savons désormais qu'il nous faut absolument accroître la productivité et donner à l'innovation le rang de priorité nationale là où, depuis longtemps, nous privilégions les sciences et leurs découvertes. Nous savons aussi qu'il nous faut diversifier la production et les marchés. La montée des entreprises du secteur technologique dans la région de Kitchener-Waterloo et à Toronto est encourageante. Certes, nous ne disposons pas de l'équivalent de la Silicone Valley, mais ce secteur doit absolument devenir un moteur de notre économie. Et il nous faut soutenir ce secteur plus solidement. Comment pallier notre infériorité objective devant les États-Unis ? Dans ce pays, les commanditaires, les champions et les mécènes sont en grand nombre, et leur capacité financière ainsi que leur disposition à aider les entreprises technologiques nouvelles sont l'une et l'autre importantes. Cela tient à une culture entrepreneuriale et à une culture du risque très forte chez nos voisins, et qui manque ici. De plus, aux États-Unis, les entreprises du secteur financier sont abondantes et souvent enracinées dans les communautés ; c'est le cas des banques locales, notamment. Cette proximité concourt à la reconnaissance et au financement d'entreprises émergentes qui bénéficient de réseaux locaux déjà constitués. Contrairement au Québec, qui dispose des caisses d'épargne et de crédit du mouvement Desjardins, les entrepreneurs ontariens ne bénéficient pas de tels services financiers de proximité. Nos banques ne remplissent pas cette fonction…

Le monde de Sherry Cooper est fascinant, d'autant que ses projections sont considérées comme des oracles par ses collègues économistes !

L'industrie de l'automobile

On ne peut évoquer la crise et ses effets sans faire référence au secteur de l'automobile qui, au début du XXIe siècle, compte pour 100 milliards de dollars dans les exportations ontariennes, totalise près d'un demi-million d'emplois et contribue à la prospérité de la province et à celle des grandes régions du Sud-Ouest. L'idée même de son déclin laisse entrevoir un tsunami économique et social majeur. On comprend les démarches et les déclarations de Dalton McGuinty, alors premier ministre, au début de la crise : « Ce n'est un secret pour personne que nous sommes en pourparlers avec Fiat ainsi qu'avec les constructeurs indiens, chinois et allemands[197]. » L'Inde offre de vraies occasions au secteur automobile ontarien, qui font l'objet des travaux d'un Conseil de l'innovation dans le secteur automobile, regroupant notamment l'Association des fabricants de pièces d'automobile du Canada, la Society of Indian Automobile Manufacturers et l'Automotive Component Manufacturers Association of India.

Le secteur de l'automobile, « l'industrie des industries » selon la formule de Peter Drucker, constitue une parfaite illustration de l'intégration continentale de l'économie ontarienne sur le triple plan de l'investissement, de la production et du marché. Dans le corridor de l'automobile, s'étendant de Windsor à Oshawa au sud-ouest de la province, sont installés 6 constructeurs de véhicules, 12 usines d'assemblage et les plus importants des 450 sous-traitants du domaine. Cet imposant dispositif qui trouve essentiellement ses débouchés aux États-Unis a été renforcé par la signature de l'Accord canado-américain sur les produits de l'industrie automobile de 1965.

---

[197]. K. Howlett et G. Keenan, « McGuinty to Bring Sales Pitch to Fiat HQ », *The Globe and Mail*, 6 mai 2008.

Une longue période de croissance pour l'industrie automobile ontarienne s'est ensuivie, contribuant à la richesse de l'Ontario, première région productrice de voitures en Amérique du Nord, avant le Michigan et le Mexique. Cette position a été perdue en 2010. En raison de la crise, l'Ontario a glissé au troisième rang, après les États-Unis et le Mexique.

La fiche de l'industrie automobile en Ontario avant la crise mérite un bref rappel. Une production annuelle de 2,5 millions de véhicules, soit un véhicule sur six produits sur le continent, et dont 85 % sont exportés ; des investissements annuels récurrents dont 30 milliards pour la sous-traitance, 7 milliards pour la recherche et 3,5 milliards pour l'entretien des usines et le renouvellement des équipements. Le secteur génère 125 000 emplois directs sur un total de 400 000 emplois liés au domaine. Trente centres de recherche dédiés à l'industrie automobile bénéficient de l'appui des entreprises du secteur et des gouvernements ontarien et canadien selon des formes variées de partenariat. Ces centres couvrent l'ensemble des processus de production, comme l'illustre la vaste Initiative for Automotive Manufacturing and Innovation des Universités McMaster et de Waterloo. Ils couvrent aussi les technologies et les matériaux du domaine : nanotechnologie, technologie de surface et plastique microcellulaire (Université de Toronto), robotique (Université Ryerson), catalyse et photonique (Université d'Ottawa), et matériaux légers (Université de Windsor).

En 2008, la crise a dévasté le secteur. En une année, plus de 60 000 emplois directs et indirects ont été perdus, les exportations ont chuté de 22,8 %, et leur part dans le PIB est passée de 6,1 % à 3,7 %. Enfin, à l'effondrement du marché s'est ajoutée la politique de l'administration Obama : appuis financiers aux entreprises du secteur et rapatriement des emplois situés dans les pays étrangers. Devant l'ampleur du désastre, les gouvernements fédéral et provincial ont consenti des investissements majeurs en appui aux entreprises du domaine. De plus, Ottawa a doté le sud de l'Ontario d'une agence de développement, mettant à sa disposition un milliard de dollars sur cinq ans.

L'Amérique n'est plus, depuis le milieu des années 1990, le chef de file de la production et du marché du domaine. La mondialisation a aussi touché et transformé l'industrie automobile : installations d'usines en Amérique latine, en Europe de l'Est et en Asie, multiplication des fusions entre les multinationales du secteur et développement accéléré des capacités, notamment en Chine et en Inde. L'Asie s'installe au premier rang de la production et du marché de l'industrie automobile dans le monde. Selon une étude du cabinet PricewaterhouseCoopers d'octobre 2011[198], le nombre de véhicules produits par les pays émergents en 2011 excédera ceux produits par les pays matures qui, au mieux, sont dans une économie de remplacement de l'automobile. Selon l'étude, l'importante croissance du secteur découle de l'essor de la production dans les pays émergents asiatiques et de la demande considérable des pays BRIC (Brésil, Russie, Inde et Chine). Selon le directeur de la stratégie corporative de Ford, Matt O'Leary, « la Chine est plus proche de disposer de produits pour les marchés développés que la plupart pensent[199] ». Ce sentiment est partagé par *The Economist* qui, en janvier 2011, écrivait : « Éventuellement, les voitures chinoises vont envahir les marchés américains et européens[200]. »

Quel avenir pour l'industrie automobile en Ontario ? Plusieurs de nos interlocuteurs se sont

---

[198]. PricewaterhouseCoopers, *La Production mondiale automobile dopée par les pays émergents*, 5 octobre 2011.
[199]. *Ibid.*, p. 6.
[200]. « Danger ahead. The car industry's crisis is over. Its long-term problems are not », *The Economist*, 13 janvier 2011.

montrés pessimistes pour les motifs évoqués précédemment. Len Crispino, président de la Chambre de commerce de la province, ne croit pas au retour à la situation antérieure dans de nombreux secteurs, « y compris dans celui de l'automobile ». Seul le Conference Board croit que :

> L'industrie automobile demeurera une force dominante de l'économie ontarienne [...] Dans les prochaines années, les gains les plus significatifs de l'Ontario viendront de la croissance de la demande extérieure, particulièrement de la demande d'automobiles et de pièces, qui totalisent normalement 30 % des exportations internationales de la province. Même si la demande américaine de nouveaux véhicules ira croissant, elle demeurera en dessous des taux de remplacement jusqu'en 2012. Par la suite, elle ira croissant à un rythme normal et à moyen terme[201].

Mais dans la même analyse, l'organisme de recherche note que, en raison des négociations entre les syndicats et les trois principaux producteurs du domaine et de la restructuration financière de General Motors et de Chrysler Canada, « les avantages comparatifs du Canada ont été sévèrement érodés dans la production de véhicules et que le nombre d'emplois demeurera bien en deçà de ses plafonds historiques[202] ».

Très peu de secteurs industriels équivalents par leur importance et leur taille ne seront soumis dans les années qui viennent à une gamme aussi large de défis. Les premiers se rapportent à la capacité de rester compétitif devant les joueurs traditionnels et ceux qui, en Chine et en Inde notamment,

---

[201]. The Conference Board of Canada, *op. cit.*, p ii, 51.
[202]. *Ibid.*, p. 56.

produisent déjà les moteurs des véhicules assemblés aux États-Unis. Combien survivront à cette addition ? Quelles alliances s'établiront entre ces joueurs ? Quelle qualité de design, quels nouveaux matériaux et quelles inventions technologiques et environnementales, sans oublier les prix demandés et les services offerts, sauront séduire les consommateurs ? Quelle main-d'œuvre et quels robots construiront ces véhicules du XXIe siècle ? Enfin, quelles localisations seront capables d'offrir des conditions compétitives de production ?

Le secteur financier
Le maintien et le développement de l'important secteur financier ontarien avec ses 220 000 emplois sont d'une importance majeure autant pour Toronto, la province que le pays. Ce secteur n'est pas mal placé pour cultiver ses compétences, innover et demeurer un joueur à l'échelle de la planète. Mais son maintien, à long terme, ne sera pas aisé. Dans ce domaine aussi, le basculement de la richesse s'est fait sentir dans la première décennie du siècle, comme le montre l'évolution comparée de la capitalisation sur les marchés boursiers des Amériques et de l'Asie.

Selon les données de la World Federation of Exchanges, les capitalisations boursières des Amériques et de l'Asie représentaient respectivement 4 228 385 000 $ et 3 056 465 400 $ en 1990. Vingt années plus tard, la capitalisation boursière de l'Asie s'est envolée pour atteindre les 19 303 389 200 $, comparativement à 22 172 888 200 $ pour les Amériques. Une nouvelle géographie financière mondiale se déploie, et elle aura d'importants effets sur les places financières et sur la régulation du domaine[203].

---

203. E. Olsen, F. Plaschke, D. Stelter, *Threading the Needle: Value Creation in a*

Commandée par le gouvernement ontarien et déposée en 2009, l'étude « Partnership and Action: Mobilizing Toronto's Financial Sector for Global Advantage[204] » vise à accroître la compétitivité de Toronto comme centre financier international et à maintenir son rang en Amérique et dans le monde. Décrit comme le cœur actif des services financiers canadiens, le secteur compte, en 2008, 12 % des emplois de la région du Grand Toronto et près de 20 % de son PIB. Pour les analystes bostonnais chargés de ce plan d'action, les leviers de sa consolidation sont multiples :

> Diversité, multilinguisme et éducation supérieure de sa population; accessibilité internationale et proximité du marché américain; système bancaire et réglementaire hautement stable et apprécié; présence d'un grand nombre d'opérateurs dans beaucoup de secteurs des services financiers.

Toujours selon ces experts, la compétitivité de Toronto souffre de lacunes notables comparativement à d'autres centres financiers internationaux :

> Manque de profil international de la capitale ontarienne, profil qui découle de la reconnaissance d'une situation de leadership dans un domaine ou l'autre; absence d'un but partagé et d'un partenariat entre le gouvernement et l'industrie qui, ailleurs, ont fait la force d'autres centres internationaux financiers.

Trois objectifs sont proposés pour conforter Toronto comme place boursière : aménagement de

---

Low-Growth Economy, Value Creators Report, Boston, Boston Consulting Group, 2010.

204. Boston Consulting Group, *Partnership in Action: Mobilizing Toronto Financial Sector for Global Advantage*, 2009.

foyers d'excellence mondiale, concertation entre le gouvernement et l'industrie, et garantie de la compétitivité du domaine. Ils se décomposent en propositions d'importance dont la création d'un Institut mondial de la gestion intégrée des risques, de leur prévision, analyse et gestion; la consolidation du Groupe TMX, propriétaire de la Bourse de Toronto, comme leader mondial pour le financement des secteurs miniers, des métaux et de l'énergie[205]; la recherche d'une position de leadership quant au financement des retraites en établissant un groupe de travail réunissant les secteurs privé et public du domaine en vue de proposer des formules innovantes sur les plans canadien et international.

Selon les évaluations du Boston Consulting Group, ce sont de 25 000 à 40 000 emplois que la mise en œuvre de cette stratégie pourrait contribuer à créer et de 4 à 5 milliards de dollars qu'elle pourrait ajouter au PIB sur une période de cinq années. Mais la plus-value est ailleurs. Elle est dans le maintien et la consolidation d'un grand secteur d'activité qui soutient aujourd'hui plus de 220 000 emplois, contribue à la croissance de l'Ontario et garde au pays des services financiers d'importance. Consolidé et promu, ce secteur pourrait servir de levier à l'investissement, la recherche et l'exportation de services dans le monde.

La politique de l'innovation la plus intelligente du monde

La transformation de l'économie appartient aux grands objectifs de la politique ontarienne. Elle a été proposée et détaillée dans d'importants énoncés de politiques publiques, dont le Plan d'action pour des résultats supérieurs et Move Ontario 2020. Cette

---

205. *Ibid.*, p. 8.

nécessité n'est pas exclusive à l'Ontario. Ses groupes de réflexion, ses conseils consultatifs et son gouvernement n'ont pas inventé le paradigme de la nouvelle économie du savoir. On pourrait même dire qu'ils se sont approprié l'idée tardivement. Elle a hanté tous les gouvernements de la première génération de l'OCDE et de l'Union européenne devant le succès du modèle américain dans la dernière décennie du précédent siècle[206]. Elle hante aujourd'hui tous les gouvernements de la zone atlantique, y compris celui des États-Unis devant la nouvelle concurrence financière, économique, commerciale et technologique des pays émergents.

Roger L. Martin

Dans la communauté des penseurs de la gestion de l'économie, notamment des politiques publiques relatives à l'économie, Roger L. Martin est une célébrité. Ses ouvrages et ses interventions sont attendus, commentés et hautement appréciés. On les recense en Chine, en Inde, en Grande-Bretagne, en Europe continentale, en Afrique, aux États-Unis et bien évidemment au Canada. La BBC et CNN leur consacrent d'importantes chroniques, Fareed Zakaria les commente et Paul Volcker, l'ancien président de la Réserve fédérale américaine, en fait l'éloge. Les publications spécialisées et les journaux de référence tel le *New York Times* dressent le portrait de cet Ontarien exceptionnel et multiplient les analyses de la doctrine qui l'a rendu célèbre[207]. En 2005, *Business Week* l'inclut dans sa courte liste des sept gourous de l'innovation et, en 2007, la même publication le classe dans sa

---

[206] OCDE, *Le Monde en 2020: vers une nouvelle ère mondiale*, Paris, 1997; *La Croissance et la Compétitivité dans la nouvelle économie mondiale*, Paris, 1998; *La Société créative du XXI{^{e}} siècle*, Paris, 2000.
[207] L. Wallace, « Multicultural Critical Theory. At B-School? », *The New York Times*, 9 janvier 2010.

liste des dix meilleurs professeurs en administration des affaires du monde. Enfin, en 2009, le magazine *Times* et la revue *Forbes* l'incluent parmi les cinquante penseurs de l'économie les plus influents de la planète. Telles sont, parmi d'autres, les reconnaissances reçues par le patron de la Rotman School of Management, située au cœur du campus de l'Université de Toronto.

La maison de verre de la rue St. George est étrangement calme en cette journée maussade d'août 2011. Quelques étudiants chinois délibèrent dans le hall ouvrant sur des arcades et des mezzanines accessibles par de larges escaliers. Des travaux considérables sont en cours pour doubler la taille de l'école, conséquence de sa croissance continue. Écologique, transparente et illustrant toutes les formes de connectivité, la nouvelle œuvre architecturale enveloppe Heritage House, ancien manoir de briques rouges qui relie les deux bâtiments de la célèbre institution. Le financement est venu des pouvoirs publics, notamment du gouvernement ontarien en complément de fortes contributions du secteur privé et de mécènes dont les noms figurent dans une niche à gauche du hall : Marcel Desautels, Sandra et Joseph Rotman et Michael Lee-Chin dominent cette liste en raison de leurs contributions de plusieurs millions de dollars.

Le doyen nous reçoit dans son lieu de travail relativement modeste où s'accumulent les dossiers. Bienvenue dans le royaume de la pensée intégrative, dont le rayonnement s'étend aujourd'hui à de nombreuses écoles de gestion dans le monde. La doctrine tient en une proposition d'importance : substituer à la pensée analytique, qui recycle la connaissance acquise et ne produit que de faibles enrichissements du *statu quo*, de nouvelles conception et manière de penser : le *design thinking*. Pour entrer dans cet univers de l'innovation et de sa mise en œuvre, il importe de ne plus se demander ce que nous pensons, mais comment nous pensons. Il importe aussi de maîtriser une méthode en trois étapes porteuses de connaissances nouvelles.

La première de ces étapes est de nature intuitive et difficile à expliquer tant elle ne dissimule pas ses attaches au « mystère » ; la deuxième, heuristique, permet de se rapprocher lentement d'une solution ; et la troisième conduit à un algorithme, sorte d'architecture indispensable pour la mise en œuvre. Au terme de cette démarche, vous vous retrouvez vraisemblablement assez loin du savoir connu pour entrer dans un nouveau paradigme propice à l'innovation et à ses avantages comparatifs. Martin a démontré que les sociétés qui s'inspirent de cette théorie en ont tiré des avantages certains et considérables. Sa démonstration en a séduit plusieurs, et sa doctrine influence aujourd'hui un nombre croissant d'écoles de gestion qui ont fait leur la pensée du doyen de l'école de gestion de l'Université de Toronto.

L'école est considérée par un grand nombre comme le groupe de réflexion non officiel et non partisan du gouvernement ontarien. Les chefs des principaux partis politiques sont bien au courant de ses travaux.

Depuis sa création en 2001 par le gouvernement ontarien, le doyen Martin préside la Task Force on Competitiveness, Productivity and Economic Progress. Quel bilan dresse-t-il après une décennie ?

> Nous avons progressé en matière de taxation des entreprises afin de leur permettre de réaliser ce qu'elles ont à accomplir. La compréhension des enjeux est mieux assurée, et aux anciennes catégories divisant la gauche et la droite autour du débat « moins ou plus de taxation » s'est substituée progressivement une conception

renouvelée d'une taxation intelligente versus une taxation bête. Les impositions sur les entreprises peuvent être très élevées et intelligentes, comme en Suède, ou très élevées et bêtes, comme c'était le cas en Ontario et au Canada quand nous avons commencé nos travaux. En 2012, nous serons passés du pire à la moyenne acceptable. L'Ontario a harmonisé sa taxe de vente avec celle du fédéral et a diminué ses taux d'imposition des entreprises. Ces transformations ont été effectuées par un gouvernement libéral, je vous le rappelle.

Dans le domaine de l'éducation, notre Task Force a montré pour la première fois la situation réelle qui prévalait il y a quelques années à peine dans la province la plus riche du pays. Si l'Ontario comptait un nombre d'étudiants du premier cycle qui se comparait avec les moyennes canadiennes et celles des pays de l'OCDE, elle accusait un retard considérable s'agissant de la graduation à d'autres échelons du système scolaire. Personne n'avait jamais analysé ces données plus que troublantes. Comment mettre en place une économie du savoir dans un contexte aussi catastrophique ? Nous avons été entendus, et des ressources additionnelles importantes ont été consacrées à changer ce qui devait l'être. Il y a eu un vrai progrès dans ce domaine.

Quant aux ressources, aux comportements et aux appuis requis pour soutenir l'innovation, nous avançons lentement. Il nous manque toujours une vraie politique d'innovation. Notre culture privilégie toujours l'invention plutôt que l'innovation, l'appui à la science plutôt que le soutien à l'enrichissement des biens et des services que nous produisons[208]. Durant plus d'un siècle, la politique nationale canadienne a infantilisé nos entreprises qui ont peu ressenti le besoin d'innover,

---

208. Pour mieux comprendre les termes « innovation » et « invention », voir R.L. Martin, « Key to productivity is innovation, not invention », *Toronto Star*, 31 mai 2011.

c'est-à-dire d'investir dans la mutation qualitative des produits et services qu'elles mettaient en marché. Mon objectif pour ce pays est de contribuer à la mise en place de la politique d'innovation la plus intelligente du monde.

Invention ou innovation ? La première touche l'exploration de l'inconnu ; la seconde, un enrichissement de l'existant par l'addition d'une plus-value. Le passage de l'une à l'autre implique de profonds changements des politiques publiques et des mentalités des laboratoires de recherche et de développement, de leur personnel et de leurs gestionnaires. L'ambition affirmée est considérable : se doter de la politique d'innovation la plus intelligente du monde.

Josh Sookman

Au 174, avenue Spadina, un immeuble recyclé en plein Toronto abrite la société Guardly, l'une de ces nouvelles entreprises technologiques qui sont le souffle de la reconstruction de l'économie ontarienne. Ces sociétés se multiplient dans la région de Kitchener-Waterloo, à Ottawa et à Toronto. Un petit salon d'accueil, un ou deux espaces fermés et deux grandes salles, la première rassemblant toute l'équipe, chacun occupant son lieu de travail dans cet espace commun ; la seconde, occupée par une table de ping-pong. Dans l'une et l'autre, l'idée d'un aller-retour immédiat, rapide et précis. Le lieu est modeste ; l'ambition, considérable.

Josh Sookman nous accueille dans ce laboratoire électronique dédié au développement de systèmes de sécurité pour les personnes. Josh a l'attitude d'un étudiant sérieux obsédé par la rédaction d'un mémoire de maîtrise. Concentré et amical, il nous raconte l'histoire de la société qu'il a créée et qui « vise à conquérir le monde ». Josh lui a donné son ADN technologique, ses partenaires ont le mandat de lui assurer son destin commercial et financier à partir des marchés locaux et, par rayons concentriques, vers tous les marchés possibles. L'idée centrale de cette aventure est relativement simple. Installer des services de sécurité sur l'ensemble des supports personnels et, en situation d'urgence, par un seul clic, joindre instantanément quinze correspondants, voisins, parents, médecin, travailleur social, le 911 et toute autre personne ou tout service choisis par le client. Et ces clients sont les malades, les personnes âgées, les individus en situation d'insécurité et même les étudiants, sur les campus universitaires, qui disposent aujourd'hui de bornes pour appeler du secours en cas de difficulté et qui seraient mieux servis par l'invention de Josh.

Si Guardly est l'enfant de Josh, il est aussi un produit du MaRS Discovery District, où Josh travaillait quand il a élaboré ses hypothèses et décidé de les mettre en œuvre. Les services gratuits du MaRS – accès aux rapports de recherche, localisation, stratégie de mise en marché et de distribution, réseautage et conseils divers – « ont été très utiles ». Josh évoque d'autres services du MaRS: missions commerciales, possibilité de montrer ses produits, citation sur les réseaux sociaux, évaluation des potentialités, rencontre avec d'éventuels investisseurs. Il marque aussi son opinion de la dimension directe, pratique, utile de ces services qui ont résisté aux sirènes bureaucratiques.

Josh évoque aussi les difficultés d'entreprises comme la sienne en matière de financement. Plusieurs sont créées ici, dans cette ville de toutes les diversités, et se retrouvent ailleurs, à Boston, à New York ou en Californie. La difficulté de trouver du financement au Canada explique ces exodes vers les États-Unis où les fonds sont plus aisément accessibles. Les équipes de direction sont alors invitées à se déplacer, et toute l'entreprise se retrouve ailleurs. Josh s'interroge:

Sommes-nous condamnés à ces délocalisations qui privent le pays de ses entreprises à l'étape où elles connaissent croissance et succès ? Les Américains ont une culture du risque qui manque ici ! Nous avons une qualité de vie exceptionnelle, une culture de la liberté, une abondance d'air frais, d'eau claire et une proximité exceptionnelle avec la nature. Dans cette ville qui occupe le troisième rang des pôles urbains technologiques en Amérique, la culture du risque fait cruellement défaut.

Penser l'avenir autrement

Les changements de nature de la finance, de l'économie et du commerce à l'échelle mondiale sont connus. Le moteur de la croissance et du développement s'est déplacé en quelques décennies décisives, et ce déplacement ira s'accentuant. Les domaines affectés constituent la deuxième génération des vastes mutations qui sont au cœur de la phase actuelle de la mondialisation. Si, dans un premier temps, l'attention a surtout été sollicitée par le volume et la direction des investissements étrangers directs, la délocalisation des entreprises et le partage technologique, les mouvements en cours sont d'une autre nature. Cette deuxième génération touche aux capacités de production de la science et de produits technologiques avancés[209], à l'accès aux ressources naturelles stratégiques et à la sécurité des voies de leur acheminement et, finalement, au contrôle et à l'utilisation des réserves financières.

Outre la recherche et le développement, cette nouvelle configuration comporte les éléments suivants : montée spectaculaire de la demande de brevets en

---

[209]. J. Thursby et M. Thursby, *Here or There? A Survey of Factors in Multinational R&D Location*, Washington D.C., The National Academic Press, 2006.

provenance de l'Asie du Nord-Est et de l'Asie du Sud-Est[210]; entrée des pays émergents dans la production des biens technologiques avancés, du spatial au nucléaire, de l'aéronautique aux nouveaux matériaux, de la pharmacologie aux produits liés aux technologies de l'information et des communications; volonté de la Chine d'élaborer des standards nationaux capables de se substituer aux normes mondiales actuelles[211]; montée de puissantes multinationales dans les pays émergents et leur déploiement dans le monde, y compris au Canada; transformation des résultats nets du commerce international, notamment en faveur de la Chine; croissance du commerce et de l'investissement sud-sud marquée par la prépondérance des acteurs économiques de cette région dans l'ensemble de ses marchés[212]; nouvelles réserves financières dites « fonds souverains » en Chine et dans les pays du Golfe et dont le potentiel de croissance et de puissance est explosif. L'actif de ces fonds totalisait 2 500 milliards de dollars en 2007; il pourrait atteindre 12 000 milliards de dollars en 2015.

Enfin, l'investissement dans les ressources humaines contribue à ces avancées. Devant les participants au Sommet économique de l'Ontario en 2005, l'ancien premier ministre du Nouveau-Brunswick et

---

210. Organisation mondiale de la propriété intellectuelle, *Rapport de l'OMPI sur les brevets: Statistiques sur l'activité-brevets dans le monde*, Genève, 2007.
211. On a qualifié de « puissance de feu » cette croisade conduite au sein de l'Organisation internationale de normalisation et autres organismes internationaux de certification dans la mesure où, réussie, elle tracera une voie royale pour les produits technologiques chinois avancés sur le marché mondial. Cette politique est présentement mise en œuvre. On pense notamment aux nouvelles normes chinoises de lecteurs DVD haute définition et pour la téléphonie mobile 3G, à la norme nationale wi-fi lancée à l'occasion des Olympiques, au nouveau protocole internet chinois et au standard commun des constructeurs automobiles chinois pour la voiture électrique. Si, du vaste marché national, ces normes s'imposent sur le marché mondial, la Chine y gagnera des avantages industriels importants et, renversant une situation qui lui a été très coûteuse, elle tirera des ressources considérables de l'exploitation de ses brevets.
212. D. Wessel, « The Rise of South-South Trade », *The Wall Street Journal*, 3 janvier 2008.

alors ambassadeur du Canada à Washington Frank McKenna le rappelait :

> Les chiffres suivants ont de quoi, à mon avis, angoisser l'Amérique du Nord. L'année dernière, la Chine a formé 367 000 nouveaux ingénieurs. Aux États-Unis, à peine 50 000 personnes ont obtenu leur diplôme. L'Inde connaît une croissance annuelle de 38 % dans le seul secteur de la technologie de l'information.

Devant la même audience, l'année suivante, Jonathan Fischer soulignait qu'en Inde les gouvernements des États disposent de 4 650 instituts de formation industrielle avec une capacité d'accueil de 678 000 étudiants[213]. L'ensemble de ces thèses sur l'enseignement supérieur, notamment en ingénierie, sont mises à mal ou franchement contredites par certaines institutions européennes et américaines qui remettent en question à la fois la validité des nombres et la qualité des enseignements en Asie. Fareed Zakaria a fait siennes ces critiques[214].

Penser le monde autrement, c'est aussi prendre la mesure des bouleversements qui viennent. L'Asie comptera 5,7 milliards d'habitants en 2050, comparativement à 4,2 milliards aujourd'hui; l'Afrique, 2,15 milliards, comparativement à 1,05 milliard aujourd'hui; l'Amérique latine et les Caraïbes, 850 millions, comparativement à 595 millions aujourd'hui. Les populations combinées de l'Europe et de l'Amérique du Nord totaliseront alors 1,1 milliard de personnes. Selon les projections médianes, il y aura presque autant d'êtres humains vivant dans les villes en 2050 qu'il y en a aujourd'hui sur toute la planète.

---

[213]. J. Fischer, *Human Capital Panel Discussion*, Ontario Economic Summit, Toronto, Ontario Chamber of Commerce, 2006.
[214]. F. Zakaria, « The Future of American Power: How America Can Survive the Rise of the Rest », *Foreign Affairs*, mai-juin 2008.

À la jonction de ces évolutions complémentaires s'impose une question incontournable : comment penser l'avenir autrement ? L'Ontario s'y emploie avec détermination. Cela se voit dans ses politiques publiques, notamment dans les secteurs de l'éducation et de l'innovation, et aussi par l'apport intellectuel et programmatique de nombreux groupes de réflexion qui contribuent au renouvellement de sa vision du monde et influent sur ses politiques.

La plus précieuse des ressources
Comme le rappelle Roger L. Martin, « le retard considérable » de l'Ontario en matière d'attribution de diplômes et plus largement de financement de son système éducatif a été comblé, en partie du moins, par l'injection de plusieurs milliards de dollars depuis le milieu de la précédente décennie, dont 1,6 milliard de dollars par année pour programmes postsecondaires de 2006 à 2010. Nos interlocuteurs du domaine ont tous reconnu l'importance et l'impact de ces investissements, qui se sont traduits par une augmentation significative des professeurs, une hausse de l'aide financière pour les étudiants, un plus grand nombre de places dans les programmes d'études, des activités accrues de recherche innovatrice et un plus large éventail de possibilités pour les néo-Ontariens.

Dans son édition du 17 septembre 2011, le magazine *The Economist* consacrait un dossier à la réforme de l'éducation dans le monde et faisait l'éloge de ce qui s'est produit dans ce secteur en Pologne, dans le Land de Saxe en Allemagne et... en Ontario.

> Ce qui s'est produit en Ontario est impressionnant. La province canadienne a une proportion élevée d'immigrants dont plusieurs n'ont pas l'anglais comme langue maternelle. Mais elle a maintenant l'un des systèmes scolaires parmi les plus performants du monde en

conséquence d'une « réforme sans rancœur », selon l'expression de l'un de ses architectes... Les réformateurs ontariens ont cherché l'appui du public. Chaque école, même celles situées dans les communautés les plus éloignées, avait l'obligation de s'améliorer et devait démontrer, à l'occasion d'inspections régulières, qu'elle progressait. Ces efforts supposaient des investissements et, depuis 2004, les ressources dédiées à l'éducation ont été augmentées de 30 %[215].

Ibrahim Hayani

Nous voici au nord de Toronto, à Markham, sur l'un des six campus du Collège polytechnique Seneca. Ouvert en 2005, il est vaste, et son bâtiment principal à l'architecture épurée est impressionnant. Le professeur Ibrahim Hayani, arrivé au Canada en 1968 de sa Syrie natale, nous y accueille avec chaleur. Un ami commun nous a mis en lien. Nous savons peu de chose de cet économiste, spécialiste du Proche-Orient, sinon ce que nous apprend son beau texte *Chronicles of passage. On becoming an immigrant without really trying*. Avec une fierté évidente, il nous fait visiter les lieux, les espaces communs et, depuis une passerelle qui offre une vue en plongée sur la bibliothèque, nous voyons une forêt d'ordinateurs et des centaines d'étudiants qui y travaillent. « Voilà, dit le professeur Hayani, la révolution de l'intelligence à l'œuvre dans cette province. Il faut multiplier par dix ou vingt ce que vous voyez ici et qui est l'expression d'une vraie priorité donnée à l'éducation. » Dans la petite salle de conférences où il répondra à nos questions, il dépose un plat rempli de clémentines au centre de la table et nous plonge dans la diversité culturelle de sa ville d'adoption.

---

215. « Reforming education: The great schools revolution », *The Economist*, 17 septembre 2011.

La mondialisation n'a pas encore produit tous ses effets. Pour la première fois dans l'histoire contemporaine, le développement dissocié de l'économie mondiale et de l'économie américaine se dessine. La première demeure robuste et atteint des hauts sommets de croissance même si la seconde est toujours en grande difficulté. Cette dissociation traduit une perte de centralité et de contrôle des États-Unis.

Le gouvernement ontarien est tout à fait conscient de cette dissociation. Ces dernières années, des fonds spécialisés ont été dédiés aux sciences de la vie et aux technologies de la santé de pointe, à l'innovation et aux technologies émergentes : technologies propres, médias numériques et technologies de l'information. De plus, des fonds destinés aux technologies de l'eau ont été créés, de même que d'autres destinées au soutien des entreprises aérospatiales et biopharmaceutiques. Enfin, des subventions majeures ont été accordées à toute une panoplie de centres de recherche, dont le MaRS Discovery District, le parc d'innovation McMaster à Hamilton, le Perimeter Institute pour la physique théorique et l'Institute for Quantum Computing de Waterloo, parmi bien d'autres.

Un laboratoire de prospective

Ces politiques découlent des analyses des dirigeants ontariens et de la fonction publique de la province. Elles découlent aussi des études spécifiques commandées et définies par eux, telle celle menée en 2004 par l'ancien premier ministre Bob Rae et consacrée à l'examen du système d'éducation postsecondaire ontarien. Elles dépendent enfin des travaux de nombreux centres ontariens de réflexion, d'analyse et de propositions. Ces centres sont installés au sein de l'administration publique, dans les universités, dans des organismes du secteur privé ou de la société civile. Ces dernières années, leurs équipes sont intervenues dans plusieurs domaines touchant l'avenir de l'Ontario. Nous avons rencontré leurs principaux animateurs et pris en compte leurs analyses et propositions.

Cette effervescence intellectuelle et politique est une donnée majeure de la société ontarienne en ce début de siècle. Dans les années qui ont précédé la crise de 2008, l'Ontario est devenue un véritable laboratoire de prospective. On se croirait en France voilà six décennies, au temps du Commissariat général du Plan.

L'idée de planifier et de préparer l'avenir, de le penser et de le construire autrement est au cœur de cette vision. Quelques mantras convergents – innovation, productivité, créativité, diversité et prospérité – lui donnent des assises conceptuelles et fixent un horizon suffisamment large pour y incorporer la gestion privée et publique dans une perspective politique, économique et sociale renouvelée. Cette vision se déploie dans les travaux d'un nombre important d'instituts et de personnalités que regroupe la Rotman School. Roger L. Martin, Richard Florida, Mihnea Moldoveanu, Matthew Mendelsohn et quelques autres en sont les grands prêtres. Ils sont consultés, invités, lus et cités, et leur réputation rayonne bien au-delà du pays. Tous participeront, par leurs travaux, à l'Agenda 2020 pour la prospérité, et tous ont l'Ontario comme référence et renvoi.

Lors de nos rencontres avec nos interlocuteurs ontariens, nous les avons sentis à l'aise dans cette vision effervescente, dans ce bouillon d'idées qui apporte des débats sur tout. Au cours des dix dernières années, avant comme après la crise, un sentiment manifeste d'optimisme a animé la société ontarienne, un sentiment qui a fait la part belle aux acquis, mais est demeuré fortement axé sur une volonté partagée de maîtriser l'avenir. Certes, la crise a secoué les esprits et plongé un grand nombre de personnes dans des difficultés considérables. Motifs additionnels, selon plusieurs de nos interlocuteurs, pour penser et construire l'avenir autrement. À l'œuvre dans leur chantier respectif, ils ont souvent exprimé leur confiance en l'avenir et leur sentiment de participer et de vivre un moment rare qui, dans une société donnée, la porte à rechercher et à déployer l'ensemble de ses potentialités.

Cette effervescence intellectuelle et politique contraste avec le surplace de l'État fédéral canadien au cours des premiers mandats du gouvernement Harper, apparemment dépourvu d'intérêt et de volonté pour la maîtrise des exigences nouvelles découlant des changements du monde. Ce positionnement du gouvernement fédéral a été manifeste dans son traitement de la crise économique de la fin des années 2000. Après l'avoir niée et s'être moqué de ceux qui la considéraient comme majeure, il a finalement déposé un plan de relance sous la pression d'un Parlement qui s'apprêtait à lui retirer sa confiance.

Plusieurs de nos interlocuteurs ontariens ont insisté sur l'importance et la signification de cette perte considérable de volonté et de capacité d'Ottawa. Pour eux, il s'agit d'un arrêt abrupt de cette exploration continue des intérêts internes et externes du pays, exploration qui, depuis la Seconde Guerre mondiale, a puissamment contribué à la connaissance des besoins des Canadiens et, en conséquence, à l'évolution des politiques publiques fédérales et provinciales. Devenu majoritaire et plus fortement intégré aux concertations internationales de nature économique, le gouvernement Harper donne des signes d'une certaine mise à jour de sa compréhension de ce qui advient dans le monde. Cependant, cette mise à jour n'inclut pas les nécessaires consultations avec les provinces et les territoires.

L'Ontario et le monde

Un titre du *Globe and Mail* du 11 juin 2010 exprime la nouvelle situation de la concurrence mieux que la thèse universitaire la plus polie : « A breakthrough in China, another blow for Sudbury ». Voilà pourquoi il faut penser la relation économique au monde autrement. La nécessité d'intégrer la dimension internationale des marchés constitue, pour les entreprises canadiennes et ontariennes, un exercice complexe, mais indispensable. Le dire est assez simple, le faire est plus difficile. En effet, cet exercice implique une révision des objectifs de l'entreprise, la connaissance d'une nouvelle concurrence et la recherche de clientèles, de fournisseurs de service et de partenaires nouveaux. Il implique aussi la maîtrise de savoirs récents portant sur l'histoire, la politique, les institutions, les lois et les coutumes des pays ciblés. Enfin, il suppose une offre de formation pour le personnel existant ainsi que pour les recrues.

Penser la relation économique au monde autrement implique des investissements considérables, financiers, institutionnels, relationnels et culturels. Dans l'accomplissement de cette mutation, l'Ontario peut compter sur la diversité de sa population comme levier pour l'innovation, les partenariats transnationaux en investissement, en recherche et en production et l'insertion dans des réseaux qui encerclent le globe[216]. Cette province possède des avantages incomparables, notamment avec la Chine et l'Inde, en raison du nombre de ses citoyens qui en sont originaires, de leur éducation supérieure et de la vigueur de leurs initiatives de nature commerciale en direction de leur pays d'origine. À moyen et à long terme,

---

216. The Conference Board of Canada, *Immigrants as Innovators. Boosting Canada's Global Competitiveness*, 2010 Report, Toronto, 2010.

ces flux d'immigrants venus de toutes les régions du monde s'avéreront un capital précieux pour l'Ontario et l'un des moteurs les plus puissants de la transformation de son économie.

Si certains rêvent d'une restauration, d'un retour au *statu quo*, d'autres plaident pour une refondation, une conjugaison de secteurs toujours porteurs à des nouveaux domaines constitutifs du paradigme de la société du savoir. En cause, la production sélective de biens et de services avancés capables de positionner l'Ontario solidement dans le marché mondial.

Dans les deux cas, l'économie américaine est la référence.

Les premiers sont convaincus de sa résilience et croient à sa capacité à rebondir et à occuper à nouveau l'avant-scène de l'économie mondiale. Pour eux, malgré ses difficultés conjoncturelles actuelles, l'économie américaine est sans rivale encore pour plusieurs décennies. En conséquence, l'Ontario trouvera auprès de son voisin du sud les assises de sa croissance et de son développement à court terme. Le premier gouvernement Harper n'était pas loin de cette position.

Sans nier l'importance du marché américain pour l'économie ontarienne, les seconds restituent la relation américaine dans le contexte inédit créé par la nouvelle concurrence mondiale. Selon eux, le marché américain fait désormais partie du marché mondial, et ce nouveau paradigme commande une mutation profonde de la perception, de l'analyse et de l'intervention des acteurs de l'économie ontarienne des secteurs public et privé. « L'avenir de l'Amérique semble maintenant limité », a affirmé l'ancien ministre fédéral des Finances, Donald MacDonald dans une entrevue au *Globe and Mail* en février 2010.

« Nous, en Amérique du Nord, ne disposons plus d'une position dominante dans le commerce mondial [...]. La montée de la Chine n'est pas passagère. Le commerce du pays avec les États-Unis a atteint son maximum il y a quelques années. Il a commencé à baisser et va probablement continuer d'aller dans cette direction. Nous nous trouvons dans un monde moins centré sur les États-Unis[217]. »

À ces opinions systémiques, les tenants de cette thèse ajoutent des données plus circonstancielles, telle une baisse lente mais continue des exportations canadiennes et ontariennes aux États-Unis. Sans adhérer aux thèses d'un déclin inéluctable du système américain, ils s'inquiètent notamment de ses dysfonctionnements politiques, économiques et financiers, et du fort endettement public. Bref, ils ne croient pas que la croissance et la prospérité futures de l'Ontario puissent dépendre dans l'avenir du marché américain dans les mêmes proportions que durant les dernières décennies. Pierre Pettigrew, l'ancien ministre des Affaires étrangères et du Commerce international du Canada, affirme que « les consommateurs américains ne seront plus le moteur de la croissance après la récession. Il s'agit d'un point tournant dans l'économie mondiale[218] ». Cette évaluation nous a semblé largement partagée par nos interlocuteurs ontariens.

Ces deux visions sont présentes dans la société ontarienne. Mais l'idée de penser l'avenir autrement a dominé le débat public, les choix de politique et la recherche dans la première décennie du siècle. Les sommets économiques de l'Ontario ont articulé cette vision dans un remarquable exercice de concertation qui, année après année, rassemble les principaux acteurs économiques de la province. Les universités

---

[217]. L. Martin, « The U.S. economy is in turmoil. How about a royal commission? », *The Globe and Mail*, 11 février 2010.
[218]. K. Carmichael, « Canada plays catch-up in race for trade with China », *The Globe and Mail*, 10 août 2009.

ont multiplié les centres de recherche spécialisée dédiés à la productivité, à l'innovation et à la compétitivité. Le secteur privé a aussi contribué à valider ce paradigme par de nombreuses initiatives dont la création, à Toronto, du MaRS Discovery District. Enfin, le gouvernement ontarien en a fait sa politique officielle. Il suffit de lire le plan gouvernemental de 2003 qui a donné le ton aux interventions publiques, aux programmes et aux choix budgétaires jusqu'en 2012 pour s'en convaincre.

Une bonne adaptation au marché américain constitue le fait dominant de l'histoire économique moderne de l'Ontario. Cette maîtrise a été facilitée par l'établissement de très nombreuses succursales d'industries américaines dans la province, par l'exceptionnelle protection accordée au secteur automobile ontarien à la suite de la signature du Pacte de l'automobile il y a près d'un demi-siècle et par l'Accord de libre-échange canado-américain de 1988. L'Ontario a hautement bénéficié de la prépondérance financière, économique, scientifique, technologique et commerciale américaine dans le monde depuis la Seconde Guerre mondiale. Elle en a tiré des bénéfices considérables : sa principale source d'investissement, l'intégration au plus important complexe industriel existant, l'accès au premier marché solvable du monde, une part importante de sa croissance et de sa richesse. Bref, pour l'Ontario depuis la Seconde Guerre mondiale, la relation économique au monde s'est confondue avec la relation économique avec les États-Unis.

Cette intégration pour les uns et cette dépendance pour les autres ont donné lieu, dans le temps, à diverses thèses et initiatives. Fondées sur des motifs de nature politique telles la perte d'indépendance appréhendée du pays par rapport à son puissant voisin du sud et les menaces de protectionnisme qui sont levées périodiquement aux États-Unis, ces thèses ont connu leur paroxysme en Ontario dans les débats précédant l'Accord de libre-échange canado-américain; et ces initiatives, leur expression forte sous le gouvernement de Pierre Elliott Trudeau et sa fameuse troisième voie.

Les débats actuels sont d'une autre nature. Ils ne portent plus seulement sur les sentiments et l'opinion des Canadiens et des Ontariens au sujet du maintien de l'autonomie de leur pays et de leur identité. Ils portent sur les changements de l'économie mondiale, incluant ceux qui affectent les États-Unis.

Sommes-nous devenus ou en train de devenir un pays du Pacifique après avoir été durant quatre siècles un pays de l'Atlantique ? Et si telle est notre posture, quelle stratégie la rendra réelle ? Si les provinces du Canada central, le Québec et l'Ontario, ont proposé et fermement soutenu le projet de libre-échange avec l'Union européenne, les provinces de l'Ouest, et plus récemment celles du centre, ont réclamé une même négociation avec les puissances asiatiques. Et nous savons que nos intérêts dans l'Arctique sont aussi en jeu, compte tenu de l'appétit que les richesses de la région aiguisent chez de nombreux pays nord-américains, européens et asiatiques.

En arrière-plan se laissent voir les besoins de reconstruction de la gouvernance mondiale, des conditions de la stabilité et de la sécurité de la planète, de même que le devenir des trois institutions qui, depuis soixante ans, ont constitué le socle de la coopération internationale pour la politique économique : la Banque mondiale, le Fonds monétaire international et l'Organisation mondiale du commerce. Dans ce dernier cas, les questions de subventions agricoles, de droits de propriété intellectuelle, d'accès aux marchés pour les produits non agricoles, de commerce des services et de marchés publics ont, depuis plus de dix années, bloqué la négociation commerciale multilatérale. Bref, le déplacement de la richesse signifie bien davantage qu'un transfert à sens unique des ressources. Il marque l'accès des pays émergents aux moyens d'affirmer et de défendre leurs intérêts et d'infléchir les politiques définies par les économies avancées depuis la Seconde Guerre mondiale. Hubert Védrine, l'ancien ministre des Affaires étrangères de France, a défini l'étape actuelle dans une formule prémonitoire : « On ne peut rien nous y imposer, mais nous ne pouvons plus rien y imposer[219]. » Vient à l'esprit le diagnostic troublant établi par Henry Kissinger au sujet de l'état d'esprit de l'Amérique au moment où elle disposait du statut unique et éphémère d'hyperpuissance :

> À l'apogée de leur pouvoir, les États-Unis se retrouvent dans une posture ironique. Confrontés aux bouleversements auxquels fait face le monde et qui sont peut-être les plus profonds et les plus répandus, le pays n'a pas réussi à élaborer de concepts reflétant les réalités émergentes[220].

Ce moment particulier de l'histoire appelle une stratégie renouvelée à la défense des intérêts des Ontariens et de tous les Canadiens, notamment dans la relation avec les États-Unis. L'Ontario ne peut s'en désintéresser.

Les flux de biens et de personnes qui, quotidiennement, traversent les frontières dans les deux sens, le volume des échanges technologiques, économiques et commerciaux entre les deux pays conditionneront toujours la croissance économique, l'emploi et

---

[219]. H. Védrine, *Rapport pour le président de la République sur la France et la mondialisation*, Paris, Fayard, 2007, p. 122.
[220]. H. Kissinger, *Does America Need a Foreign Policy? Toward a Diplomacy for the 21st Century*, New York, Simon & Schuster, 2001, p. 19.

le revenu disponible des Ontariens. Ces derniers ont un intérêt considérable dans la sécurisation des frontières, la fluidité des contrôles, la diminution radicale du contrôle physique de la circulation, des voyages et des biens transigés qui se sont multipliés depuis le 11 septembre 2001.

Ancien ambassadeur du Canada aux États-Unis et diplomate hautement respecté, Allan Gotlieb résume comme suit les effets de la politique sécuritaire américaine sur l'économie canadienne:

> Si un produit manufacturier canadien doit, en conséquence de l'intégration économique, traverser notre frontière commune une demi-douzaine de fois pour être construit, qui donc détient l'avantage comparatif: le pays sans frontière commune telles la Corée du Sud ou la Chine, dont les produits traversent une seule fois la frontière, ou le Canada et le Mexique, dont les produits doivent la traverser à plusieurs reprises?
>
> Le Léviathan sécuritaire fait partie d'une triade de forces créant des restrictions quant à l'accès. Aux questions de sécurité à la frontière, il faut ajouter la montée du protectionnisme et la préoccupation environnementale. En conséquence, la question suivante se pose: la proximité est-elle devenue un désavantage comparatif[221]?

Allan Gotlieb poursuit son important exposé avec deux observations significatives. Si nous devons conserver notre avantage comparatif, il nous faut approfondir l'Accord de libre-échange nord-américain, au moins entre le Canada et les États-Unis, avec l'objectif de dégager un espace économique unique et un périmètre de sécurité commun. Vu les

---

[221]. A. Gotlieb, «Proximity, reality, strategy, destiny. The forces of history are challenging Canada's relationship with the U.S. – It's time to make some choices», *The Globe and Mail*, 27 juin 2009.

réalités actuelles, « nous ne pourrons pas réaliser l'un sans l'autre ». Cependant, les chances de réussir ne sont pas élevées. La seconde conclusion du diplomate confirme les requêtes déjà évoquées.

> Voilà pourquoi la réflexion stratégique canadienne doit nous amener hors des limites de l'Amérique du Nord. Ainsi, la décision du gouvernement Harper de négocier un Accord de libre-échange avec l'Union européenne est bienvenue. Mais comme le centre de gravité de l'économie se déplace inexorablement vers l'Extrême-Orient et particulièrement en Chine et en Inde, le Canada doit établir les fondations susceptibles d'accroître notre commerce avec ces pays, où la demande pour nos ressources, contrairement aux économies sclérosées de l'Europe, connaîtra une croissance exponentielle. Un échec dans cette diversification ne peut qu'affaiblir notre capacité de négocier et nous rendre plus vulnérables aux mesures protectionnistes et restrictives du Sud.

Les Ontariens ont aussi un intérêt majeur dans les politiques publiques américaines portant sur l'aide gouvernementale aux entreprises nationales. Toute proposition de conditionner cette aide au rapatriement par ces entreprises des emplois dans les pays étrangers constitue un danger considérable pour l'économie ontarienne. Il en va de même pour les mesures protectionnistes, les mesures non tarifaires visant le commerce des biens et des services.

La dépendance commerciale du passé n'est plus une option. À l'idée que la prospérité des Ontariens dépend de son voisin du sud s'est ajoutée celle que ce voisin pourrait aussi provoquer son infortune. À la fin de sa réflexion sur l'avenir de la relation canado-américaine, Allan Gotlieb cite l'économiste Lester Thurow : « Le plus important défi de la politique publique est de devoir gérer le déclin progressif. »

Pour l'ensemble du pays et pour l'Ontario, il est devenu impérieux d'investir vigoureusement le marché mondial tout en conservant la plus grande part possible du marché américain, qui, selon Sherry Cooper représentait, en 2010, « 4,2 fois la somme de toutes les exportations canadiennes en direction des quinze marchés suivant celui des États-Unis[222] ». Le gouvernement fédéral est resté durant de longues années insensibles aux appels venant du pays pour une politique ambitieuse de conquête de marchés des pays émergents. Cette désastreuse politique a toutefois fait l'objet d'une révision par le premier ministre Harper et son gouvernement. Selon John Ibbitson, l'intérêt croissant de Stephen Harper pour l'Asie reflète une nouvelle compréhension politique de la part du chef du gouvernement fédéral : « Notre futur (sans oublier le sien) dépend de cette région du monde[223]. »

À court terme, le premier espace économique de l'Ontario demeurera la région des Grands Lacs. Mais la leçon de la crise est ancrée dans les esprits.

Bref, pour l'Ontario, sa relation économique au monde ne peut plus se confondre avec sa relation aux États-Unis. « *Go global* », lançait Mark Carney, le gouverneur de la Banque du Canada, à l'occasion d'un entretien avec l'équipe éditoriale du *Globe and Mail* en septembre 2010[224]. Après avoir évoqué le poids croissant des puissances émergentes dans l'économie mondiale et qualifié cet état de fait de « changement profond et permanent », le premier banquier du pays affirme que :

---

222. S. Cooper, *Canada Must Diversify its Exports Basket*, Toronto, BMO Capital market, The Bottom Line, 2 mars 2011.
223. J. Ibbitson, « Rolling up the Pacific rim to win », *The Globe and Mail*, 14 novembre 2009.
224. J. Torobino, « Go global, Carney tells business », *The Globe and Mail*, 17 septembre 2010.

Les sociétés canadiennes doivent s'adapter... Le besoin de découplage avec les États-Unis et d'autres économies avancées offre des avantages considérables pour les sociétés canadiennes, si elles sont prêtes et désireuses de les saisir... Cependant, réussir dans ce nouveau climat exige une réorientation substantielle pour toutes les entreprises canadiennes. Tous, du gouvernement aux petites entreprises, doivent se poser la question de ce qu'implique leur engagement.

Les marchés émergents
La faible pénétration des marchés émergents, dont ceux de la Chine et de l'Inde, par les entreprises canadiennes a fait l'objet d'analyses bien avant la crise de 2008. Dans les provinces de l'Ouest, à l'exception de l'Alberta, les marchés asiatiques occupent un espace significatif et croissant, attirant près de 40 % des exportations de la Colombie-Britannique, et 15 % de celle de la Saskatchewan et du Manitoba. En Ontario et au Québec, de même que dans les provinces de l'Atlantique, la part d'exportations vers l'Asie représente moins de 5 %, le dernier rang étant occupé par l'Ontario, à parité avec le Nouveau-Brunswick. D'autres mesures viennent confirmer cette faible pénétration des marchés émergents. Le cas des petites et moyennes entreprises est particulièrement significatif. Seulement 9 % de ces dernières sont engagées dans des activités d'exportation et, selon certaines analyses, cette proportion est en diminution.

> Les tendances récentes relevées au sujet des activités commerciales des PME et dans le cadre de comparaisons internationales nous poussent à croire que les PME canadiennes n'ont pas réagi à la mondialisation d'une façon qui optimise leur potentiel de croissance à long terme et leur contribution à l'ensemble de l'économie du Canada. La forte croissance que connaissent

les marchés émergents et les occasions de plus en plus nombreuses de participer aux chaînes d'approvisionnement mondiales par l'entremise des exportations américaines accrues laissent la porte ouverte aux PME canadiennes qui désirent corriger ce déséquilibre[225].

Les conséquences sont connues : en 2011, 1,3 % du PIB canadien découle de sa relation commerciale avec la Chine, et cette proportion serait substantiellement réduite si on devait en soustraire le secteur des ressources.

L'Ontario demeure massivement liée à l'économie de la zone atlantique. Les fluctuations de son économie entre croissance, récession et reprise épousent étroitement celles de son voisin du sud. En 2009, ses exportations vers les États-Unis totalisaient 119 milliards de dollars, soit 44 % de l'ensemble des exportations du pays vers les États-Unis. Pour la même année, l'Ontario a exporté l'équivalent de 13,1 milliards de dollars vers l'Union européenne, dont 7,8 milliards en Grande-Bretagne, et respectivement 40 % et 25 % de l'ensemble des exportations canadiennes vers ces marchés. Toujours pour la même année, les exportations de l'Ontario vers le Mexique, la Chine, l'Inde et le Brésil totalisaient respectivement 2,3 milliards, 1,5 milliard, 423 millions et 369 millions de dollars. Le total de ses exportations vers ces économies émergentes équivaut à près de la moitié de ses exportations vers la Grande-Bretagne et au tiers de ses exportations vers l'Union européenne. Il y a manifestement place pour l'expansion.

Tel est le diagnostic de l'économie ontarienne au moment où elle est frappée durement par la crise de 2008. S'y ajoutent des préoccupations liées à

---

225. A. Shenfeld et B. Tal, *Entreprises canadiennes – Le point sur les nouvelles forces en présence*, Rapport spécial de la CIBC, 31 mars 2011, p. 6.

l'évolution des économies émergentes : nouvelles capacités de recherche fondamentale et appliquée, maîtrise de la fabrication de nouveaux matériaux et produits, mise en œuvre de nouveaux procédés, systèmes pour servir le marché mondial et croissance de leur offre de service dans de nombreux domaines… De grands secteurs de l'économie ontarienne sont et seront affectés substantiellement par ces fortes évolutions. Déjà en 2005, Roger L. Martin affirmait que les sociétés nord-américaines prétendant qu'elles auront toujours un avantage découlant de leur capacité d'innovation et de design sur les économies émergentes devaient se préparer à de dures leçons[226].

L'Ontario dans le Canada

Mesurés aux idéaux d'ensemble définissant les aspirations de nos contemporains où qu'ils vivent dans le monde – régime de droits et de libertés, niveau de vie, politiques sociales avancées –, les acquis canadiens sont impressionnants. Avec ses partenaires de la fédération, l'Ontario a construit ce système, et ses habitants en sont les bénéficiaires. Pourront-ils être maintenus tout au long du XXIe siècle ? Rien de ce qui est acquis ne doit être considéré comme assuré. En conséquence, la réponse à cette question n'est pas évidente. Elle dépend des capacités des gouvernants à mobiliser toutes les ressources du pays, publiques et privées, au sein d'un régime fédéral coopératif et fonctionnel, à arrêter des stratégies et à les mettre en œuvre pour le développement et la croissance. La tâche sera rude et longue, compte tenu des mutations du monde. Aussi bien le dire franchement, son succès et, en conséquence, le maintien des acquis canadiens ne sont pas assurés.

---

[226]. R.L. Martin, « India and China: Not Just Cheap », *Bloomberg Businessweek*, 13 décembre 2005.

Les besoins mondiaux de ressources naturelles, notamment pétrolières et gazières, ont transformé la configuration de la production de la richesse au pays. Comme l'a montré Jim Stanford, l'économie canadienne est retournée, au début du millénaire, à sa dépendance aux ressources naturelles non transformées ou partiellement transformées[227]. Elles représentent à nouveau une part majoritaire de nos exportations, les biens finis exportés occupant une position minoritaire et déclinante. À long terme, cette situation est désastreuse. Comme nous l'avons affirmé précédemment, toutes les forces du pays doivent être harnachées, repensées et développées avec pugnacité et audace : les ressources naturelles, y compris énergétiques ; la production de biens industriels et technologiques avancés tels ceux produits par Research In Motion avant ses revers actuels ; le développement d'un secteur de services de haut niveau, incluant des services financiers internationaux ; la consolidation de l'économie de l'éducation, de la culture et du divertissement dont le marché international est en expansion continue.

Cause ou effet de ces mutations, la montée des régionalismes dans l'ensemble du pays constitue sans doute l'une des évolutions les plus significatives des dernières années. Elle est illustrée notamment par la mise en place d'ententes commerciales entre les provinces de l'Ouest d'une part, le Québec et l'Ontario désireux de créer un espace économique commun au centre du Canada d'autre part, et enfin entre les provinces atlantiques.

Ces ententes révèlent bien davantage qu'une logique de bon voisinage entre des entités politiques responsables de sociétés et de territoires contigus.

---

227. J. Stanford, « Canada's economic structure : back to the future », dans *Canada in 2020*, Toronto, Key Porter Books, 2008, p. 139.

Elles traduisent, selon les termes du premier ministre de la Saskatchewan, « la disparité des intérêts des régions, de même que la diversité de l'économie par secteurs et par régions[228] ». Elles découlent de perceptions et de conceptions contrastées se rapportant aux conditions nouvelles de la croissance reposant sur des offres et des atouts différents : exploitation des vastes ressources énergétiques, minérales et agricoles dans l'ouest, qui répondent à la demande mondiale actuelle et prévisible et à la ferme volonté de diversifier leurs économies ; investissements dans de nouveaux domaines de production propres à la société du savoir et à la société de services en Ontario et au Québec, provinces confrontées à une compétition mondiale sans précédent et à l'érosion de leurs appareils industriels ; plan de développement de leurs régions nordiques ; désir de moderniser les secteurs traditionnels de leur économie dans les provinces atlantiques et de contrer leur stagnation démographique. Terre-Neuve est dans une situation particulière en raison notamment de sa production pétrolière. Mais ses réserves sont apparemment limitées.

Ces ententes traduisent de fortes aspirations susceptibles de substituer un nouvel ordre de référence, voire une nouvelle architecture de la fédération, aux systèmes construits par les Canadiens dans la seconde moitié du précédent siècle. Cette montée des régionalismes est la conséquence de la rigidité constitutionnelle et institutionnelle prévalant au Canada, comme une sorte de mise à niveau pragmatique d'un système figé sur lui-même dans cette époque de toutes les mutations. Elle comble le vide créé par l'absence de toute initiative fédérale significative, de tout débat sur le meilleur fonctionnement de la fédération ainsi

---

228. B. Wall, « Welcome the new strength in Canada's regions », *Toronto Star*, 7 février 2011.

que par le peu d'intérêt manifesté par les premiers gouvernements Harper pour le positionnement international du pays. Jeffrey Simpson faisait observer, en 2009, que cette absence de dialogue posait de redoutables défis au pays. « C'est comme si le pays était en mode pilote automatique ; situation confortable peut-être en certains temps, mais insuffisante dans cette période où s'accumulent les défis internes et dans le monde[229]. »

À divers degrés, toutes les provinces font leur cette option régionaliste et agissent comme si une modification structurelle de la fédération canadienne était déjà accomplie ou en train de l'être. En 2008, la Canada West Foundation affirmait que « de nombreuses évidences laissent entrevoir que les provinces canadiennes se comportent de manière similaire aux États membres de l'Union européenne[230] ». Nous n'en sommes pas là, et ces constructions régionales ne sont pas sans fragilité, comme le projet d'oléoduc depuis l'Alberta et l'océan Pacifique l'a illustré récemment, pour ne citer que ce seul exemple.

La montée du régionalisme au Canada n'est pas uniquement une construction de la classe politique dont les motifs sont souvent suspects. Certains, comme nous le confiait Roger L. Martin, croient que « les régions, ici comme ailleurs dans le monde, vont dominer dans l'avenir ». Concentration de ressources humaines, institutionnelles et financières ; convergence de lieux de recherche et de services complémentaires ; pôle d'échanges pour des espaces qui ont peu à voir avec les frontières nationales : les régions disposent souvent d'un ensemble de moyens qui soutiennent la croissance et le développement

---

[229]. J. Simpson, « Welcome to the no-go zone of Canadian Discourse », *The Globe and Mail*, 29 décembre 2009.
[230]. *National Stabilization Policy and its Implications for Western Canada*, Calgary, Canada West Foundation, 2008.

économiques. Au Canada, ces facteurs sont accentués par la diversité des économies régionales et, en conséquence, de leurs intérêts particuliers.

Certains lecteurs diront que l'auteur est biaisé ou qu'il voit le pays à travers ses lunettes québécoises. Peut-être ! Mais d'autres témoins considèrent eux aussi que le pays est une mosaïque de régions.

Évoquant en 2010 sa traversée du Canada qui l'a conduit dans les dix provinces de la fédération, David Jacobson, alors nouvel ambassadeur des États-Unis, avouait au magazine *Maclean's*, au sujet des différences entre son pays et le nôtre :

> Il y en a quelques-unes auxquelles je ne m'attendais pas. Il me semble que les Canadiens ressentent une plus profonde allégeance pour leurs provinces que mes compatriotes pour leurs États. Est-ce parce que les provinces sont plus étendues ou en raison du système politique lui-même ? Est-ce parce que les provinces possèdent les ressources naturelles ou en raison des services offerts par leurs sociétés de la Couronne qui sont aux États-Unis assumés par le secteur privé ? Je pense que les Canadiens définissent leur identité à un degré plus élevé par rapport aux provinces où ils vivent que les Américains[231].

John Wright est vice-président d'Ipsos Reid, l'une des plus grandes sociétés canadiennes de recherche sur les marchés. En prévision de la publication d'un nouvel ouvrage, il évoque pour les lecteurs de *Maclean's* sa compréhension de la diversité du pays :

> Aux États-Unis, l'idée qu'un Texan a des vues différentes que celles d'un Californien relève de l'évidence. Mais au Canada, une espèce de croyance veut que nous

---

231. « The new US ambassador to Canada, David Jacobson, on the oil land, border tensions and the stereotype of the nice Canadians. A conversation with Luiza Ch. Savage », *Maclean's*, 18 janvier 2010.

soyons plus homogènes en raison notamment du fait que nous avons un nombre restreint de journaux et de réseaux de télévision, nous n'avons que trois ou quatre réseaux de télévision à l'aide desquels la plupart des gens s'informent, alors il est facile de croire que les Canadiens pensent à peu près la même chose quant à plusieurs sujets. Mais après vingt ans de sondages, je ne pense pas que les Canadiens partagent tant de points de vue. Nous sommes très distincts selon les régions et d'autres facteurs[232].

Seul le temps dira si cette évolution se consolidera à long terme. Certains doutent de la véracité et, en conséquence, de la durabilité de ces rapprochements et des ententes régionaux entre les provinces. John Ibbitson en a fait une autopsie dévastatrice, remettant en question, notamment, l'idée que les provinces de l'Ouest partagent des intérêts convergents significatifs[233].

Une nouvelle vision du Canada

Si les provinces et les régions sont engagées dans une révision de leur fonction et de leur politique, le pays est lui aussi soumis à de profondes transformations. Après avoir dominé la scène politique fédérale depuis la Seconde Guerre mondiale, contribué substantiellement à la redéfinition du pays et assuré le déploiement de ses politiques contemporaines depuis plus de trois quarts de siècle, le parti libéral du Canada a été relégué, à l'élection de mai 2011, au troisième rang des familles politiques au sein du Parlement fédéral. Le parti de Wilfrid Laurier, William Lyon Mackenzie

---

[232]. « Pollster John Wright on Quebecers as lovers, Manitoba's dropping military support and our needless panic over the economy. A conversation with Kate Fillion », *Maclean's*, 17 août 2009.
[233]. J. Ibbitson, *The Polite Revolution*, Toronto, McClelland & Stewart, 2005, p. 56.

King, Louis Saint-Laurent, Lester B. Pearson, Pierre Elliott Trudeau, Jean Chrétien et Paul Martin n'est plus que l'ombre de lui-même. Son déclin annonce-t-il l'effacement progressif d'une conception du pays et du fédéralisme issue de la culture politique du Canada central ? Revue par Trudeau, cette conception vise en priorité à renforcer l'unité nationale. Peu sensible aux spécificités régionales, elle est attachée aux normes nationales et est fiduciaire d'une architecture constitutionnelle longuement recherchée et enfin acquise, bien que sans l'accord du Québec. L'héritage est certes considérable, mais les héritiers semblent bien démunis pour le défendre et le pérenniser.

Inspirée par l'école de Calgary, regroupement d'intellectuels au sein de l'université de la même ville, une autre vision de l'État canadien, de l'État tout court, du fédéralisme et des politiques publiques s'est élaborée dans les deux dernières décennies du siècle précédent. Elle inspire à son tour, en partie du moins, les détenteurs actuels du pouvoir fédéral après les victoires successives et celle, décisive, de mai 2011, du Parti conservateur et de son chef, Stephen Harper[234].

Cette vision traduit une culture politique enracinée dans l'ouest du pays et plus précisément en Alberta. Elle se nourrit d'une expérience historique propre, d'intérêts spécifiques et de références philosophiques souvent empruntées à d'importants courants de pensée américains. Elle se nourrit aussi de frustrations accumulées par les Canadiens de l'Ouest, aujourd'hui compensées par « le sentiment que leur gouvernement national ne perdra pas de vue leurs intérêts et leurs aspirations[235] » et par le poids des provinces de l'Ouest

---

234. F. Boily, *Stephen Harper – De l'École de Calgary au Parti conservateur : les nouveaux visages du conservatisme canadien*, Québec, Presses de l'Université Laval, 2007.
235. R. Gibbins, « L'indifférence de l'Ouest à la question québécoise », *La Presse*, 16 décembre 2007.

dans l'économie canadienne. Certains n'hésitent pas à reconnaître à l'Alberta, enrichie par la manne pétrolière, le statut virtuel de moteur de l'économie du pays jusque-là attribué à l'Ontario. Cependant, la richesse de l'Ouest déborde les frontières de cette province à tel point que les développements récents en Saskatchewan l'ont propulsée au premier rang de la croissance et du développement du pays.

De ces constats, Roger Gibbins a montré en mode prospective-fiction les forces de ce Canada « mené par les provinces de l'Ouest », mais aussi les tensions qui, dans cette invention de l'avenir, mèneront jusqu'à un référendum sur l'indépendance de l'Alberta[236]. Pour sa part, Gordon Pitts en a tiré les prolongements culturels, intellectuels, économiques et politiques dans *Stampede!*, un ouvrage décapant. Voici la fin de la suprématie de l'ancien accord tacite et déterminant entre l'Ontario et le Québec, et l'entrée du pays dans un temps inédit. Désormais, les objectifs canadiens seront arrêtés par une nouvelle élite en provenance de la grande région de l'Ouest. « Les sables bitumineux et les BlackBerry sont-ils compatibles[237] ? » se demande le chroniqueur du *Globe and Mail*.

Certains concepts philosophiques et politiques au cœur de la psyché canadienne au sujet des personnes et de l'État sont remis en cause par les tenants de cette vision. D'abord, les concepts d'égalité, de programmes sociaux universels et la politique de péréquation. Selon l'école de Calgary, ces choix ont mené à une perte de capacité et d'initiatives pour les Canadiens. Les adhérents à cette école de pensée croient aussi que le concept de responsabilité de l'État a été étendu à un trop vaste champ d'activité et que cela constitue une mainmise redoutable sur la liberté et

---

236. R. Gibbins, « The Curse of Alberta », dans R. Griffiths, *op. cit.*, p. 67.
237. G. Pitts, *Stampede! The Rise of the West and Canada's New Power Elite*, Toronto, Key Porter Books, 2008, p. 11.

la responsabilité individuelles. Les institutions elles-mêmes sont remises en cause : le Sénat jugé archaïque dans sa forme actuelle, la Cour suprême qui a poussé loin les limites du pouvoir judiciaire[238] et la représentation des Canadiens à la Chambre des communes jugée inéquitable. Ils remettent également en cause le déséquilibre régional dans les investissements consentis par le gouvernement fédéral et l'utilisation du pouvoir de dépenser qui amène l'État central à intervenir dans les juridictions des provinces alors qu'il devrait s'en tenir strictement aux pouvoirs que lui confère la Constitution.

« Bonne nouvelle, écrit Tom Flanagan, personnage influent du parti conservateur, le fédéralisme classique et le respect des compétences provinciales sont à nouveau en vogue. » Enfin, les penseurs de l'école de Calgary jugent la place du Canada sur la scène internationale inadéquate et ils proposent de la changer de manière importante. Pour eux, ce mouvement « exige un raffermissement de la relation avec les États-Unis[239] ». Ces opinions sont en partie liées à la conjoncture politique, mais elles s'enracinent aussi dans une longue tradition de protestation et de dissidence[240].

Cette doctrine n'est pas insignifiante. Telle ou telle de ses composantes résonnent bien au-delà des frontières de l'Ouest, comme l'ont montré les résultats de l'élection fédérale de mai 2011 en Ontario. De plus, elle bénéficie du fait qu'elle est une doctrine devant aucune autre sinon le *statu quo* constitutionnel et politique, à moins que le Nouveau parti démocratique (NPD) et son chef, Thomas Mulcair, définissent

---

238. N. Boisvert, « L'École de Calgary et le pouvoir judiciaire », dans Boily, *op. cit.*, p. 99.

239. A. Boerger, « Rendre au Canada sa puissance, La politique étrangère de défense canadienne vue de l'Ouest », dans Boily, *op. cit.*, p. 121.

240. B. Miousse, « The West wants in : les revendications de l'Ouest comme vecteur de renouvellement de la droite canadienne », dans Boily, *op. cit.*, p. 9.

et fassent partager par une majorité de Canadiens une synthèse nouvelle des valeurs, des besoins et des intérêts du pays. Pour l'instant, le champ est libre pour Stephen Harper, comme il l'était, à l'époque, pour Pierre Elliott Trudeau.

Cette vision repose sur des références éthiques largement inspirées du concept de la liberté économique comme matrice de toutes les libertés. Elle est aujourd'hui mise en œuvre au Canada pour que soit restaurée la liberté des personnes et que soit abandonné ce que nous appelons les « valeurs canadiennes », tels les subsides aux individus pour qu'ils ne travaillent pas et les subsides aux provinces qui ne réussissent pas.

Ces idées sont tirées de l'intervention de Danielle Smith, la chef du parti albertain Wildrose, à Montréal en mai 2011[241]. Certains la considèrent comme une provincialiste radicale. À moins qu'elle ait le courage de dire tout haut ce que bien d'autres pensent au sujet des aménagements qui, à leur avis, s'imposent, comme le rapatriement par les provinces de pouvoirs exercés par Ottawa, la gestion des impôts et des taxes, le régime de retraite, la sélection des immigrants et les forces policières. Sont également en cause la politique de la péréquation et les « théories » sur les changements climatiques. Dans sa description prospective du 153e anniversaire du Canada, Andrew Cohen prophétise l'effondrement du centre en 2014[242]. Bref, une version canadienne du consensus de Washington est mise en œuvre. Sa finalité est d'atteindre, par une révision des politiques publiques, un nouvel équilibre entre l'État et le marché, au profit de ce dernier. Si l'ère Trudeau a été politique de part

---

[241]. N. Reynolds, « Wildrose plea to Quebec: Get off your dependence », *The Globe and Mail*, 2 mai 2011.
[242]. A. Cohen, « Imagining Canada's 153rd birthday », dans R. Griffiths, *op. cit.*, p. 19.

en part, l'ère Harper pourrait être économique de part en part, avec une commune détermination pour redessiner les fondamentaux du Canada.

Inachevées, ces mutations du régime et des politiques du pays affectent toutes ses composantes et, parmi elles, l'Ontario. Quelle politique lui faut-il adopter pour assurer sa croissance, défendre ses intérêts et redevenir le cœur politique et le moteur économique du pays dans ce temps de changements, voire de ruptures ? Et pour retrouver l'équilibre budgétaire, réussir la transformation de son économie et occuper une place honorable dans la compétition mondiale ?

Malgré la crise, le gouvernement ontarien a cherché à maintenir des investissements publics conséquents. Il a poursuivi l'application de son plan de révision de l'économie ontarienne vers plus de souplesse, d'innovation, de créativité et vers la production de biens scientifiques et technologiques avancés, ainsi qu'une offre de service sans cesse plus sophistiquée et mondialisée. Sans abandonner ses ambitions, le gouvernement de l'Ontario a dû se rendre à l'évidence et arrêter un plan de rigueur en 2012 en raison du fort déficit et du ralentissement de son économie. Cette situation appelle une sauvegarde et un contrôle de ses ressources comme jamais dans son histoire contemporaine. Ibbitson évoque un conflit perpétuel.

Dans son essai coup-de-poing, le journaliste et écrivain dresse un état de la relation entre le gouvernement ontarien et le gouvernement canadien. Son texte bouscule un grand nombre d'idées reçues, notamment celle voulant, à long terme, que les capitales, tant celle du Canada que celle de l'Ontario, aient partagé et partagent toujours une même vision du pays. Le sous-titre de son livre éclaire, selon lui, les phases actuelles et à venir du fédéralisme canadien, marquées l'une et l'autre par « la bataille de l'Ontario pour une destinée distincte ».

Depuis la Confédération jusqu'aux années 1940, les gouvernements ontariens successifs se sont battus pour limiter le pouvoir du gouvernement fédéral d'empiéter sur la liberté d'action de la province. L'Ontario tout comme le Québec ont demandé le droit d'être laissées tranquilles. Après la Seconde Guerre mondiale, cependant, Queen's Park et Ottawa ont collaboré afin de s'assurer que le reste de la fédération sert les intérêts de l'économie du centre du pays. Cette symbiose s'est dissoute dans les années 1980 et 1990 en raison des déficits fédéraux, de l'intransigeance provinciale et de l'obsession d'Ottawa, qui semblait porter des œillères et ne voir que le Québec. D'autres forces encore plus importantes étaient à l'œuvre. Le libre-échange fut l'une de ces forces qui ont revigoré et réorienté l'économie ontarienne, fait apparaître le caractère de plus en plus obsolète du commerce interprovincial ainsi que les contradictions internes du système fiscal national.

Aujourd'hui, le gouvernement fédéral, qui dépend de la richesse qu'il extrait de l'Ontario – et à un moindre degré de l'Alberta et de la Colombie-Britannique – et qu'il redistribue aux régions plus pauvres du Canada, se retrouve en conflit perpétuel avec le gouvernement ontarien, décidé à défendre les intérêts de ses citoyens, à protéger leurs taxes et à faire ses choix dans sa propre maison. Une fédération ainsi structurée ne peut durer.

Le défi de la Confédération ne consiste pas simplement à accommoder le statut de nation du Québec et la frustration de la province à cet égard, le sentiment de dépendance ressenti dans les provinces atlantiques et l'aliénation géographique et politique de l'Ouest. La plus importante et la plus puissante région demande désormais : avant tout, il faut tenir compte de moi.

Tenir compte de l'Ontario deviendra le défi le plus important et le plus difficile de la Confédération. Ce défi la changera progressivement et inexorablement dans les prochaines années. Personne ne devrait dire avec certitude que la fédération telle que nous la connaissons survivra. Chacun doit présumer que, peu importe le résultat, l'Ontario aura ce qu'elle veut[243].

Dix années après sa publication, que reste-t-il de ce livre passionnant voisin des manifestes québécois des années 1980 avec ses rappels historiques, ses critiques du régime fédéral et son argumentation pour sa révision radicale ? Ibbitson nous répond que le contenu de son ouvrage exprime toujours la trajectoire politique ontarienne, mais qu'il s'est trompé quant au calendrier de la mise en œuvre de cette révision[244].

Accommoder l'Ontario

L'idée d'intérêts spécifiques ontariens apparaît renforcée par l'évolution du pays, par celle du monde et par la crise de 2008. En effet, si les besoins économiques de l'Ontario ont quelques similitudes avec ceux du Québec, ils ont peu en commun avec ceux de l'Ouest et des provinces atlantiques. Les enjeux et défis de l'Ontario incluent la modernisation de l'appareil industriel, une stratégie capable de renforcer l'industrie de l'automobile, l'investissement en recherche et développement et dans la formation de la main-d'œuvre, le maintien et la progression d'un grand secteur financier, la révision des capacités financières du gouvernement ontarien et l'élaboration d'une économie verte et des énergies renouvelables.

À cette liste s'ajoutent des revendications au sujet des politiques et des programmes en cours, dont certaines ont reçu une réponse favorable de l'État fédéral : financement des services de santé jugé inéquitable

---

243. J. Ibbitson, *Loyal No More*, *op. cit.*, p. 5.
244. Entretien avec John Ibbitson, Ottawa, 29 août 2011.

pour la province; prestations fédérales moyennes à l'assurance-emploi inférieures pour les Ontariens comparativement à celui que touchent les chômeurs des autres provinces et, finalement, contrôle par le gouvernement ontarien de fonds de contrepartie correspondant à l'investissement fédéral pour que ces fonds répondent aux priorités de l'Ontario.

Plus substantielles en raison des volumes financiers impliqués, les revendications ontariennes pour des arrangements fiscaux plus équitables sont devenues, à la suite de la crise de 2008, une exigence majeure. Au Sommet économique de l'Ontario de novembre de la même année, le premier ministre McGuinty poursuit sa campagne pour l'équité :

> Nous produisons toute la richesse dont nous avons besoin pour réussir et assurer notre croissance, mais la vérité est qu'Ottawa prend annuellement plus de 20 milliards de dollars de cette richesse pour la distribuer dans le reste du pays. La vérité est que, si nous pouvions conserver une partie de cet argent, nous pourrions aller plus loin, plus vite.

Au programme des provinces depuis longtemps, le dossier n'a pas évolué depuis 2006, et aucune solution n'est en vue. La question de l'équité fiscale se posait déjà avant la crise, mais le déclin du secteur industriel ontarien, le déficit des finances publiques, le passage du statut de pourvoyeuse à récipiendaire de la péréquation sont autant d'événements qui lui donnent une importance renouvelée. La province a besoin de ses ressources pour se remettre de la tempête qui s'est abattue sur elle et pour accomplir la transformation de son économie et investir dans l'aménagement des leviers qui lui sont indispensables. Les enjeux sont déterminants. Ils touchent à la fois le poids politique de la province dans l'ensemble canadien et sa capacité de demeurer une société vibrante, capable d'offrir à ses habitants un niveau de vie de qualité, des politiques sociales conséquentes; bref, d'éviter la rupture avec une histoire moderne marquée indiscutablement par le succès économique et le développement social et culturel.

Au lendemain de l'effondrement de l'économie américaine, la province est traitée cavalièrement par le gouvernement Harper. Niant alors la crise, les responsables fédéraux blâment le gouvernement ontarien pour la dégradation de l'économie de la province et l'invite à baisser les impôts des sociétés pour stimuler la reprise. Le ministre des Finances du Canada, Jim Flaherty, va jusqu'à affirmer que l'Ontario «est la dernière place» qu'il faut choisir pour investir. «Aveuglement idéologique», laisse tomber le ministre ontarien des Finances, Dwight Duncan. Cependant, les fédéraux finissent par saisir l'ampleur du désordre qui s'installe et les effets calamiteux du tsunami venu du sud sur les Canadiens et sur leur propre avenir politique s'ils s'installent dans le déni au moment même où la communauté internationale se mobilise pour tenter de juguler les effets de la plus importante crise financière depuis celle de 1929. Forcé par les partis de l'opposition, le gouvernement fédéral lance un programme pancanadien de relance de l'économie, vient à la rescousse de l'industrie automobile ontarienne et crée l'Agence de développement économique du sud de l'Ontario pour aider cette région durement touchée par la crise.

Ibbitson a raison, le gouvernement fédéral ne pouvait pas ignorer les besoins et les intérêts «de la plus puissante et de la plus importante» province du pays. Le contexte de la crise est ici cependant déterminant. Les questions que soulèvent la conduite de l'économie privée et publique du pays canadienne de même que la péréquation et les transferts fédéraux aux provinces ont acquis une nouvelle dimension. Elles sont centrales pour l'avenir de l'Ontario. Leur règlement ou non dans les années qui viennent dira si les besoins et les intérêts de la province seront pris en compte dans la capitale fédérale[245].

Don Drummond a résumé, dans une synthèse claire et complète, la situation de l'Ontario:

> Pour l'année 2005, Statistique Canada a estimé que le gouvernement fédéral a extrait 20,1 milliards de dollars de plus des poches des contribuables ontariens que ses dépenses dans la province. Cela équivaut à un freinage fiscal de 3,8 % de l'économie ontarienne alors que, à l'exception de l'Alberta, les autres provinces bénéficient d'une contribution fédérale équivalant à 4 %. Il ne s'agit pas pour le gouvernement fédéral d'enregistrer un déficit, mais bien de mesurer l'ampleur de la redistribution que les contribuables des provinces disposant de revenus supérieurs à la moyenne peuvent supporter quand elles doivent être compétitives non seulement avec leurs partenaires de la fédération, mais aussi avec le reste du monde. La situation actuelle rend difficile pour le gouvernement de l'Ontario le financement des services dont ses résidents et ses entreprises ont besoin avec un taux de taxation compétitif. En 2005, l'Ontario a reçu 1 235 dollars de moins par habitant que les transferts moyens consentis aux autres provinces, et ses revenus étaient alignés sur la moyenne nationale... En conséquence, l'Ontario a dépensé 1 109 dollars de moins par citoyen que la moyenne des autres provinces, la situant au dernier rang de toutes les provinces. L'éducation est un domaine qui s'est aussi retrouvé au dernier rang, compromettant la

---

245. Pour l'année fiscale 2010-2011, les paiements de péréquation totalisent 14,4 milliards de dollars qui se répartissent comme suit: Île-du-Prince-Édouard, 330 millions; Ontario, 972 millions; Nouvelle-Écosse, 1,1 milliard; Nouveau-Brunswick, 1,58 milliard; Manitoba, 1,82 milliard; Québec, 8,55 milliards de dollars.

capacité de la province de relever ses défis en matière de compétitivité[246].

Quel maître d'œuvre ?

Quel maître d'œuvre pour ce chantier considérable et urgent ? L'État fédéral ou le gouvernement ontarien ? L'un ou l'autre, ou les deux, mais, dans ce cas, qui fixera les objectifs, déterminera les programmes et les appliquera ? Et qui disposera des ressources fiscales requises ?

Le gouvernement McGuinty s'est aligné sur les positions de ses prédécesseurs immédiats et s'est souvent imposé, ces dernières années, comme le défenseur des intérêts de ses citoyens, le protecteur de leurs taxes et le contremaître dans sa propre maison. En ces temps de turbulences, il a utilisé les tribunes publiques à cette fin, cherché à convaincre et à mobiliser l'opinion, et à obtenir des appuis dans les communautés économique et académique[247]. Au Sommet économique de l'Ontario en 2008, le chef du gouvernement ontarien observe que les Ontariens se rassemblent pour mieux s'affirmer eux-mêmes devant l'injustice découlant des arrangements entre Ottawa et eux. Repris maintes fois, ce thème renvoie à une entité politique ontarienne spécifique aux intérêts eux aussi spécifiques dans l'ensemble canadien. Avant comme après la crise, les requêtes du gouvernement ontarien se répètent quant au besoin de correction du « traitement inégal » dont la province est victime et à son redressement. À l'occasion de la campagne électorale fédérale du printemps 2011, le premier ministre ontarien se fait plus incisif dans ses critiques.

---

[246]. D. Drummond, « Whither the Canadian economy ? » dans *Canada in 2020*, p. 56.
[247]. Discours du premier ministre de l'Ontario Dalton McGuinty, au Canadian Club de Toronto, février 2009.

Si cette politique s'inscrit dans la difficile conjoncture et par rapport à tel ou tel dossier politique controversé, comme celui de la formation de la main-d'œuvre ou de l'environnement, elle découle aussi de positions plus fondamentales relatives à la pratique du fédéralisme et à ses dysfonctionnements, à certaines de ses formules présidant aux relations entre le gouvernement fédéral et les provinces et territoires fédérés, de même qu'aux enjeux nouveaux reflétant les changements intérieurs et extérieurs affectant le pays.

Les pratiques du fédéralisme excluent-elles les consensus interprovinciaux ? Année après année, par exemple, le Conseil de la fédération a insisté pour que soient recentrées « les priorités commerciales internationales du Canada », que soit conclue « une entente pour la promotion et la protection des investissements étrangers avec la Chine » et que soit examiné « le potentiel économique de nos relations avec l'Union européenne et l'Inde[248] ». Le gouvernement Harper fera la sourde oreille durant de longues et précieuses années avant de réviser sa politique.

Certains, en Ontario, s'inquiètent aussi du démembrement de l'appareil diplomatique canadien par le gouvernement Harper et des effets politiques et économiques qui en découlent. En octobre 2010, deux acteurs majeurs et respectés de la politique extérieure canadienne, l'ancien ambassadeur canadien à Washington Allan Gotlieb et l'ancien président de l'Association professionnelle des agents du service extérieur Colin Robertson signent conjointement un texte percutant dans le *Globe and Mail*[249]. Le titre de cette intervention et son esprit constituent un

---

[248]. W. Dobson, *Does Canada Have an India Strategy ?*, Toronto, Institut C.D. Howe, 2011 (extraits des communiqués des réunions du Conseil de la Fédération).

[249]. A. Gotlieb et C. Robertson, « Canada must rebuild its diplomatic resources », *The Globe and Mail*, 13 octobre 2010.

plaidoyer pour que les ressources diplomatiques au pays par des investissements conséquents soient rétablies, que le réseau de représentations à l'étranger soit renforcé et que le ministère des Affaires étrangères comme point focal de coordination soit revitalisé.

Dans ce contexte, le gouvernement ontarien a soutenu la création d'un lieu d'analyse et de propositions, le Mowat Centre for Policy Innovation. En quelques brèves années, ce centre aux ressources relativement modestes a apporté une contribution significative quant aux cadres et aux stratégies fédérales susceptibles d'affecter fortement la prospérité et la qualité de la vie en Ontario dans le prochain siècle.

Le Mowat Centre

Sous la signature de Matthew Mendelsohn, son directeur depuis sa fondation en 2009, l'énoncé de mission du centre synthétise la pensée d'un grand nombre d'individus sur l'état du pays et le besoin de clarification, de révision et d'orientation de son fonctionnement et de ses politiques, y compris fiscales. Après avoir affirmé, dans son message de bienvenue sur le site du centre, que « le Canada constitue l'une des communautés nationales les plus accomplies de l'histoire », Mendelsohn rappelle les changements économiques et sociaux extraordinaires qui affectent le monde et constate « que la structure politique qui a si bien servi les Canadiens dans la seconde moitié du XXe siècle n'est peut-être plus adéquate pour le XXIe siècle ». L'argumentation est solide.

> Un grand nombre des éléments constitutifs du contrat social canadien et de ses infrastructures institutionnelles sont effondrés. Dans certains cas, nos politiques publiques reposent sur des postulats qui ne sont plus valides. Dans d'autres cas, ils sont toujours valides, mais les programmes dont ils sont issus ont été mêlés à tant

de choses qu'ils ne remplissent plus leurs objectifs initiaux. Le temps est venu de revoir et de revitaliser les stratégies politiques du Canada, d'autant que les politiques publiques fédérales ont été lentes à répondre aux nouveaux défis que posent aux Canadiens (outre les nouvelles réalités internationales) les changements démographiques, incluant le vieillissement de la population, qui placent une pression fiscale énorme sur les programmes sociaux.

Toutes les provinces canadiennes se retrouvent affectées par ces mêmes défis, mais chacune selon ses propres réalités et intérêts. L'Ontario est la province la plus urbaine et la plus diverse sur le plan ethnique. Elle est aussi la gardienne canadienne de nos Grands Lacs. Beaucoup de nos communautés sont très intégrées aux États-Unis. La province est confrontée à des impératifs de transformation économique qui lient avenir et maîtrise de l'innovation. Dorénavant, il sera essentiel de repenser le contrat social canadien, y incorporant une compréhension des nouvelles réalités de l'Ontario.

Les nouvelles réalités de l'Ontario : un grand nombre de nos interlocuteurs s'approprieraient la formule de Matthew Mendelsohn.

Du leadership fédéral
Comment en sommes-nous arrivés là ?

Mendelsohn ne pose pas cette question aussi brutalement, mais il ne l'esquive pas non plus. Il rappelle que, dans le passé, la fonction publique fédérale élaborait de nouvelles positions politiques, parfois avec l'appui de commissions indépendantes. Déjà en 1998, Graham Fraser évoquait « l'affaiblissement intellectuel et créatif du gouvernement fédéral[250] ». La situation ne s'est pas améliorée depuis, avec l'élection

---

250. G. Fraser, *op. cit.*, p. 76.

d'une succession de gouvernements minoritaires qui ont rendu l'État central moins capable d'entreprendre des analyses politiques durables, indispensables pour revitaliser les stratégies canadiennes. Compte tenu du style de gouvernement du premier ministre Harper, il est peu probable que cette situation évolue même s'il dispose d'une majorité au Parlement. En conséquence, le leadership politique fédéral n'est pas engagé dans les débats de fond quant aux enjeux qui vont déterminer la fortune du Canada, alors que de telles entreprises sont menées partout ailleurs dans le monde.

De cette absence de leadership fédéral, Mendelsohn tire une conclusion surprenante. On aurait pu s'attendre à une requête pressante à l'endroit d'Ottawa pour le renversement de cette posture attentiste. Rien de tel. Le directeur du Mowat Centre y voit une occasion pour les Canadiens, leurs gouvernements provinciaux et municipaux, les organisations privées, la société civile, les chercheurs en politiques publiques, les innovateurs sociaux. Il les enjoint de former des réseaux, de créer des partenariats et de s'engager dans de nouvelles entreprises susceptibles d'influencer la mise en œuvre des politiques et des programmes avec succès. « Même si le gouvernement demeure l'acteur crucial, les autres n'ont pas à attendre. » Telles sont les ambitions et la pratique du centre, dont l'objectif est de « proposer de nouvelles voies pour repenser une architecture politique archaïque, renforcer le Canada, ses régions et ses citoyens [...] tout en s'assurant de continuer à partager le sens d'une citoyenneté commune et de maintenir les bienfaits de l'égalité des chances ».

Généralement menés sur une base comparative, souvent soumis à la discussion publique et assurés par des partenaires des secteurs privés ou publics, les travaux en cours ou complétés du Mowat Centre constituent déjà un thesaurus d'importance tant par les thèmes étudiés que par les conclusions et recommandations retenues[251].

Il est trop tôt pour tirer une doctrine politique ou constitutionnelle de cet ensemble considérable de propositions. Il s'en dégage cependant une critique souvent sévère et toujours documentée des structures du régime fédéral, de ses politiques et pratiques actuelles, de même qu'un choix privilégiant l'autonomie des provinces dont l'Ontario qui occupe normalement une place importante dans les travaux du centre. Son directeur, Matthew Mendelsohn, prévient qu'il « sera essentiel de repenser le contrat social canadien en y incorporant une compréhension des nouvelles réalités de l'Ontario ».

Le Mowat Centre a comme vocation de contribuer substantiellement aux débats à venir sur les politiques publiques de l'Ontario et du Canada, politiques qui sont entremêlées. Ce faisant, il constitue un contrepoids aux travaux et orientations d'autres entités, en raison notamment de sa rigueur, de son empirisme et de son attachement manifeste à certaines valeurs qui forment le meilleur de l'héritage construit dans ce pays depuis la Seconde Guerre mondiale. S'il est difficile de mesurer son influence, il est certain que ses travaux marquent les esprits dans l'administration publique ontarienne, dans les institutions de la province et chez certains commentateurs de haut niveau, sphères dont plusieurs de nos interlocuteurs font partie. À preuve, leurs références fréquentes aux hypothèses et propositions du centre.

Ontariens ou Canadiens ?
Nous avons posé la question à la quasi-totalité de nos interlocuteurs, provoquant, dans bien des cas,

---

[251]. On peut consulter l'ensemble de ces travaux sur le site du Mowat Centre : www.mowatcentre.ca.

un certain embarras. À Toronto, le lien à la ville est souvent valorisé, voire ressenti comme le lieu de l'identité. Tout comme d'autres, Karen Sun a évoqué une bulle torontoise qui est le lieu de sa vie. Lisa Rochon appartient peut-être elle aussi à cette catégorie. Le directeur du Centro Scuola e Cultura Italiana de Toronto a marqué sa préférence pour l'expression «société ontarienne» à celle d'«identité ontarienne», réservant l'idée d'identité à son lien avec le Canada. Pour sa part, Ajit Jain s'accommode aisément d'une dualité d'allégeance, canadienne et ontarienne.

Dans l'imaginaire des Canadiens, dans la littérature politique et dans les résultats de nombreux sondages, la notion d'une identité ontarienne apparaît bien floue. L'idée que les Ontariens sont d'abord des Canadiens domine, alors que tous les autres Canadiens marquent avec constance leur allégeance régionale ou provinciale, nationale dans le cas d'une majorité de Québécois. Affirmée et réaffirmée, cette opinion qui fait de l'identité ontarienne un sous-produit de l'identité canadienne a, pour certains, le poids d'une évidence. D'autres ont plaidé pour la double allégeance et la double identité, «*Canadian first and Ontarian second*[252]».

Tous ces débats des dernières années, toute cette rhétorique politique empruntée par les gouvernements ontariens successifs et ce chapelet d'injonctions – conflits perpétuels, traitement inégal, iniquité fiscale, intérêts spécifiques ontariens, programme pour l'Ontario, absence de leadership fédéral – ont-ils eu quelque effet sur la conception des Ontariens sur leur identité et leur allégeance? Ontariens ou Canadiens? Faut-il désormais s'habituer à une nouvelle formule: *Ontarians first and Canadians second*?

---

[252]. S. Paikin, *Public Triumph Private Tragedy, the Double Life of John P. Robarts*, Toronto, Penguin Books Canada, 2006.

Sous le titre *Un nouvel Ontario : le changement d'attitude des Ontariens à propos de la fédération*, le Mowat Centre a produit un instantané cherchant à vérifier si « les Canadiens vivant en Ontario continuent d'avoir le plus faible sentiment d'appartenance régionale dans la fédération[253] ».

Reprenant en janvier 2010 l'ensemble des questions de sondages effectués par le Centre de recherche et d'information sur le Canada de 1996 à 2005, l'équipe de Mendelsohn a interrogé 2 697 Canadiens, dont 1 482 Ontariens. Leurs questions portaient sur la perception des citoyens ontariens quant au respect de leur province dans la fédération ; sur l'influence de leur province sur la politique fédérale ; sur l'évaluation de l'équité dans les dépenses fédérales en Ontario et sur leur sentiment d'identité ontarienne ou canadienne. Des résultats de cette enquête se dégage ce que ses auteurs qualifient de « changement d'attitude des Ontariens envers la fédération ».

Quels sont ces résultats ? En 2010, 51 % des Ontariens ne croyaient pas que leur province était traitée avec le respect qu'elle mérite dans la fédération, comparativement à 31 % en 1998 et à 27 % en 2004. La proportion a donc doublé en douze années. Pour l'ensemble des autres Canadiens interrogés, ils étaient environ 60 % au Québec et dans les provinces de l'Ouest, et 76 % dans les provinces atlantiques, à répondre que leur province n'était pas traitée avec respect. Dans ces derniers cas, ces proportions sont stables, contrairement à l'évolution de la perception des Ontariens.

Par ailleurs, 32 % des Ontariens estiment que leur province ne jouit pas de l'influence qui devrait être la sienne lors des décisions fédérales d'importance,

---

[253]. J. Scott Matthews et M. Mendelsohn, *The New Ontario: The Shifting Attitudes of Ontarians towards the Federation*, Toronto, Mowat Centre for Policy Innovation, 2010.

comparativement à 20 % en 1998 et à 22 % en 2004. « Quand on leur demande si l'influence de l'Ontario est plus importante, moins importante ou stable », 50 % répondent qu'elle est en décroissance, contre 8 % qui ont le sentiment contraire. Pour l'ensemble des autres Canadiens interrogés, ils sont 50 %, 68 % et 75 % respectivement pour le Québec, pour les provinces de l'Ouest et celles de l'Atlantique à répondre que leur province ne jouit pas de l'influence qui devrait être la sienne. Les auteurs de l'enquête font observer que les citoyens du Québec et de l'Ontario partagent le sentiment que l'influence de leur province est en baisse. « Ce positionnement mènera vraisemblablement l'Ontario et le Québec à exercer le pouvoir considérable qui reste le leur afin de défendre leurs intérêts[254]. »

Au sujet des transferts fiscaux et des autres dépenses fédérales dans les provinces, plus précisément la perception d'équité dans la part que reçoit leur province, 63 % des Ontariens répondent que cette dernière reçoit moins que sa part équitable, comparativement à 37 % en 1998. Cette augmentation est considérable. Elle place l'Ontario, par rapport à cette question centrale, au-delà de la moyenne nationale qui se situe à 59 %. Pour l'ensemble des autres Canadiens interrogés, ils sont 45 %, 64 % et 66 % respectivement pour le Québec, les provinces de l'Ouest et celles de l'Atlantique à répondre que leur province ne reçoit pas une part équitable des transferts fiscaux.

Enfin, au sujet de l'identification des Ontariens au Canada, l'enquête du Mowat Centre apporte une réponse catégorique. Nonobstant leur perception négative du traitement de leur province relatif au respect qui lui est accordé, à l'influence qu'elle exerce et à l'équité dans les transferts fiscaux, les Ontariens

---

254. *Ibid.*, p. 4.

maintiennent massivement leur allégeance au pays, qui demeure la source de leur identité. Seuls 4 % des répondants s'identifient à l'Ontario plutôt qu'au Canada. Pour les autres Canadiens interrogés, ils sont 52 %, 11 % et 13 % respectivement pour le Québec, les provinces de l'Ouest et celles de l'Atlantique à s'identifier prioritairement à leur province plutôt qu'au Canada. Les auteurs de l'enquête tirent de tout cela un enseignement d'importance :

> Le fait qu'au pays les Ontariens continuent d'affirmer le plus leur identité canadienne et le moins leur identité provinciale constitue un défi pour les leaders politiques ontariens dans leur tentative de mobiliser le public ontarien quant aux enjeux liés au traitement fédéral de leur province. Les Ontariens ont une opinion plus négative que dans le passé de ce traitement fédéral, mais ils manquent toujours de ce sentiment d'identité provinciale présent dans d'autres provinces. Et c'est cette identité provinciale qui peut transformer un sentiment de traitement inéquitable en un enjeu politique brûlant[255].

Que faut-il conclure de ces données dessinant une constellation éclatée des sentiments des Ontariens à l'endroit du pays et de certaines de ses politiques majeures ? Trois constats s'imposent.

Le premier se rapporte à l'attachement durable et indéniable des Ontariens au Canada. Ce sentiment est profond et sans contradiction avec leur expérience spécifique en tant qu'Ontariens.

Le deuxième se rapporte à la perception des Ontariens du traitement que leur province reçoit dans l'ensemble canadien. Majoritairement, ils ne croient pas que l'Ontario soit convenablement traitée dans la fédération et pensent, comme les autres Canadiens,

---

255. *Ibid.*, p. 6.

que les injustices actuelles doivent être corrigées. Les responsables de l'enquête en tirent une conséquence politique d'importance : « Les implications pour la politique nationale pourraient se manifester rapidement. Le public ontarien pourrait ne plus soutenir le gouvernement provincial dans son rôle traditionnel d'honnête courtier cherchant à établir des consensus devant des intérêts provinciaux en compétition[256]. »

Le troisième se rapporte à la grande insatisfaction de l'ensemble des Canadiens, y compris des Ontariens, à l'endroit du fédéralisme tel qu'il se vit aujourd'hui en raison de la structure des principaux programmes fédéraux et des arrangements fiscaux et financiers qui en découlent. Ces 50 milliards de dollars de transfert créent une nette insatisfaction dans l'ensemble du pays, pour des motifs qui diffèrent d'une région à l'autre. Ce malaise appelle une révision majeure qui pourrait durement toucher les fondamentaux convenus du fédéralisme canadien.

Quelle méthode pour cette révision ? Peut-on renégocier à la pièce des programmes aussi significatifs pour le pays que les transferts fiscaux et financiers aux fondements de programmes nationaux ? Et comment faire sa place dans ces négociations à un programme positif pour l'Ontario, mais aussi pour les provinces de l'Ouest, le Québec et les provinces atlantiques ? Quels sont aujourd'hui les facteurs d'unité et de prospérité susceptibles d'être partagés par les partenaires de la fédération ? Quels sont les besoins et services qui, dans ce nouveau contexte, doivent relever du gouvernement fédéral et ceux qui tireraient profit d'une coordination, voire d'une harmonisation entre les provinces ou les régions du pays ?

Vivre ensemble est une vaste entreprise qui découle de la volonté partagée dans le temps d'inventer et de

---

[256]. *Ibid.*, p. 1.

mettre en œuvre des visions convergentes d'un même destin. La diplomatie interne de la fédération canadienne telle qu'elle devient aujourd'hui à la suite de la victoire décisive du premier ministre Harper en 2011 est-elle capable de changer ce qui doit l'être et que le Mowat Centre inventorie avec précision, exigence et compétence ? Nous en sommes loin.

Grâce notamment aux travaux du centre, l'Ontario dispose et disposera de solides références aux tables de la fédération. Les détenteurs du pouvoir devront prendre en compte les convictions des Ontariens, leur allégeance au Canada, mais aussi leurs fortes exigences au sujet de l'équité des politiques fédérales.

Quoi qu'il en soit, dans le dernier quart de siècle, l'Ontario a renoué avec sa première tradition d'affirmation dans l'ensemble canadien et, à nouveau, a réclamé le respect de ses juridictions, l'équité dans son rapport au gouvernement fédéral et une marge enrichie d'initiatives reflétant sa volonté de définir des solutions qui soient d'abord adaptées à sa réalité. Elle est engagée, selon l'expression d'Ibbitson, « dans une bataille pour retrouver son identité initiale[257] ». Les Ontariens n'ont pas tourné le dos au Canada, mais ils s'en font cependant une conception qui tranche avec l'état des lieux actuel. Bref, ils ont conclu à la nécessité d'infléchir une direction qui les laisse profondément insatisfaits.

Matthew Mendelsohn

Le Frank, l'excellent restaurant du Musée des beaux-arts de l'Ontario, a été nommé en l'honneur du célèbre architecte Frank Gehry, qui a enveloppé la vieille institution d'une mante de verre sublime. Même en cette journée un peu grise, tout ici est lumineux : le grand espace dominé en son centre élevé par un dôme

---

[257] J. Ibbitson, *Loyal No More*, op. cit. p. 4.

chaleureux, les peintures de Joyce Wieland, celles de Paterson Ewen et une installation de Frank Stella.

Matthew Mendelsohn a quelques minutes de retard au restaurant, mais peut-être quelques années d'avance au pays. Dans ses carrières successives dans les hautes fonctions publiques fédérale et ontarienne ainsi que dans le monde académique, notamment à l'influent Centre for Federal-Provincial Relations de l'Université Queen's, il a acquis quelques convictions d'importance. Selon lui, l'évolution politique du Canada est bloquée depuis quelques années, et de nombreux programmes fédéraux reposent sur des postulats dépassés. De plus, les changements sociaux et économiques du monde remettent en question une architecture politique qui a très bien servi le pays dans la deuxième moitié du XXe siècle, mais qui est devenue inadéquate pour le XXIe siècle.

« Prenons un exemple », lance ce Montréalais d'origine parfaitement bilingue, bachelier de l'Université McGill et docteur de l'Université de Montréal.

> L'Ontario négocie présentement une entente avec Ottawa pour récupérer sa juridiction sur la formation de la main-d'œuvre comme le Québec l'a fait en 1998-1999. On tient le gouvernement ontarien responsable des déséquilibres actuels entre les besoins pressants en main-d'œuvre et le niveau de formation actuel de cette dernière. Or, les programmes et les ressources sont à Ottawa. Ça ne marche pas. Cette importante responsabilité aux dimensions économiques majeures ne peut plus être centralisée au pays. Que connaissent-ils des besoins régionaux réels, que savent-ils des besoins de Thunder Bay ? Nous sommes entrés dans un temps de transition, les grandes décisions politiques dans l'avenir vont être prises au provincial et au municipal, et laisseront sans objet réel des pans entiers de la fonction publique fédérale.

L'avenir ressemblera-t-il à l'idée que s'en fait Matthew Mendelsohn ? Ses travaux ont indubitablement le mérite d'en éclairer les défis et enjeux.

L'Ontario et le Québec
Partenaires politiques depuis près de cent soixante-quinze ans, sans doute le plus ancien partenariat politique sur le continent, le Québec et l'Ontario participent depuis près d'un siècle et demi à une même structure fédérale dans un va-et-vient ininterrompu d'alliances et de divergences propre aux participants à un tel système. Les deux États ont normalement entretenu les relations bilatérales permanentes que commandent leur contiguïté géographique, leur rapport historique et leurs intérêts réciproques. De plus, la constante migration de Québécois vers l'Ontario et l'installation de succursales d'un grand nombre d'enseignes du Québec inc. dans la province voisine ont contribué, parmi bien d'autres initiatives de la société civile, à créer des liens entre les deux sociétés. Qu'en est-il aujourd'hui ? Quelles sont les perspectives ontariennes en ce qui a trait aux relations entre les deux provinces ?

Ces perspectives sont très contrastées. Une certaine partie de la classe intellectuelle ontarienne pose un jugement sévère sur la société québécoise et n'hésite pas à évoquer son déclin, notamment démographique, et, en conséquence, politique dans l'ensemble canadien. Ces évolutions mettent fin, à leur avis, à une période marquée par une attention démesurée à la question québécoise et permettent une réappropriation par le Canada anglais de ses valeurs et de ses ambitions enfin délestées de la forte influence québécoise. Pour eux, la relation au Québec n'est plus significative ou stratégique.

Un autre courant de pensée marque leur intérêt pour les formes diverses d'asymétrie dans le système fédéral, réclamées et obtenues par le Québec, et inscrit dans cette expérience certaines des évolutions du fédéralisme à court terme. Ces protagonistes demeurent attentifs aux événements québécois et croient envisageables de nouvelles alliances entre les deux provinces.

En outre, les gouvernements ontarien et québécois sont engagés dans une vaste entreprise de mise à jour de leurs relations à la suite de la négociation, la signature et l'application d'un Accord de commerce et de coopération exigeant et novateur. À notre étonnement, plusieurs de nos interlocuteurs ontariens des secteurs public et privé ont régulièrement fait référence à cette politique « essentielle » et souligné leur engagement pour sa pleine réalisation. Renversant les rôles, certains n'ont pas hésité à nous interroger sur l'intérêt au Québec pour cet accord visant l'instauration d'un espace économique commun entre les deux provinces. Dans un autre contexte, Ibbitson rappelle que « l'Ontario entretient une relation bilatérale plus que convaincante avec le Québec… les deux provinces bénéficient de la plus importante relation commerciale interprovinciale au pays, même si, dans les deux cas, cette relation est minime à côté de celle qu'elles entretiennent avec les États-Unis[258] ».

Avant d'analyser le contenu de cette nouvelle politique bilatérale entre les deux provinces, revenons aux thèses soutenues par des intellectuels ontariens. Sauf quelques exceptions notoires, la littérature politique actuelle au « Canada anglais », cette expression certes inadéquate mais utile, insiste sur la place démesurée prise par la question québécoise dans l'histoire récente du pays et sur l'influence, elle aussi démesurée, selon eux, exercée par le système québécois de valeurs sur celui prévalant dans le reste du Canada. Leurs auteurs

---

258. *Ibid.*, p. 199.

partagent une même analyse de l'histoire du dernier demi-siècle de la relation Québec-Canada. Ils y voient une succession ininterrompue de tensions : référendums, négociations constitutionnelles infructueuses, fédéralisme asymétrique et multiples concessions faites à la province francophone, notamment la politique du bilinguisme.

Plusieurs de ces auteurs proposent une redéfinition du pays enfin allégée du poids québécois qu'ils croient lié aux valeurs, références et politiques publiques venues de cette province. Contraire à l'expérience du reste du pays, cette lourde hypothèque en aurait perverti l'esprit même et l'histoire. La redéfinition évoquée serait comme un retour à l'esprit canadien, à une culture de pionniers qui a de l'État une vision moins impériale, de la responsabilité des individus une conception plus dynamique, et des politiques sociales une notion plus restreinte.

Ces visions sont très éloignées, c'est le moins qu'on puisse dire, de la politique du gouvernement ontarien qui est engagé dans un approfondissement de sa relation avec le Québec avec l'appui, des deux côtés de la frontière, de nombreux partenaires économiques, commerciaux, professionnels et scientifiques.

La quatrième région économique du continent
Un espace économique commun entre le Québec et l'Ontario les situerait au quatrième rang des régions économiques du continent derrière les États de la Californie, du Texas et de New York, et au premier rang au Canada. Sa mise en œuvre a été décidée par les gouvernements des deux provinces et officialisée par leur signature, en septembre 2009, de l'Accord de commerce et de coopération entre elles.

Cette construction se retrouve aussi dans des études générales ou spécialisées, notamment celles du Martin Prosperity Institute dont les spécialistes ont analysé, en 2009, les possibilités offertes par une plus grande coopération économique entre l'Ontario et le Québec[259]. L'argumentation de l'influent institut repose sur une série de données convergentes. Les deux provinces « forment ensemble une des plus grandes régions économiques de l'Amérique du Nord ». Cette grande région constitue la deuxième plus importante destination des immigrants, la troisième région la plus peuplée et la quatrième en matière de création de la richesse de l'Amérique du Nord. Elle abrite aussi l'un des plus importants secteurs industriels de haute technologie du continent. Ces actifs sont considérables. Mais le passif l'est aussi. En effet, malgré ces formidables leviers, le PIB des citoyens des deux provinces est inférieur à celui d'autres régions nord-américaines, et leur compétitivité est plus faible que plusieurs d'entre elles. Enfin, la densité et le lien des deux territoires sont insuffisants.

Comment combler cet écart ? D'abord, il faut reconnaître la réalité de la mégarégion « qui s'étend de la ville de Québec, passe par Montréal pour atteindre Ottawa, Toronto, le centre de l'Ontario, la région du Golden Horseshoe et le nord de l'État de New York[260] ». De même, il faut prendre la mesure des grappes d'industries prospères dans des secteurs axés sur les connaissances et de la créativité des deux provinces, et les considérer comme des forces importantes pouvant éventuellement devenir communes. En conséquence, créer les conditions d'une plus grande collaboration entre elles.

Ces objectifs visent à combler l'écart de prospérité qui affecte l'économie ontarienne et québécoise et le niveau de vie de leurs habitants, et à augmenter subs-

---

[259]. Martin Prosperity Institute, *Exploiter les possibilités offertes par une plus grande coopération économique entre l'Ontario et le Québec*, Toronto, septembre 2009.

[260]. *Ibid.*, p. 4.

tantiellement le nombre d'emplois liés à la créativité, qui sont les mieux rémunérés. Il est manifeste que les deux gouvernements se sont inspirés directement des travaux du Martin Prosperity Institute et de ceux menés par leurs propres administrations publiques dans la préparation de l'accord de 2009.

Cet accord n'est pas la première entente liant le Québec et l'Ontario. Elle est cependant la plus ambitieuse et la plus exhaustive, peut-être aussi la mieux préparée s'agissant de son contenu, de ses appuis dans les deux sociétés et des suivis programmés. Sa préparation, sa négociation, sa signature et sa mise en œuvre s'expliquent par les nouvelles conjonctures mondiale et canadienne évoquées précédemment. En effet, dans les deux capitales, on fait référence aux mêmes motifs pour en expliquer la nécessité.

En priorité, une vive conscience à Québec et à Toronto du caractère féroce de la nouvelle compétition mondiale, notamment sur le marché américain, premier marché pour les deux provinces, et le constat partagé que tous deux perdaient des parts de marché hier encore considérées comme solides. De même, la possibilité d'une érosion encore plus grave compte tenu des capacités financières, scientifiques et technologiques des économies émergentes dont la liste ne cesse de s'allonger, étant donné les nouvelles aptitudes des entreprises de ces économies à produire des biens technologiques avancés et des services spécialisés qu'elles importaient massivement il y a quelques décennies à peine et qu'elles exportent allègrement aujourd'hui dans le monde.

Cet accord appartient à une phase récente d'affirmation des pouvoirs provinciaux et territoriaux, illustrée par la création de conférences régionales des chefs de gouvernement de ces entités politiques. Ce provincialisme-régionalisme plonge ses racines loin dans la tradition canadienne et il prend aujourd'hui une dimension inédite, les provinces se constituant en blocs régionaux les uns à côté des autres, et tous face à l'État fédéral. À l'Ouest, la conférence des premiers ministres a été inaugurée en 1998 et, en 2006, les provinces de la Colombie-Britannique et de l'Alberta ont conclu le Trade, Investment and Labour Mobility Agreement (TILMA). À l'Est, la conférence des premiers ministres de l'Atlantique a été inaugurée en l'an 2000 et, dix années plus tard, les gouvernements de la Nouvelle-Écosse et du Nouveau-Brunswick ont conclu un accord portant sur l'économie et la réglementation. Cette affirmation des espaces économiques régionaux au Canada reflète des ambitions politiques, mais elle tient aussi au caractère spécifique des économies régionales.

Dans ce contexte, il apparaît indispensable pour le Québec et l'Ontario d'ouvrir leur marché et de rechercher des convergences susceptibles d'accroître leurs échanges et leur compétitivité, de marquer leur capacité politique dans les négociations à venir avec le reste du pays. Ensemble, les deux provinces comptent pour 65 % de la population canadienne, constituent un marché de 21 millions de personnes, disposent d'un PIB commun de près de 900 milliards de dollars, soit 58 % du PIB du pays au moment de la signature de l'accord. De plus, elles sont l'une pour l'autre leur plus important partenaire commercial après les États-Unis. Soixante et un pour cent des exportations québécoises vers le reste du Canada aboutissent en Ontario, et 69 % des exportations ontariennes vers le reste du Canada au Québec, pour un volume d'échange de plus de 40 milliards de dollars, soit une somme qui excède la valeur totale des exportations canadiennes vers l'Union européenne annuellement. À l'instar des provinces des autres régions du pays, l'Ontario et le Québec peuvent se constituer en « une zone économique » intégrée au potentiel significatif[261]. Enfin, il est apparu, dans la phase préparatoire de l'accord, des similitudes et une grande complémentarité entre les deux économies, comme le montrent les stratégies d'investissement d'un bon nombre d'entreprises ontariennes et québécoises[262].

L'accord exprime de plus en termes spécifiques une volonté partagée d'accroître les échanges entre les deux principales économies du Canada par la levée des barrières existantes et l'harmonisation de leurs règlements futurs « dans tous les domaines et pas seulement les seuls secteurs couverts par l'accord ». De plus, les deux provinces « conviennent d'appliquer la règle de la non-discrimination réciproque, que l'on appelle également le "principe du traitement national". En conséquence, chacun des deux gouvernements accordera aux produits directement concurrents ou substituables de l'autre province, aux entreprises, aux services et aux investissements un traitement équivalant au meilleur traitement accordé à ses propres produits ou aux produits d'une tierce partie[263] ». L'accord prévoit enfin l'harmonisation d'un ensemble de règles qui encadrent les échanges commerciaux entre les deux provinces et un accès réciproque à leurs marchés publics.

L'accord confirme une décision commune d'implanter et d'élaborer des pôles d'innovation transfrontaliers sur le modèle européen BioValley

---

261. Ces ententes régionales découlent de l'Accord sur le commerce intérieur signé par les provinces et les territoires canadiens en 1994 et qui inclut notamment la possibilité d'accords bilatéraux ou multilatéraux entre les signataires.
262. Un grand nombre des entreprises du Québec inc. ont aujourd'hui des installations en Ontario. Symboliquement, l'entente intervenue entre Transcontinental et le *Globe and Mail*, prévoyant que ce dernier serait imprimé par le groupe montréalais les dix-huit prochaines années illustre l'ampleur du phénomène. La transaction s'établit à 1,7 milliard de dollars.
263. Le nouvel espace économique du Québec, *Accord de commerce et de coopération Québec-Ontario*, Québec, gouvernement du Québec, (www.economie.gouv.qc.ca/fileadmin/contenu/documents_soutien/apropos/strategies/signature_accord_quebec_ontario.pdf), août 2009, p. 8.

dans les sciences de la vie, l'optique-photonique et les technologies vertes. D'autres secteurs stratégiques ayant une haute valeur ajoutée pourraient aussi faire l'objet de coopération dans l'espoir que leur mise en commun « produise des impacts supérieurs à ceux qu'ils auraient obtenus en agissant séparément ». Un corridor de l'innovation rassemblerait ces pôles d'innovation. Qualifié de grappe de calibre mondial, le pôle des sciences de la vie a fait l'objet d'une analyse substantielle rendue publique en 2011[264].

L'accord prévoit la levée de nombreux irritants en ce qui a trait à la libre circulation des produits et de la main-d'œuvre par des formules d'accréditation conjointes ou réciproques de soixante-neuf professions; la convergence de services financiers, notamment dans le domaine des assurances, des prêts hypothécaires, des valeurs mobilières et du secteur coopératif. Il prévoit aussi des plans de travail communs en matière de coopération énergétique[265], de développement du secteur manufacturier[266], d'infrastructures[267] et d'accès aux marchés publics[268]. Parmi les rares projets reconnus spécifiquement, les deux gouvernements conviennent de

---

[264]. PricewatherhouseCoopers, *Conjuguer nos forces, maximiser les résultats. Le pôle des sciences de la vie Québec-Ontario*, rapport compilé par PwC avec la collaboration du ministère du Développement économique, de l'Innovation et de l'Exportation du Québec et du ministère de la Recherche et de l'Innovation de l'Ontario, 2011.

[265]. En matière d'énergie, le plan de travail retenu s'articule autour de cinq thèmes : l'efficacité énergétique, une meilleure gestion de la demande énergétique, l'élaboration de politiques applicables aux énergies renouvelables émergentes, le renforcement des interconnexions existant entre les deux réseaux et l'intensification de la coopération en cas de situation d'urgence.

[266]. En ce qui a trait au secteur manufacturier, le plan de travail comprend notamment la relance du secteur, l'amélioration de son image de marque et l'attraction de jeunes travailleurs. Il prévoit de plus le développement de la collaboration entre leurs conseils manufacturiers respectifs.

[267]. Le plan de travail prévoit la planification de la construction d'infrastructures, notamment de systèmes, d'équipements et de services partagés.

[268]. En matière de marchés publics, le plan de travail vise, à court terme, à assurer à tous les fournisseurs québécois et ontariens un accès égal aux processus d'achat de biens et de services des secteurs publics et parapublics des deux provinces.

travailler ensemble au projet de train à haute vitesse entre Québec et Windsor et d'élaborer une seule stratégie en vue de sa réalisation. La promesse est ancienne!

Enfin, l'accord définit une aire de coopération majeure quant à l'environnement et au développement durable : renforcement du leadership assumé en commun en Amérique du Nord ; harmonisation des normes d'émissions pour les véhicules lourds et études d'impact environnemental conjointes pour les projets ayant une incidence transfrontalière.

Une place stratégique en Amérique du Nord
Moins clairement affirmée mais sous-jacente à cet accord, la prise en compte de l'évolution des partenaires de la fédération, notamment de l'élan indiscutable de la grande région de l'Ouest. Dans ce fédéralisme des blocs régionaux, celui constitué par le Québec et l'Ontario fait face aux nouvelles capacités et exigences des gouvernements des provinces de l'Ouest, dont les politiques sont convergentes dans de nombreux domaines, y compris la réforme du régime fédéral. Le sujet est délicat et n'est jamais abordé clairement par l'une ou l'autre des parties. Faisant le grand écart, l'ancien premier ministre québécois Jean Charest évoque « la confirmation de la place stratégique de l'ensemble Québec-Ontario au sein de l'Amérique du Nord ». Dans ce contexte, on ne sera pas surpris que l'Accord Québec-Ontario prévoie des consultations et des positions convergentes devant le gouvernement fédéral canadien.

Pour assurer la mise en œuvre de l'accord, trois institutions sont créées : la Conférence annuelle des ministres à vocation économique, un Secrétariat conjoint et un Comité consultatif du secteur privé. De plus, il existe un mécanisme de règlement des différends que pourrait susciter son application.

Depuis la signature de cet accord, les conseils des ministres de l'Ontario et du Québec ont tenu des réunions conjointes à deux reprises pour examiner les avancées de leurs projets conjoints et arrêter de nouveaux domaines de coopération. Un forum annuel Québec-Ontario portant sur un thème choisi et visant à conseiller les deux gouvernements sur ces nouvelles avenues de coopération a été organisé à Québec en février 2011. Il réunissait plus de cent cinquante dirigeants d'entreprises, du secteur postsecondaire et du secteur sans but lucratif des deux provinces.

L'encadrement politique de l'accord, les structures permanentes de suivi, la participation des partenaires économiques et les coopérations amorcées entre les équipes scientifiques tranchent avec les supports habituels en appui aux relations bilatérales entre deux provinces de la fédération. Des pays consacrent des années et d'importantes ressources pour la négociation et la signature d'accords de libre-échange dont les bénéfices se traduiront par une contribution apparemment marginale au PIB national. Mais cette contribution peut représenter plusieurs milliers d'emplois, le maintien d'entreprises dans des secteurs stratégiques ou dans des régions en difficulté et l'accès à des partenariats technologiques autrement aléatoires ou inaccessibles. Dans le monde tel qu'il devient, ni l'Ontario ni le Québec ne peuvent faire l'économie de telles occasions.

Ce « marché commun », expression utilisée par l'ancien premier ministre Charest, survivra-t-il aux alternances politiques d'un côté comme de l'autre ? Est-il un produit circonstanciel ou conjoncturel, sans plus ? Représente-t-il, au contraire, un levier stratégique susceptible d'assurer au Québec et à l'Ontario une insertion plus rapide et plus rentable dans la nouvelle économie mondiale et une défense plus vigoureuse de ses intérêts sur le continent, un levier susceptible aussi de renforcer sa capacité à infléchir les orientations du pays ? Les réponses à ces questions ne se feront pas attendre. L'accession au pouvoir du Parti québécois en septembre 2012, le statut de gouvernements minoritaires à Québec et à Toronto pourraient modifier les rapports entre les deux provinces et, en conséquence, la mise en œuvre de l'accord de 2009.

Conclusion

L'idée de la transformation de l'économie a dominé les débats, les initiatives et les investissements en Ontario avant comme après la crise qui dure depuis 2008. La conviction que le *statu quo* équivaut à la régression des emplois, des revenus des particuliers et des gouvernements est largement partagée. En conséquence, cette transformation est ressentie comme une nécessité pour assurer la bonne fortune économique de l'Ontario dans les décennies qui viennent. Alors la province pourra continuer à offrir à ses citoyens le haut niveau de vie qu'ils ont connu depuis la Seconde Guerre mondiale et maintenir les flux d'immigration annoncés. Alors elle pourra conserver son statut d'économie majeure de la fédération canadienne et maintenir sa réputation d'être l'une des économies sous-régionales parmi les plus avancées du monde.

Les Ontariens ont pris la juste mesure des changements du monde et de ceux que la crise de 2008 a provoqués sur le continent. Les discours des principaux responsables des secteurs public et privé de la province, les analyses et propositions de ses nombreux groupes de réflexion, les résultats de ses plateformes de concertation, tel le Sommet économique ontarien, convergent. Ces changements du monde et du continent ne s'arrêtent pas aux frontières de la province. Ils appellent une révision décisive de son rapport aux principaux marchés solvables du monde, celui des États-Unis, qui demeure vital pour l'Ontario, mais couplé à ceux des grandes économies du Sud qui commandent désormais une part sans cesse croissante du commerce et de l'investissement international. Ils supposent des investissements majeurs dans les ressources humaines, la capacité de rehausser la productivité et d'innover, et de se doter d'infrastructures d'une nouvelle génération. Ils souhaitent enfin la consolidation de la *Brand Toronto* tant la capitale ontarienne constitue la signature continentale et internationale de la société ontarienne et tant leur renommée sont indissociables. Cette consolidation est engagée, comme il a été exposé dans ce chapitre et comme le montrera le chapitre suivant, dédié à la culture.

Pour mener concurremment ces travaux majeurs et les réaliser avec succès, la société ontarienne dispose de ressources considérables que nous avons recensées et évaluées : une vision qui nous a semblé partagée par beaucoup ; une volonté politique qui s'est déployée dans des politiques d'ensemble de grande portée, mais aujourd'hui hypothéquée par la situation économique et la position minoritaire du gouvernement ontarien ; un réseau d'universités et de centres de recherche et institutions tel le MaRS Discovery District, réseau sans équivalent au pays ; une diversité humaine qui constitue un vaste portail ouvrant sur les plus importantes puissances émergentes ; une société civile vibrante, capable de se mobiliser et qui en a fait la démonstration. Elle peut compter aussi sur ses acquis qui sont impressionnants, son statut de place financière internationale, sa réputation comme l'un des pôles majeurs de la recherche en médecine du continent et sa montée en puissance comme relais des cultures du monde illustrée, notamment par le Festival international des films de Toronto. Cette configuration des volontés et des ressources autour de priorités renouvelées est-elle susceptible de pérenniser la solide performance économique de l'Ontario?

Elle commande certes une bonne dose de confiance. Mais cette dose de confiance ne dissout pas un sentiment d'inquiétude exprimé clairement par le vice-président et économiste en chef de la Banque TD, Don Drummond, au Sommet économique de l'Ontario en 2008: « Je suis inquiet quant à l'avenir de l'Ontario et j'estime que vous devriez l'être aussi. »

L'économie ontarienne demeure relativement prospère au regard de sociétés comparables sur le continent et dans le monde[269], et son indispensable transformation est amorcée. Qu'elle souhaite le faire en partenariat avec le Québec constitue un choix qui répond à une évidente nécessité: la création au nord-est du continent d'une zone économique intégrée capable de résultats supérieurs dans la compétition mondiale, qui ne cessera de croître dans les prochaines décennies. Ce choix comporte des difficultés certaines, selon le doyen Roger L. Martin. Il est cependant stratégiquement, et pour les deux sociétés, une police d'assurance sur l'avenir. Mais cet avenir est aussi tributaire d'inconnues de taille.

La première concerne l'évolution de l'économie dans la zone atlantique. Ce texte est écrit en 2012, en un temps marqué par une légère reprise aux États-Unis, une reprise de l'ordre du frémissement tant la crise a fissuré la société et l'économie américaines. En un temps aussi marqué par la hausse des difficultés structurelles des économies européennes. Bref, les grands secteurs actuels de l'Ontario sont

---

269. Martin Prosperity Institute, *L'Ontario à l'ère de la créativité*, Toronto, 2009, p. 3.

sérieusement fragilisés et pourraient plonger dans des abîmes si la crise qui les affecte devait se prolonger et s'amplifier. Pour réussir la transformation de son économie, maintenir ses politiques d'ensemble, ses projets d'envergure et rééquilibrer ses finances publiques, le gouvernement ontarien a besoin de rendements fiscaux et d'investissement conséquents, de partenaires du secteur privé prospères et d'un marché de l'emploi actif.

La deuxième a trait à l'évolution interne de l'économie ontarienne. Que feront les acteurs du secteur privé pour accroître la productivité de leurs entreprises et pour installer durablement ces dernières dans une culture de l'innovation ? Que feront-ils pour accroître substantiellement leurs investissements dans la recherche et le développement et pour conquérir de nouveaux marchés partout dans le monde ? Tireront-ils le plein bénéfice de ce capital extraordinaire que constitue la diversité de la population ontarienne ?

L'Ontario a la chance de disposer d'une population culturellement diverse, d'une façon qui la singularise dans le monde et qui lui apporte ce que David Livermore a nommé « *The Cultural Intelligence Difference*[270] ». Après bien d'autres études et analyses, un rapport spécial du Conference Board of Canada d'octobre 2010[271] démontrait que les immigrants, dans une société donnée, augmentent les capacités d'innovation de cette dernière. Telle est la conséquence de leurs nombreux diplômes, de leur connaissance des marchés étrangers, de leur capacité à communiquer en de multiples langues et de leurs perspectives singulières dans l'examen des enjeux et défis. Au Canada, plus du quart des brevets leur appartient, et 35 % des 2 000 plus prestigieuses chaires de recherche

---

[270]. D. Livermore, *The Cultural Intelligence Difference*, New York, Amacom, 2011.
[271]. The Conference Board of Canada, *Immigrants as Innovators Boosting Canada's Global Competitiveness*, Toronto, 2010.

du Canada établies en l'an 2000 au pays afin de soutenir l'innovation sont présidées par des Canadiens nés à l'étranger, alors qu'ils constituent 20 % de la population. Enfin, 29 % des récipiendaires du Giller Prize sont des Canadiens venus d'ailleurs.

Un autre facteur inconnu a trait aux marges politiques et fiscales nouvelles dont disposera l'Ontario pour mener à bien ce vaste chantier de la transformation de son économie. Nos interlocuteurs ont généralement plaidé pour des transferts de responsabilités et de ressources financières qui permettraient à la province d'instaurer une politique adaptée à ses besoins et à ses intérêts, notamment pour la formation de la main-d'œuvre, l'immigration et le développement régional. Ils ont également plaidé en faveur d'une plus grande équité fiscale pour l'Ontario. Ils ont été nombreux à affirmer que, pour accomplir ce qui doit l'être, il faut que la province définisse et emploie un nouveau « contrat social canadien incorporant une compréhension des nouvelles réalités de l'Ontario », pour citer à nouveau le directeur du Mowat Centre. Enfin, les orientations d'ensemble de la politique fédérale sur la place du Canada dans le monde constituent un facteur déterminant dans la réussite ou non des politiques des provinces et territoires fédérés.

Ces défis sont complémentaires et marqués par un même indice d'urgence.

Si la transformation de son économie s'accomplit, l'Ontario disposera alors des assises humaines et financières pour mener à terme les importants travaux annoncés ces dernières années : développement accéléré de son secteur éducatif, depuis les jardins d'enfance jusqu'à l'université ; plan intégré de transport pour les régions de Toronto et de Hamilton comprenant 1 200 kilomètres de voies rapides de transport public, et plan d'aménagement et de développement du Grand Nord pour revitaliser cette vaste région de ressources naturelles et d'espaces protégés[272]. On pense aussi à l'ambitieuse et controversée stratégie énergétique appelant des investissements de 80 milliards de dollars de 2011 à 2030. Finalement, l'Ontario doit maintenir et accélérer le développement d'un secteur culturel qui a connu une formidable expansion ces deux dernières décennies.

---

[272]. Ministère du développement du Nord, des Mines et des Forêts, *Plan de croissance du nord de l'Ontario*, Gouvernement de l'Ontario, 2011.

Chapitre 3

UNE SOCIÉTÉ CULTURELLE

En 2009-2010, les secteurs du divertissement et de la culture en Ontario généraient 15 milliards de dollars de recettes et comptaient pour 12,2 milliards du PIB ontarien. Cette contribution équivaut aux deux tiers de celle du secteur de l'automobile et à un pourcentage supérieur à celles des domaines de l'énergie, de la foresterie et de l'agriculture cumulés. La P-DG de la Société de développement de l'industrie des médias de l'Ontario, Karen Thorne-Stone, le rappelle dans le rapport annuel de l'organisation pour la même année :

> En 2009-2010, en matière de revenus et de création d'emplois, les industries des médias culturels de l'Ontario ont continué à supplanter les autres secteurs économiques de la province.
> [Au titre des crédits d'impôt], la SODIMO a délivré 1 300 certificats d'une valeur de 268 millions de dollars pour des projets évalués à 2,7 milliards de dollars[273].

---

273. Société de développement de l'industrie des médias de l'Ontario, *Rapport annuel 2009-2010*, 2010, p. 3.

Selon la même source, l'Ontario occupe la troisième place en matière de divertissement et de création culturelle en Amérique du Nord, après la Californie et New York.

Ces secteurs totalisent 295 000 emplois dans la province, soit près d'un emploi sur deux du domaine au Canada. Les industries culturelles – film, télévision, édition, musique et médias digitaux interactifs – représentent un peu plus de 50 % du domaine et contribuent à hauteur de 6,7 milliards de dollars au PIB de la province[274]. Des chiffres plus récents, cités par la Greater Toronto CivicAction Alliance, évoquent une contribution de l'ordre de 9 milliards de dollars au PIB de la région du Grand Toronto qui, par ailleurs, compte 8 500 organisations culturelles[275].

Ces données ne prennent pas en compte la part de l'offre culturelle ontarienne comme composante de l'industrie du tourisme, dont la contribution à l'économie est de 22,1 milliards de dollars. Le gouvernement ontarien vise à doubler ces retombées à l'horizon 2020, grâce notamment à une politique de présence sur les marchés brésilien, chinois, indien, mexicain et québécois.

Ces données sont impressionnantes en elles-mêmes. Elles le deviennent davantage quand on les soumet à l'avis des Ontariens. En mars 2010, le Conseil des arts de l'Ontario a confié à une maison de sondage le mandat de mesurer l'opinion des Ontariens quant aux liens entre culture et qualité de vie, et qualité de leur vie[276].

Parmi les Ontariens interrogés, 95 % ont affirmé que les arts enrichissent leur vie et 89 % considèrent,

---

[274]. Statistique Canada, *Dépenses publiques au titre de la culture*, (www.statcan.gc.ca/pub/87f0001x/87f0001x2011001-fra.pdf), Ottawa, mai 2011.
[275]. CivicAction, *Breaking Boundaries: Time to Think and Act Like a Region*, Toronto, 2011.
[276]. Conseil des arts de l'Ontario, *Étude sur l'engagement dans les arts en Ontario*, Toronto, septembre 2011.

en ce temps d'incertitudes économiques, qu'une réduction de l'offre culturelle constituerait une vraie perte pour eux. En conséquence, 81 % d'entre eux estiment que les gouvernements doivent continuer à investir dans la culture et que ces investissements concourent à la croissance économique. Ce sondage montre aussi qu'une majorité des Ontariens de toutes les régions et de tous les groupes d'âge ont une attitude positive envers les arts, leur importance pour les personnes et pour les communautés.

Les répondants affirment aussi à 95 % qu'ils souhaitent davantage d'activités culturelles, et 60 % et 55 % assistent respectivement à des concerts et à des pièces de théâtre, tandis que 51 % visitent des musées. Enfin, parmi d'autres données intéressantes, on retiendra que 75 % des Ontariens de 18 à 34 ans téléchargent des pièces musicales et que ces derniers sont les plus engagés personnellement dans des activités artistiques de diverses natures. On comprend mieux l'immense succès de la Fête de la culture ontarienne, inaugurée en 2010 sur le modèle des Journées de la culture québécoises.

Ces données sont remarquables. Connues à la toute fin de notre recherche, elles ont apporté des réponses à des interrogations qui ne cessaient de nous interpeller : comment expliquer le haut volume d'investissement dans la culture en Ontario ces deux dernières décennies par les gouvernements, y compris locaux, et par le secteur privé ? Comment interpréter l'engagement manifeste et continu d'un très grand nombre d'Ontariens pour appuyer leurs institutions culturelles ? Quatre Ontariens sur cinq affirment que la culture contribue à leur qualité de vie et à la croissance de l'économie. En 2009-2010, 16,2 millions de personnes ont assisté aux activités artistiques offertes par les 509 organismes culturels subventionnés par le Conseil des arts de l'Ontario et 4,5 millions ont participé aux activités d'éducation artistique présentées par ces organismes[277].

Entre deux maisons de verre

Au 350, rue King Ouest à Toronto, une façade de verre, immense et lumineuse, occupe tout l'espace entre les rues John et Widmer : le TIFF Bell Lightbox, la nouvelle maison du Festival international du film de Toronto. Une signature connue désormais dans le monde entier. Une adresse très fréquentée, 600 000 personnes ayant franchi ses portes avant le premier anniversaire de son ouverture.

Créé il y a trente-cinq ans, ce festival du film sans jury ni remise de prix s'est imposé comme l'un des rendez-vous cinématographiques les plus prisés de la planète. On y vient de Bollywood, d'Hollywood et de Nollywood. Ici sont montrés tous les sentiments du monde et les œuvres qui les incarnent. Éphémères, les habillages changent, du noir et blanc aux trouvailles de l'ère digitale. Ici, le traditionnel et l'expérimental, l'occidental et l'oriental se découvrent des ADN convergents. Des préoccupations communes, aussi, notamment quant à l'avenir de l'industrie et à son financement international, l'objet d'un forum très couru à chaque édition du TIFF.

Bill Marshall, Henk Vander Kolk et Dusty Cohl sont les pionniers de cette aventure singulière : imposer une ville dans le grand jeu du cinéma mondial et inscrire durablement un rendez-vous international dans un domaine qui en compte déjà un bon nombre, anciens et prestigieux. Une entreprise quasi chimérique, un succès remarquable. À lui seul,

---

[277]. Conseil des arts de l'Ontario, *Rapport annuel et liste des subventions, 2009-2010*, Toronto, 2011, p. 26.

le TIFF illustre le potentiel de Toronto comme relais culturel mondial.

D'autres images, elles aussi visibles en Ontario, celles-là beaucoup plus anciennes, évoquent des histoires racontant l'univers des animaux et la vie des hommes, leurs liens et leurs environnements humain et naturel. Ces images, les plus abondantes du genre au Canada, sont abritées dans une autre maison de verre au nom réconfortant, le « Protective building » qui, depuis 2002, les protège contre les intempéries venues du climat ou des hommes. Ces neuf cents pétroglyphes de marbre blanc ont été découverts, en 1954, près de Peterborough. À défaut de les voir dans leur environnement naturel, on peut les admirer dans un film qui les inventorie et les explique. D'autres sites témoignent aussi des représentations physiques et métaphysiques des nations autochtones, les premières à avoir maîtrisé et développé l'espace ontarien, et à l'avoir magnifié dans des représentations symboliques abondantes et superbes. Le Museum of Ontario Archeology de London les retrace, les montre et les date. Les plus anciens ont 12 000 ans.

Entre ces images et ces histoires figées depuis des millénaires dans la pierre et celles que montre le Festival international du film de Toronto, la présence humaine a marqué, au cours des siècles, le territoire matériel mais aussi immatériel de l'Ontario. La culture ontarienne s'est forgée au fil du temps. Des individus, des groupes et des associations se sont mobilisés à différentes époques autour de la culture. Outre les écrivains et les peintres, au XIXe siècle, il y a notamment Egerton Ryerson, qui crée l'Educational Museum of Upper Canada en 1857. Longue est la liste des institutions et interventions qui ont contribué à la structure et à l'illustration de la culture en Ontario, dont l'Ontario Society of Artists, l'Académie royale installée à Ottawa et l'Arts and Letters Club de Toronto ; le

Groupe des Sept aussi, qui expose pour la première fois les œuvres de ses membres en 1920.

Comme toutes les cultures, celle de l'Ontario s'est construite par apports successifs : autochtone, français, britannique, américain, européen, caribéen et plus récemment africain, arabe et asiatique. Ces apports n'ont pas tous la même profondeur dans le temps et dans les esprits, mais la culture ontarienne serait incomplète sans chacun d'eux. Elle s'est alimentée, comme les Grands Lacs, de multiples sources infimes ou abondantes, tumultueuses ou imperceptibles. Dans sa forme moderne, elle s'est d'abord inscrite dans la continuité de son lien à la Grande-Bretagne et de son voisinage américain. Enfin, elle est entrée, à la suite de la Seconde Guerre mondiale, dans une quête d'autonomie qui la définit aujourd'hui comme distincte, indépendante de ses origines et de son voisinage continental, mais restant un fragment original du monde anglo-saxon. Elle apporte les lumières propres de ses paysages et de ses expériences à nulle autre pareille. Cette histoire est maintenant connue. Parmi d'autres, W.J. Keith l'a racontée dans la littérature générale[278], Douglas Daymond et Leslie Monkman dans les essais, les éditoriaux et les manifestes[279], Dudek et Gnarowski dans la poésie[280], Wagners dans la dramaturgie[281], Dennis Reid en peinture[282], et Lisa Rochon dans l'architecture[283].

De ces apports sont venues les métaphysiques, les cosmologies et les langues des peuples autochtones

---

278. W.J. Keith, *Canadian Literature in English, volumes one and two*, Erin, The Porcupine's Quill, 2006.
279. D. Douglas et L. Monkman, *Towards a Canadian Literature, Essays, Editorials and Manifestos*, Ottawa, Tecumseh, vol. 1 et 2, 1984-1986.
280. M. Gnarowski, *The Making of Modern Poetry in Canada*, Toronto, Ryerson Press, 1967.
281. A. Wagners, *The Brock Bibliography of Published Canadian Plays in English, 1766-1978*, Toronto, Playwrights Press, 1980.
282. D. Reid, *A Concise History of Canadian Painting*, London, Oxford University Press, troisième édition, 1989.
283. L. Rochon, *op. cit.*

dont les mots se retrouvent en abondance aujourd'hui dans la toponymie ontarienne. D'eux aussi sont venues les normes des puissances européennes, notamment de la Grande-Bretagne qui a colonisé, peuplé et modelé son territoire, et transmis ses symboles, ses institutions et ses principes. D'eux sont venues les expériences des autres régions du pays, dont du Québec, régions qui ont fourni à l'Ontario un grand nombre de ses créateurs. D'eux aussi sont venus l'énergie, les formes, les rythmes de la culture américaine qui est à la fois la chance et la déveine des créateurs ontariens. D'eux enfin est venu un immense capital de références contenues dans les bagages et les esprits des millions d'immigrants de toutes les aires de civilisation de la planète, formant aujourd'hui une majorité virtuelle dans la société ontarienne. W. J. Keith affirme que les auteurs d'origine juive y ont injecté une vraie dose d'indépendance de pensée et d'originalité de langage[284], comme d'autres écrivains y ont apporté leurs références spirituelles et culturelles spécifiques en fonction de leur provenance. Ils ont ainsi contribué à installer la diversité au cœur de la modernité ontarienne.

Ce jeu de repères défie toute typologie. Il lie aujourd'hui la culture ontarienne à toutes les cultures du monde. Il stimule puissamment la production culturelle ontarienne, comme le montrent les œuvres des créateurs déjà cités dans cet ouvrage. Bref, le miroir culturel ontarien nous renvoie la diversité comme un horizon dans le temps et comme une évidence actuelle. « Dans l'Ontario, on voit plus que l'Ontario. » La formule est empruntée à Alexis de Tocqueville qui l'a inventée pour la société et la culture américaines. Nous l'avons ressentie tout au long de notre traversée de l'Ontario.

---

284. W. J. Keith, *op. cit.*, vol. 1, p. 24.

Cameron Bailey

Cinéaste, écrivain, animateur à la télévision, curateur d'événements cinématographiques d'importance et, depuis 2008, codirecteur du Festival international du film de Toronto, Cameron Bailey, né à Londres de parents d'origine barbadienne, est arrivé en bas âge au Canada, en 1971. Notre hôte nous attend au fond du LUMA, le restaurant du TIFF Bell Lightbox. Dans ce vaste espace de tous les tintamarres, images et effets spéciaux, le restaurant est remarquablement sobre avec ses grandes banquettes de cuir foncé soudées aux murs de noyer, cet arbre qui, comme les films montrés ici, peut venir de tous les continents. Le mobilier se fond dans ce décor net et sans artifice. Le menu est simple, et les plats sont sans prétention. Bref, l'espace ressemble à un réfectoire de monastère dessiné par un artiste minimaliste, et la conversation, immédiate, est facilitée par le caractère intime de l'espace ambiant.

Impliqué dans une myriade de projets sociaux, éducatifs et culturels, dont l'Art & Culture Working Group de CivicAction à Toronto et le groupe Creative Capital qui a préparé un rapport sur la culture pour la nouvelle administration municipale, en plus de siéger au conseil de Tourisme Toronto, Bailey est profondément respecté. Un grand nombre de nos interlocuteurs nous ont incités à avoir une conversation avec cet homme élégant, détendu et fin connaisseur de l'éthos torontois. S'il est manifestement cosmopolite, il est aussi de cette ville qui l'a vu grandir. Il entremêle son expérience personnelle vécue ici et l'aventure du festival dont il a la charge, l'évolution de la société torontoise constituant un préalable à sa capacité de voir le monde tout comme à celle de se faire voir par lui.

À mon arrivée dans cette ville, tout y était si différent. Toronto était une ville beaucoup plus petite et paraissait, à mes yeux, presque totalement blanche. J'ai été le seul enfant noir de ma classe pendant au moins cinq ou six ans; on me poursuivait dans la cour d'école, on me traitait de toutes sortes de noms et même les professeurs s'y mettaient parfois. Le racisme mesquin et usuel, quoi. Quand je vois aujourd'hui des enfants qui ont l'âge que j'avais alors, je songe qu'ils sont dans un environnement totalement différent, entourés par des gens qui leur ressemblent. Dans mon cas, on me disait: « Tu dois être le meilleur et être parmi les plus performants en raison des préjugés que tu auras à combattre. » Je crois que mes amis juifs ont dû ressentir la même tension. Tout cela vous forme.

Durant presque deux cents ans, jusque dans les années 1950, les orangistes ont dominé la culture de Toronto et de l'Ontario. L'élection de Nathan Phillips comme maire de Toronto, le premier maire d'origine juive, a eu un impact considérable. Cela a coïncidé avec les changements architecturaux de la ville. Le nouvel hôtel de ville en est un exemple, pas seulement l'édifice qui était en soi révolutionnaire, mais l'esplanade qui le jouxtait, permettant aux Torontois de se rassembler et d'interagir. Je crois que ces événements marquent le début du changement dans cette ville.

Quant à la relative harmonie au sein de notre diversité, notamment sous Trudeau, une politique plus libérale a certainement contribué à la transformation du pays. De plus, je crois que la lutte pour les droits civils des citoyens noirs américains a aussi marqué nos esprits. Les Canadiens ont vu les effets de la violence et ont choisi une autre route. Nous ne voulions absolument pas de cela ici, et les médias, les politiciens ont prêché autre chose. Mais je crois que ce qui a été extraordinaire en Ontario, et je dirais à Toronto en particulier, c'est le succès de Canadiens issus des minorités; leur accession à des postes de pouvoir a certainement eu un impact positif. Dans certains pays européens, on ne voit pas ça. Des amis me disent même : « Tu sais, Cameron, ici, un Noir ne pourrait pas occuper le poste qui est le tien aujourd'hui. »

La diversité domine le propos de Cameron Bailey, non pas comme un sujet problématique, mais comme une évidence, un état normal des choses et des êtres, un levier puissant qui ouvre sur le monde. Dans son regard et dans ses mots passent le souvenir du petit enfant noir discriminé et la certitude qu'aujourd'hui cela s'estompe, comme en témoigne sa place éminente dans la société ontarienne.

Cameron Bailey a du cinéma mondial une connaissance approfondie; celui d'Afrique qu'il a découvert au Festival panafricain du cinéma de Ouagadougou, celui d'Asie qu'il fréquente à Mumbai, Hong Kong, Shanghai et Busan, et tous les autres, canadien, américain et européen, vus à Cannes, Berlin, Venise et ailleurs dans le monde. Il les traque tous en permanence afin d'établir la programmation du TIFF, sa responsabilité et son plaisir manifeste. Non sans ironie, il rappelle la compétition entre les festivals de Montréal et de Toronto, et la victoire de la Ville reine bien servie alors par l'exode d'un grand nombre d'institutions et de personnes qui quittent Montréal pour Toronto avec, notamment, leur portefeuille !

Depuis, de nombreux films présentés ici ont remporté de grands prix internationaux, y compris des oscars. L'effet d'entraînement a été déterminant. Désormais, les producteurs américains et asiatiques ont pris l'habitude de lancer leur film au festival de Toronto, certains de trouver ici un public chaleureux.

Il y a toujours un auditoire local enthousiaste pour accueillir ces films, peu importe d'où ils viennent. Montrés à Venise ou à Cannes, ils sont certes bien reçus, mais comme des films exotiques, comme des films étrangers. Ici à Toronto, ils ont un vaste auditoire qui les considère comme venant et exprimant leur monde. Tel est l'un des bénéfices de la diversité torontoise et ontarienne. Cela est vrai pour le cinéma, mais aussi pour l'opéra et l'orchestre symphonique, qui comptent des musiciens et des artistes invités en provenance des pays d'origine de nombreux Torontois.

Au dernier soir de la première édition du festival, en 1976, les pionniers se félicitent des 127 films présentés en provenance de 30 pays et remercient abondamment les 30 000 Torontois qui ont alors rempli les salles obscures. En 2011, 268 longs métrages et 68 courts métrages, de 65 pays, ont été projetés, et 400 000 cinéphiles ont participé à la 34e édition du Festival international du film de Toronto. Cette appellation est de 1995. Jusque-là, on le désignait comme le Festival des festivals, ce qu'il est peut-être en train de redevenir, avec sa position stratégique dans le calendrier cinq mois avant les oscars, sa sélection d'œuvres universellement célébrées et faisant une place à tous les cinémas du monde. Des thématiques suggérées davantage qu'imposées – telle celle de l'immigration et des migrations, choisie avec intelligence pour l'édition 2011 et sujet majeur en Occident, mais aussi en Afrique, en Amérique latine et en Asie – s'ajoutent à ses qualités. À l'occasion de l'édition 2011 du TIFF, un correspondant du journal *Le Monde* observe : « Plus fort qu'il ne l'a jamais été, il a su conserver intact l'étonnant cocktail de glamour et de convivialité sur lequel il a construit son identité... Toronto, c'est aussi l'endroit rêvé pour prendre le pouls de la production cinématographique de l'année à venir[285]. » Son collègue du quotidien montréalais *La Presse* écrivait

---

[285]. I. Reignier, « Toronto, festival drôle et détendu. Un très bon cinéma loin des superproductions », *Le Monde*, 17 septembre 2011.

l'année précédente que le Festival de Toronto fait montre « d'un véritable respect envers le cinéma. Particulièrement, contrairement à ce que tout le monde croit, envers les films étrangers[286] ».

L'entreprise est vaste. Dix jours festifs qui amènent les célébrités des cinémas du monde à Toronto. On peut les voir sur le tapis rouge et dans des réceptions courues – acteurs indiens, français, africains, américains, chinois, canadiens, québécois, britanniques et tous les autres, *ego* et beautés venus de mondes lointains : producteurs, groupies, marchands de rêve et autres fragments de la confrérie des fabricants d'images. Le festival offre toute l'année une programmation abondante grâce à sa très importante cinémathèque. Des rétrospectives, telles celles consacrées en 2011 aux œuvres de Henri-Georges Clouzot et de Nicholas Ray, des conférences, des ateliers, des rencontres avec des cinéastes canadiens ou étrangers, des possibilités de création qui, achevées, sont alors projetées sur les surfaces techno du Lightbox, des festivals spécialisés, dont l'un consacré au cinéma pour enfants. À compter de 2011, le TIFF inaugurera son nouveau programme Nexus consacré aux médias digitaux, aux jeux et aux communautés qu'ils rassemblent.

Plus d'un million de Torontois sont annuellement, sous une forme ou une autre, des adhérents au TIFF. Ils y voient des images en abondance. Ils y entendent aussi des histoires, les plus vraies et les plus illusoires, les plus immédiates et les plus lointaines.

Le TIFF occupe l'un des premiers rangs de la scène cinématographique mondiale. À Toronto, sa primauté est évidente. Mais il doit y partager son public avec les soixante-quinze autres festivals de cinéma montrant toute l'année des images et histoires de toutes les

---

[286]. M.-A. Lussier, « Ce que j'aime (et aime moins) du TIFF », *La Presse*, 10 septembre 2010.

régions du monde[287]. Ce partage s'étend à tout le territoire ontarien, où des festivals ont acquis une notoriété certaine. Parmi d'autres, le Peterborough International Film Festival, la Cinefest Sudbury International Film Festival et le Kingston Canadian Film Festival.

Une première en Amérique, Toronto accueillait en juin 2011 l'International Indian Film Academy Awards et est devenue pendant trois brèves journées la vitrine du plus important cinéma du monde avec une production de plus de mille œuvres par année. À l'image de ce cinéma de toutes les extravagances, couleurs, chorégraphies et de toutes les beautés, la fête était démesurée et magnifique. Elle comprenait concerts, projections de dizaines de films à Toronto, Brampton, Markham et Mississauga, couvrant la très grande diversité du cinéma indien; rétrospective organisée par le TIFF de la filmographie du fameux cinéaste indien Raj Kapoor. Il y a eu aussi un défilé de mode montrant les réalisations de couturiers indiens réputés et une exposition au Musée royal de l'Ontario montrant les copies d'artiste des affiches de ce cinéma vu dans toute l'Afrique, l'Asie du Sud et du Sud-Est, et par la diaspora indienne sur tous les continents.

Un bref moment, les vedettes du cinéma indien s'installent à Toronto-Bollywood, et 40 000 amateurs viennent de partout pour l'événement, cette fameuse remise de prix. Elle a lieu au Rogers Centre en présence de 16 000 personnes, et sa diffusion est suivie par 700 millions de téléspectateurs dans 60 pays. Locale et mondiale, la fête comble d'aise la communauté des

---

[287]. À titre d'exemples: Planet in Focus, International Environmental Film and Video Festival; Indigenous Resistance Documentary Festival; Toronto Palestine Film Festival; Toronto Jewish Film Festival; CinéFranco; Toronto Asian International Film Festival; Toronto Indian Film Festival; Toronto African Film and Music Festival; Toronto Latino Film and Video Festival; Toronto Urban Film Festival; le Festival du film européen de Toronto; Brazil Film Fest.

Ontariens d'origine indienne, renforce les réseaux de créateurs indiens et torontois engagés dans des coproductions cinématographiques, donne raison aux chaînes OMNI qui font une vraie place au cinéma indien dans leur programmation. Finalement, la fête enrichit la réputation de Toronto comme ville relais du cinéma mondial. Le gouvernement ontarien n'a rien ménagé pour attirer l'IIFA : le premier ministre d'alors, Dalton McGuinty, s'est rendu en Inde, et son gouvernement a apporté une forte contribution financière à l'événement.

Le système culturel ontarien

Par certains de ses éléments, le système culturel ontarien ressemble à celui des États-Unis : importance du secteur privé, du mécénat, des fondations, des pouvoirs locaux, du bénévolat ; abondance des institutions, associations et organisations culturelles sur tout le territoire ; et attachement au patrimoine. Mais le système culturel ontarien ressemble aussi à certains égards à celui d'États européens qui produisent des énoncés de politique du domaine, se sont dotés d'institutions publiques dédiées à la culture, viennent en appui à de grands programmes et assurent un financement récurrent et substantiel à l'ensemble du secteur.

Certes, la séduction de la culture américaine est forte, ici comme ailleurs, mais peut-être davantage au Canada, compte tenu de la continuité territoriale et linguistique entre les deux sociétés. Mais forts sont le désir et le besoin de dire et de montrer le monde à leur manière. L'Ontario est portée à la fois par cette séduction et ce désir cohabitant avec intensité en elle-même. « Comment dire à la fois non et oui ? » se demande l'auteure de *Moving Targets*[288].

---

288. M. Atwood, *Moving Targets*, *op. cit.*, p. 69.

Question pertinente en Ontario, en Occident et dans le monde.

Par contre, l'Ontario appartient à une dynamique politique qui a peu à voir avec celle des États-Unis. Depuis la célèbre conférence sur les arts tenue à Kingston en 1941 et la mise en œuvre, en partie, des recommandations de la Commission royale d'enquête sur l'avancement des arts, des lettres et des sciences de 1951, le Canada intervient dans le domaine culturel à partir de références spécifiques. Et les provinces, l'ontarienne comme les autres, occupent le domaine depuis un demi-siècle, dotées de paramètres qui diffèrent absolument des interventions des États américains.

Le système culturel ontarien est fortement soutenu par le gouvernement provincial et les autorités municipales. Leurs contributions respectives pour l'année 2008-2009 s'élevaient à 887 millions de dollars et à 1 162 milliards de dollars pour soutenir une production culturelle propre. La concurrence américaine fait le guet en permanence : 300 000 ouvrages sont publiés chaque année aux États-Unis contre 16 000 au Canada, et les volumes des productions télévisuelles et cinématographiques sont incomparables. La fable de l'éléphant et de la souris de Pierre Elliott Trudeau vient spontanément à l'esprit ! Certains, tel Pierre Berton, avec ses 50 ouvrages, ses 100 grands reportages pour le magazine *Maclean's* et ses 1 000 chroniques dans le *Toronto Star* ont à peine fait vaciller ce balancier irrémédiablement déséquilibré[289]. Cette disparité n'empêche pas la production d'œuvres culturelles et la reconnaissance nationale et internationale d'un grand nombre de créateurs ontariens. En littérature, par exemple, longue est la liste des auteurs

---

289. A.B. McKillop, *Pierre Berton : A Biography*, Toronto, McClelland & Stewart, 2008.

ontariens dont les œuvres sont attendues et respectées dans le monde : Alice Munro, André Alexis, Nourbe Se Philip, Margaret Laurence, Margaret Atwood, Michael Ondaatje, Rohinton Mistry, Shyam Selvadurai, Austin Clarke, Vincent Lam, Richard B. Wright, Lawrence Hill et bien d'autres encore. Mais comme l'a montré un sondage de 2008, si les auteurs canadiens, les grands, sont célébrés à l'étranger, ils sont relativement peu connus au pays[290].

La culture ontarienne est-elle possible dans une société qui définit son identité en fonction de l'expérience canadienne plutôt que son expérience ontarienne ? Dans un texte cinglant publié dans le magazine *Maclean's* d'octobre 2007, Andrew Potter répond par la négative[291]. Est-elle suffisante « comme sous-produit de la culture américaine, pour y consacrer quelques mois de recherche et ultimement quelques pages écrites sans doute en très gros caractères ? » me demande un ami ontarien, sceptique mais intéressé. « Mission impossible », me confie à voix basse un haut fonctionnaire fédéral, mandarin d'un autre temps qui confond subvention et création, et oublie que l'heure d'Ottawa n'est pas celle du pays réel.

Nous sommes allés à la rencontre de ceux qui créent l'offre culturelle ontarienne. John Ibbitson, le romancier qui se dissimule derrière ses brillantes chroniques politiques dans le *Globe and Mail* ; Cameron Bailey, l'audacieux gestionnaire du TIFF, qui se considère d'abord et avant tout comme un écrivain ; Howard Aster, l'éditeur de la diversité, amoureux de la Bourgogne ; John Ralston Saul, le consort d'une grande épopée vice-royale et l'essayiste qui

---

[290]. « Celebrated abroad, misspelled at home », *The Globe and Mail*, 31 décembre 2008.
[291]. A. Potter, « What's best for Ontario ? Newsflash : who cares ? The reason Ontario has no culture ? It doesn't exist », *Maclean's*, 1er octobre 2007.

exhume la part d'ADN qui nous vient des Autochtones, et l'autre part qui nous viendrait des pensées convergentes de LaFontaine et de Baldwin; Alberto Di Giovanni, le curateur heureux du Centro Scuola e Cultura Italiana, sans oublier nos témoins: Rahul Bhardwaj, Madeline Ziniak, Mihnea C. Moldoveanu, Lisa Rochon et Hargudeep Saini. Nous les avons observés à Toronto et dans l'ensemble du territoire ontarien, dans les musées, les centres culturels, les bibliothèques, les grands festivals, les salles de spectacle et autres lieux de culture. Par leurs créations et engagements continus, ils sont légion à faire vivre et à plébisciter la dimension culturelle de leur société.

Nous avons aussi rencontré des témoins dont les travaux illustrent la place que certains reconnaissent à la culture dans la société, telle l'équipe d'Artscape. Cette dernière gère depuis vingt-cinq ans d'importants projets de rénovation de bâtiments et de quartiers entiers visant à placer la culture dans les communautés qui en sont privées et à offrir aux artistes et à leurs regroupements des lieux de vie et de création adaptés à leurs besoins et à leurs moyens. Le marché seul est peu susceptible de s'adonner à de telles initiatives qui lient le développement culturel, social et économique.

Transformation des espaces, des personnes et des économies; cette trilogie définit l'ambition d'Artscape qui émerge des réalisations impressionnantes et des projets d'envergure en cours. Il faut voir ce qu'est devenu le Distillery District et ce qu'est en train de devenir Regent Park. Quartier parmi les plus pauvres de la ville se déployant sur 69 acres dans l'est de Toronto, Regent Park est présentement en reconstruction au coût de un milliard de dollars. Cette reconstruction se fait autour d'un nouveau centre culturel comprenant une salle de spectacle, des espaces pour les associations culturelles, les programmes jeunesse et l'innovation sociale. Autre grand projet d'Artscape, la revitalisation de l'ouest de la rue Queen, devenue un nouveau centre de la création culturelle torontoise avec ses ateliers, ses galeries expérimentales, sa scène musicale, ses restaurants et ses boutiques de créateurs de mode. L'organisation y a déjà rénové l'hôtel Drake, l'hôtel Gladstone, le Musée d'art contemporain canadien. Elle y conduit des projets résidentiels d'envergure pour 7 000 nouveaux résidents, comprenant la rénovation d'un espace de 27 acres autour du Centre de toxicomanie et de santé mentale. Ainsi se recrée la ville selon une vision qui inclut la culture comme source de qualité de vie et soutien à l'intégration économique. Artscape œuvre dans d'autres villes ontariennes qui s'intéressent à l'esprit et à la façon de faire du groupe torontois : Hamilton, Kingston, Kitchener, London, Markham, Mississauga, etc.

Enfin, nous avons cherché à comprendre la politique culturelle ontarienne. Nous avons découvert un puissant conglomérat liant pouvoirs et ressources publics et privés. Une vision faisant de la culture un levier pour la croissance et le développement. « Le secteur du divertissement et de la création est une pierre d'assise de la nouvelle économie de la province », affirme le ministre ontarien des Finances dans le discours du budget de 2008. Certains y voient une composante de la cohésion sociétale comprenant l'accueil et l'accompagnement des immigrants, et l'ancrage d'un sentiment d'appartenance et de fierté qui est manifeste devant cette dimension du vivre ensemble ontarien. Cela explique les mobilisations abondantes, continues et fructueuses d'un nombre considérable d'Ontariens pour soutenir la culture.

La province dispose d'un ministère du Tourisme et de la Culture qui, outre ses propres programmes, appuie directement le réseau provincial des organismes de service aux arts. Elle dispose de plus d'un Conseil des arts, créé en 1963[292] et de la Fondation Trillium de l'Ontario, mise en place en 1982 et qui soutient les organismes communautaires œuvrant à la cohésion dans les domaines des services sociaux, des sports et des loisirs, de l'environnement et de la culture[293]. Elle dispose enfin de la Fiducie du patrimoine ontarien, établie en 1990 et chargée de la conservation du patrimoine architectural, du patrimoine naturel et de la reconnaissance des lieux historiques, plus de 1 225 depuis sa création ; de la Fondation des Arts de l'Ontario, créée en 1991 et qui gère 275 fonds de dotation établis à la suite de dons du secteur privé aux institutions culturelles ; du Fonds pour les manifestations culturelles, établi en 1999 et qui a soutenu 380 organismes du secteur en 2010-2011 ; de la Société du partenariat ontarien de marketing touristique, créée en 1999 et de la Société de développement de l'industrie des médias qui, depuis l'an 2000, vient en appui aux entreprises spécialisées du domaine. Ce conglomérat d'institutions est doté de ressources importantes qui ont été substantiellement enrichies ces dernières années, malgré la crise, à la suite de l'examen des bilans de ses composantes jugées remarquablement performantes.

John Brotman

L'ancien directeur général du Conseil des arts de l'Ontario (CAO) est un immigrant venu à Toronto de sa lointaine Afrique du Sud, « alors la société la plus raciste du monde », après de grands détours par la Grande-Bretagne, la Belgique, l'Italie, le Canada, notamment l'Alberta, Ottawa et Toronto. Ce nomade

---

[292]. Le Conseil des arts de l'Ontario a subventionné 1 697 artistes et 1 013 organismes dans 236 communautés en 2009-2010.

[293]. En 2008-2009, 1 458 organismes ont bénéficié de l'appui de la fondation.

a quelques patries qui se laissent découvrir dans ses mots : la musique qui est son espace professionnel et personnel ; la création qui continue à l'émerveiller, et tout ce que l'institution qu'il a servie pendant plus de dix ans, jusqu'au début de 2012, lui a révélé des rapports de l'homme à la culture, de la place éminente de cette dernière dans les communautés humaines, les plus humbles et les plus sophistiquées.

Rue Bloor à Toronto, John Brotman nous a accueillis dans son bureau laissant voir des fragments de la grande ville. Sa collègue, la directrice de la recherche, des politiques et de l'évaluation, Kathryn Townshend, l'accompagnait.

L'un et l'autre sont manifestement fiers de ce qu'ils ont accompli dans cette maison qui a servi de laboratoire aux ultraconservateurs au pouvoir à Queen's Park de 1995 à 2002. Leur défi principal aura été d'en restaurer les ressources intellectuelles et financières, d'intégrer les éléments utiles de l'expérience conservatrice aux fonctions de l'institution et d'en assurer à nouveau le rayonnement sur la totalité du territoire ontarien.

Sans jamais déroger à son devoir de réserve, John Brotman décrit alors les deux dernières phases de l'évolution des politiques publiques ontariennes en matière de culture.

> Il y a plus ou moins quinze années, le gouvernement a décidé de se désengager de la culture et de créer des fonds spécifiques d'appui à chaque institution culturelle, fonds d'appui alimentés par les contributions du secteur privé et qui seraient doublés par le gouvernement. Convaincu de la fécondité de la formule, le gouvernement d'alors a réduit de 40 % le budget du conseil. Cette théorie tient la route dans la mesure où le secteur privé accepte d'investir dans la culture et dans ce schéma précis arrêté par le gouvernement, ce qui n'est

pas évident. La théorie tient la route dans la mesure aussi où les rendements de l'économie et de la Bourse sont au rendez-vous. Les résultats ont été modestes. De plus, ils ont laissé apparaître une disparité certaine entre les institutions capables de mobiliser d'importantes ressources financières et bon nombre d'autres ne disposant pas de la taille, des réseaux et de la notoriété susceptibles de leur apporter les appuis requis. Bref, pour un développement constant et équitable envers toutes les institutions et toutes les régions, la ressource publique est indispensable. Sa constance apporte une certaine assurance aux administrateurs et responsables des institutions et associations du domaine, d'autant que le CAO, contrairement à la majorité des organismes subventionnaires publics, vient en appui à leur budget d'exploitation.

Notre objectif, il y a dix ans, était de restaurer la contribution publique au conseil, ce que nous avons réussi, la dotation ayant été multipliée par trois depuis 2000. Certes, le gouvernement actuel est sensible à la culture et ne fait pas mystère de ses convictions. Il croit que la qualité de vie des personnes et des communautés de même que l'attrait de la culture pour attirer et garder les meilleures ressources humaines sont essentiels au développement économique et technologique, ainsi qu'à l'éducation. Un bon exemple serait les initiatives prises dans le domaine de la culture par le Prosperity Council de la région de Kitchener-Waterloo.

J'interroge John Brotman sur l'impact de la diversité ontarienne sur les politiques du conseil. Sa réponse est immédiate: «Majeur et formidable. La diversité nous apporte de nouvelles idées en permanence. Elle nous force à aller vers les diverses communautés pour les connaître et nous faire connaître. Elle nous fait réaliser aussi qu'un grand nombre d'Ontariens sont venus ici pour fuir la peur et vivre dans la paix. Je crois qu'ils aiment la paix, vivre en paix et voir les autres vivre en paix. » Kathryn Townshend semble quant à elle désarçonnée par ma question : « Les diverses communautés et leurs membres sont simplement là comme une évidence, une réalité, notre réalité. »

Cet entretien se termine par une question : quelles sont les impressions d'ensemble du directeur général à la fin de ses fructueux mandats ? Sa réponse est immédiate : « L'importance acquise par la culture dans la société ontarienne et la croissance continue des activités du domaine à Toronto, mais aussi sur l'ensemble du territoire et dans toutes les communautés. »

Brand Toronto

Mis à part le Québec, dont la spécificité culturelle est incontestable, et la région d'Ottawa, dont les institutions culturelles, aussi importantes qu'elles soient, constituent une vitrine artificielle et impressionnante aménagée selon une logique politique propre au régime fédéral canadien[294], Toronto est de toute évidence la capitale culturelle du Canada. Elle le restera aussi loin que l'on puisse voir dans l'avenir. W.J. Keith fait remarquer que l'Ontario a mis longtemps à réaliser qu'elle n'était plus le *Canada West*, comme quiconque peut s'en apercevoir lors d'un bref passage en Alberta et en Colombie-Britannique, et qu'il y a désormais plusieurs Canada. Le capital cumulé en Ontario et à Toronto – capital de ressources institutionnelles, humaines, financières et découlant d'un réseautage international – situe la province et sa capitale dans une catégorie à part sans équivalent dans la composante anglophone du pays. De plus, Toronto loge la quasi-totalité des associations professionnelles

---

[294]. On doit faire une exception pour les institutions culturelles découlant des responsabilités constitutionnelles de l'État fédéral, comme Bibliothèque et Archives Canada, et de celles mises en place par la ville d'Ottawa.

canadiennes du domaine de la culture, ce qui ajoute substantiellement à son influence.

Depuis ses origines européennes, Toronto a intéressé les artistes, les peintres, les graveurs et les écrivains[295]. Certains poètes aussi, tel Raymond Souster, l'ont choisie comme sujet de leurs œuvres. Dans *The City Called a Queen*, il la décrit comme étrange et froide, mais aussi comme objet de « sa célébration et de son amour ». Hugh Garner, pour sa part, la montre laborieuse et rangée dans *Cabbagetown*. Dionne Brand en dresse un profil spectaculaire au tout début de *What We All Long For*. Ins Choi, le dramaturge torontois d'origine coréenne, l'a mise en scène dans deux œuvres importantes: *Window of Toronto* et *Kim's Convenience*. Atom Egoyan la montre dans *Chloe*, complexe, diverse, stratifiée dans et par le temps, bétonnée et si près de la nature, banale ici et sublime en de multiples lieux. Est-elle en train de devenir une ville culturellement compétitive à l'échelle mondiale, comme tend à le prouver le TIFF? Rita Davies, « la tsarine culturelle de Toronto[296] », s'y emploie avec intelligence et conviction depuis plus de vingt ans.

Rita Davies

Il faut voir la ville et le grand lac qui la borde, depuis les hauteurs de l'hôtel de ville de Toronto, pour en apprécier l'exceptionnelle localisation. Dans cette journée de lumière, l'ondulation des reflets sur les hauts bâtiments de verre ne cesse de varier, renvoyant des reflets magnifiques et évanescents sur des cimes immobiles. Le bureau est petit, et les imposants fusains qui l'ornent lui donnent une dimension improbable.

---

[295]. P.F. Sylvestre, *Toronto s'écrit: La Ville reine dans notre littérature*, Toronto, Éditions du Gref, 2007.

[296]. M. Knelman, « Rita Davies, Toronto Cultural Czar », *Toronto Star*, 20 février 2006.

La directrice chargée du dossier culturel de la métropole canadienne, Rita Davies, nous y reçoit avec une grande amabilité.

Née à Shanghai d'un père juif et d'une mère catholique, elle incarne la diversité ontarienne. De sa voix douce et posée, elle raconte la fluctuation de la volonté politique qui a marqué les dernières décennies en ce qui a trait à la culture : les temps de confiance quand la ville était animée par David Crombie et « le passage dans un long tunnel », quand la province était sous la férule de Mike Harris. Malgré ce va-et-vient, des progrès ont été accomplis, tangibles et abondants.

Des milliers de personnes habitent l'univers de la tsarine qui a quitté l'hôtel de ville en 2012. D'anciens collègues du monde de l'édition, son premier métier, des amis du temps où elle mène et gagne une formidable bataille pour que soit enrichi, et substantiellement, le budget du Conseil des arts de Toronto, des associations pérennes, des regroupements circonstanciels, des comités de rue, des créateurs en grand nombre, des amateurs d'art anonymes et des mécènes fortunés, des forces permanentes et d'autres, éphémères, qui font vivre la mobilisation qu'elle encourage. Sous une douceur apparente se dissimulent volonté et résilience, une détermination sans faille. Nous repartirons les bras chargés de documents de toutes sortes. Passionnante, leur lecture nous apprendra peu, cependant, tant y est conjugué, sous différentes formes, le message qu'elle nous a livré personnellement avec force.

> Vous avez vu sans doute les réalisations culturelles considérables qui ont changé notre ville et modifié le regard des Torontois sur la culture… Cela ira s'amplifiant. Nous y verrons. Oui, tout cela s'amplifiera ici et dans le monde si nous pouvons conserver l'appui et la fierté de nos concitoyens envers des événements

superbes qui se produisent dans notre ville. Alors Toronto appartiendra aux grandes villes culturelles du monde, à côté de Chicago, de Milan, de Montréal, de Barcelone, de Londres, de San Francisco...

L'ambition culturelle de Rita Davies pour Toronto a inspiré la réflexion et les propositions cette dernière décennie, au sujet de l'enveloppement de la culture dans la capitale ontarienne. Les plans culturels de la grande ville portent sa signature ou alors sont marqués par sa vision et son influence : le plan de 2003[297] ; la vaste campagne de 2006-2007, Live with Culture, et, en 2006, la proposition de stratégie pour faire de Toronto une « *creative city*[298] ».

Les relais et les suites viendront en abondance. Parmi d'autres, la contribution d'Andrew Bell et de Kevin Stolarick du Martin Prosperity Institute en 2008 mérite une mention[299] en raison de ce qu'elle propose et comme illustration de l'inclusion du domaine culturel dans les travaux de prospection et de projection de ce que cherche alors à devenir la capitale ontarienne.

Après avoir démontré que la contribution de la Ville de Toronto au financement des organisations artistiques et culturelles n'a pas suivi l'inflation et la croissance de la population, les auteurs élaborent six scénarios pour changer ce qui doit l'être. Le premier de ces scénarios évoque la grisaille du *statu quo*, et le dernier, une croissance de 89 % dans le budget du domaine. Ces scénarios sont autant d'options offertes aux élus municipaux.

Les auteurs sont plus catégoriques par rapport au besoin d'affirmation du caractère singulier et

---

[297]. City of Toronto, *Culture Plan for a Creative City*, Toronto, 2003.
[298]. City of Toronto, *Imagine a Toronto... Strategies for a Creative City*, Toronto, 2006.
[299]. A. Bell et K. Stolarick, *Funding to Arts and Cultural Organizations by the City of Toronto, 1990-2008*, Toronto, Martin Prosperity Institute, septembre 2008.

spécifique de Toronto. En conséquence, ils soutiennent qu'une « marque Toronto » doit être élaborée comme une identité propre si la ville veut attirer les touristes, intéresser les acheteurs internationaux de biens et de produits culturels, séduire les investisseurs et les financiers du domaine, susciter un sentiment de fierté chez les créateurs torontois et ainsi améliorer leur moral. Leur conclusion en surprendra plus d'un : « Un élément important de la *Brand culture* pour Toronto consiste à la distinguer de la *Brand Ontario* et de la *Brand Canada*[300]. » Ces marques reposent sur une autre logique et poursuivent différentes finalités. Ces perspectives bénéficient d'importants appuis de divers représentants des institutions financières et d'associations de la société civile. Dans ce domaine comme dans tant d'autres, la société ontarienne dispose d'un tissu associatif d'importance. Elle est tissée serré, comme on dit au Québec.

Tony Comper
Ancien président et chef de la direction de la Banque de Montréal, Tony Comper est un fier Torontois. Il a fréquenté certaines de ses institutions scolaires, dont le De La Salle College et le St. Michael's College, et en a servi plus tard, dont le Canadian Friends of Simon Wiesenthal Centre for Holocaust Studies, le Li Ka Shing Knowledge Institute de l'hôpital St. Michael et l'Université de Toronto, dont il a présidé le conseil et une importante campagne de financement. En juin 2008, Comper s'adresse aux membres de la Chambre de commerce de Toronto réunis en assemblée générale annuelle. Parmi tous les sujets possibles, il a choisi d'évoquer « Toronto's Next Leap Forward ». En clair : « la renaissance culturelle de Toronto », comme il le précise dès le début de son intervention.

---
300. *Ibid.*, p. 7.

Une société culturelle

J'ai observé avec un plaisir sans cesse croissant l'évolution de Toronto, d'une ville «provinciale», et tout ce que ce terme suppose, à une capitale mondiale. Ce passage s'est produit en quarante ans, le temps d'une génération biblique. [...] Au début de ce nouveau siècle, nous devons prendre note que, outre ses autres atouts pour fonder son statut de ville mondiale, nous pouvons maintenant prétendre qu'elle est aussi une ville leader sur le plan culturel.

Il est sans doute vrai que les installations physiques ne sont pas suffisantes pour procurer ce statut, mais je sais que je ne suis pas le seul à affirmer que cela ne se serait pas produit sans le boom de construction qui nous a donné le nouveau Four Seasons Center for the Performing Arts et l'Ontario College of Art & Design, des ajouts significatifs au Musée royal de l'Ontario et au Musée des beaux-arts de l'Ontario, les transformations éblouissantes de l'École nationale de ballet du Canada et du Royal Conservatory of Music.

Avec ce Big Six, pour emprunter l'expression à Christopher Hume du *Toronto Star*, nous disposons désormais d'une masse critique qui nous permet d'entrevoir ce que nous devons faire dans les prochaines étapes. [...]. Je veux dire contribuer à la transformation de Toronto en une toute nouvelle sorte de ville, pas seulement de premier niveau ou mondiale, mais les deux à la fois et davantage. Je fais référence au concept de «ville créative» qui est à notre portée, maintenant que Toronto s'est transformée en une capitale culturelle du XXIe siècle.

[...] Dans cette tâche de former la première ville créative, nous disposons d'un autre avantage, spécial et unique. Vous savez de quoi je parle. La diversité.

Il y a littéralement un monde autour de nous, dans un rayon de quelques douzaines de kilomètres de cette salle, où plusieurs centaines de milliers de personnes parlent plus de cent langues et mijotent autant d'idées.

En venant s'établir ici, ces personnes ont marqué leur confiance dans cette partie spéciale du pays. Elles sont, comme leurs enfants et les enfants de ces derniers, l'avenir de Toronto. Dans le futur, elles nous auront remplacés dans cette salle. Elles parleront avec affection de leur Toronto et ce qu'il leur faudra alors accomplir pour que leurs concitoyens vivent pleinement leur vie.

Toronto a fait des progrès considérables depuis que Jane Jacobs est arrivée en ville et nous a mis sur la route de cité créative de Richard Florida, de ses rêves et de ses ambitions. Si elle a fait de nous ce que nous sommes aujourd'hui, je veux vous dire ma conviction que son héritage, cette ville, fait maintenant de nous ce que nous devons devenir et deviendrons demain[301].

La *Brand Toronto* suscite manifestement de vrais engagements !

Une passerelle

Élu soixante-quatrième maire de Toronto le 25 octobre 2010, Rob Ford[302] est le lointain successeur de William Lyon Mackenzie, le chef révolutionnaire qui, le premier, occupa la fonction en 1834. Cette élection suscite les plus vives inquiétudes dans les milieux culturels de la ville et de la province. La mobilisation est immédiate et la stratégie retenue, efficace. Comment conserver les acquis et maintenir l'élan ? Comment contrer les visées réductionnistes du nouveau chef de l'administration torontoise ?

Entre la politique existante, les équipes en place et la nouvelle administration, on installe une passerelle sous la forme d'un comité consultatif chargé de mettre à jour le plan culturel de la ville. Michael Thompson,

---

[301]. T. Comper, « Everybody's City: Toronto's Next Leap Forward », *Notes of Remark on Annual General Meeting of the Toronto Board of Trade*, juin 2008.

[302]. Au moment de la rédaction de ces lignes (décembre 2012), le maire Rob Ford occupait toujours ses fonctions, dans l'attente de l'audition de sa cause en appel.

président du Comité du développement économique et de la culture du conseil municipal de Toronto, en prend l'initiative. Il réaffirme le lien entre culture et économie « dont elle est un catalyseur qu'il nous faut maximiser », facilite les travaux du comité et accueille favorablement ses recommandations. Ces dernières sont susceptibles, à son avis, de renforcer l'économie torontoise et de renforcer ses avantages compétitifs « sur la scène mondiale[303] ».

Habile synergie des préoccupations de la nouvelle administration, notamment l'importance attachée à l'économie, et des orientations d'ensemble qui, depuis une décennie, définissent l'action culturelle de la ville, le rapport du comité consultatif vise à renforcer cette dernière. Ce rapport porte les signatures de trois personnalités respectées : Jim Prentice, ancien ministre fédéral devenu vice-président de la banque CIBC ; Karen Kain, directrice artistique du National Ballet of Canada ; et Robert J. Foster, directeur général de Capital Canada. Le comité s'est entouré de conseillers représentant tout ce qui compte dans le milieu culturel torontois : Cameron Bailey du TIFF, Nichole Anderson du Business for the Arts, Richard Florida du Martin Prosperity Institute, parmi d'autres. Le rapport inscrit ses choix et ses recommandations dans un ordre clairement affirmé. La créativité est inhérente à la personne, à toutes les personnes, et l'exercice de cette capacité anime la ville, concourt à la qualité de la vie, contribue à son développement économique et à la venue, à Toronto, de ressources humaines de qualité.

Pour ces motifs, la Ville doit maintenir ses investissements dans le domaine et les augmenter, tout comme doivent le faire les milieux d'affaires, les

---

[303]. *Creative Capital Gains: An Action Plan for Toronto*, rapport du Creative Capital Advisory Council, Toronto, City of Toronto, mai 2011.

fondations, les organisations et associations dédiées à la culture. La ville doit aussi aller plus loin et coordonner toutes ces forces afin de positionner Toronto comme capitale culturelle susceptible de s'imposer dans la compétition culturelle mondiale, surtout que le domaine crée deux fois plus d'emplois que les secteurs financier, médical ou biotechnologique, six fois plus que le secteur aéronautique[304] et autant que le secteur automobile. Pour ceux qui en doutent, le comité rappelle que chaque dollar investi dans la culture par la Ville en 2009 a suscité des contributions atteignant 17,75 dollars et que, dans cette foulée, le secteur privé investit 5,5 fois la valeur des investissements de la Ville, soit l'équivalent des contributions cumulées des trois paliers de gouvernement. Ainsi, de 2000 à 2010, la mise des pouvoirs publics dans la culture à Toronto a atteint 335 millions de dollars, et celle du secteur privé, un milliard de dollars. Tout désengagement du secteur public provoquerait une réduction proportionnelle du secteur privé. Telle est la vraie dimension de l'action culturelle de la ville. Elle a posé les assises de l'impressionnante mise à niveau des grandes institutions culturelles torontoises ces dernières années. La politique culturelle de la ville est ainsi encadrée par le comité consultatif et apparemment à l'abri de ceux qui la considéraient comme un luxe insensé.

John Ralston Saul

Dans le grand salon de sa résidence au cœur de Toronto, John Ralston Saul nous reçoit avec ce mélange d'enthousiasme, d'originalité et de distance qui le caractérise. S'il s'exprime avec assurance, c'est souvent en mode interrogatif, « comme doivent le faire les intellectuels », dit-il. Sa semaine a été longue

---

304. *Ibid.*, p. 6.

et chargée. Il revient de Moncton, où il a reçu un doctorat honorifique, a participé le jour même au International Festival of Authors et se retrouvera, au cours des prochains jours, à Dakar, à titre de président du Pen International pour y rencontrer les écrivains africains membres de cette organisation qui promeut la littérature et défend la liberté d'expression.

Il s'installe sur une petite chaise droite devant une superbe peinture représentant Louis Riel et son compagnon Gabriel Dumont, comme une prolongation de son ouvrage *Mon pays métis*. À sa grande surprise, la publication n'a pas provoqué de polémiques au pays, même si elle débusque l'ensemble des inepties qui, depuis toujours, enveloppent le discours canadien convenu sur les Autochtones. Sa thèse est connue :

> Nous sommes un peuple qui a tiré une partie significative de son inspiration des civilisations autochtones, et la paix, de l'équité et la gouvernance. Voilà ce qui repose vraiment au cœur de notre histoire, au cœur de la mythologie canadienne pour les anglophones comme pour les francophones. Si nous pouvions utiliser un langage qui embrasse cette histoire, nous ressentirions un grand soulagement. Nous découvririons alors un pouvoir d'action remarquable et nous aurions conscience d'être vrais avec nous-mêmes.

John Ralston Saul est un conteur d'histoires, d'histoires vraies. Il fait de l'évolution culturelle de Toronto, « qui n'est pas ma ville natale », précise-t-il, une analyse fine et complexe. Il n'appartient pas à la confrérie de ceux qui tranchent dans le temps et indiquent un moment où se serait accomplie la rupture entre le vieux monde colonial et l'affirmation culturelle. John est bergsonien, soucieux de ce qui demeure et change en même temps. Ce jour-là, l'histoire qu'il nous raconte est celle d'une évolution créatrice.

Nous venons d'un monde où il y avait beaucoup plus de culture que d'institutions. Soudainement, nous avons des institutions. Sept grands éléments physiques majeurs plutôt bien réussis (sauf pour le ROM) ont émergé dans la ville en une dizaine d'années. Même Paris ou Londres s'en enorgueilliraient. L'importance de la culture est devenue visible pour ce qu'elle est en elle-même, pour l'économie et pour l'emploi. Elle est ici une industrie énorme.

Mais nous sommes aussi les héritiers du Arts & Letters Club de Toronto, qui a été au centre de la création depuis plus d'un siècle. L'institution a toujours pignon sur rue dans le bel édifice du St. George's Hall où elle mène de nombreuses activités. Le Groupe des Sept y a débattu ses hypothèses ; les collègues de l'Université de Toronto y ont débattu de la théorie de la communication moderne inventée ici et qui depuis s'est imposée dans le monde. Elle porte les signatures d'Innis, de Frye, de Carpenter et de McLuhan. Ceux-là ont montré que la pensée linéaire occidentale ne pouvait pas représenter les mutations du monde. Nous sommes également la ville de Glenn Gould.

La ville est devenue plus excitante aussi avec l'arrivée de gens venant de partout sur la planète. Si jamais l'idée occidentale voulant que la nation soit fondée sur la race existait ici, et je crois qu'elle existait dans certains esprits, elle était contredite par la diversité existante et constamment renforcée par une immigration de plus en plus diversifiée. Certes, il y a eu de mauvaises périodes et des épisodes malheureux, mais l'idée de base ici n'était pas raciste. Elle avait peu à voir avec la mentalité et la doctrine des empires qui jadis contrôlaient le monde d'une manière jamais expérimentée jusque-là, cinq petits pays imbus de leurs sentiments de supériorité imposant leurs normes à la quasi-totalité de la planète.

Quand je regarde notre histoire, et sans nier les atrocités commises, je crois que l'idée et la réalité de la diversité ont finalement été dominantes. Dans la période 1900-1920, nous recevions alors plus d'immigrants qu'aujourd'hui, non pas proportionnellement, mais en nombre absolu. Le peuplement de l'Ouest a accentué la diversité du pays et, depuis la guerre, ce mouvement et cette qualité n'ont pas cessé de se déployer en Ontario. Fait à noter, les nouveaux arrivants y sont largement accueillis par des Ontariens issus eux-mêmes de l'immigration. Subitement, les gens n'ont pas eu peur. Ils ont pris goût à cette ville de toutes les différences, à cette ville différente. Ils sont fiers d'eux-mêmes.

Aujourd'hui, nous accueillons, par l'immigration, chaque année, 1 % de notre population, et 85 % des nouveaux arrivants deviennent citoyens du pays en moins de cinq ans. De plus, à Toronto, on observe que 50 % des professionnels font des mariages interethniques. Cette situation est sans équivalent dans le monde. Elle ne découle ni de nos racines britanniques, ni de nos racines françaises. Cette approche non raciale est très semblable aux façons de faire des Autochtones. Nous nous sommes libérés de la domination des orangistes et de certaines factions catholiques, du racisme occidental qui continue à sévir en Europe.

Enfin, cette ville qui est une ville de propriétaires n'est pas centralisée. Elle est vraiment une ville de quartiers auxquels ces propriétaires sont attachés. Cette situation nourrit un puissant sentiment d'appartenance. Nous avons pu le voir à l'œuvre dans un certain nombre de situations difficiles ou de crise dont l'affaire de l'autoroute Spadina, ce moment où les Torontois ont refusé que l'on détruise leur ville. Ils avaient contre eux de grands promoteurs corrompus et des groupes d'intérêt puissants. Les associations de quartiers se sont fédérées sous le leadership de William Kilbourn, de David Crombie et de quelques autres. Le projet a été abandonné à la suite de la décision du premier ministre ontarien Bill Davis, et les révolutionnaires ont finalement pris le pouvoir à l'hôtel de ville. Cet épisode de l'histoire torontoise a illustré les capacités des associations de quartier.

Aujourd'hui, Toronto compte, soutient et bénéficie de grandes manifestations culturelles dont le rayonnement international est certain : le TIFF et l'International Festival of Authors en sont deux exemples. De plus, cette ville a maintenant un nombre d'écrivains mondialement reconnus, dont plusieurs venus d'ailleurs et qui se sont rapidement imposés ici et sur la planète. Les premiers sont venus des Caraïbes et, par la suite, de toutes les régions du monde. En conséquence de ces évolutions, Toronto est devenue aussi une grande ville littéraire. Montréal, je crois, est dans la même situation.

John Ralston Saul a raison de lier culture et diversité, et de soutenir que l'idée et la réalité de cette diversité ont finalement été dominantes. Tel est, en effet, le centre rayonnant de l'expérience historique de la société ontarienne. Cette dernière n'est pas seulement la somme de situations particulières, mais le lieu d'occurrences et de rencontres débouchant sur une partition intégrale qui n'existerait pas sans elles.

Toronto et les autres

Si la position de leader de Toronto est incontestable, la culture ontarienne existe aussi dans toutes les régions de la province. Le sous-titre « Toronto et les autres » est davantage méthodologique que qualitatif. Il n'a rien pour froisser les Ontariens vivant à l'extérieur de la région du Grand Toronto, bien au contraire. Il est plutôt une manière de rendre compte, au mieux, des réalités distinctes et souvent complémentaires entre l'offre culturelle de la grande métropole et celle des autres villes et communautés ontariennes.

Prise 1 : *l'audiovisuel*

L'Ontario est indiscutablement le vaisseau amiral de la production télévisuelle et cinématographique au pays, sans égard aux genres. Ces productions sont en partie assurées par des producteurs privés, des compagnies de télécommunication détenues par les grands groupes et la Société Radio-Canada. Elles bénéficient de l'appui financier du Fonds des médias du Canada et des programmes d'appui du gouvernement ontarien et de la Ville de Toronto. Tous les indicateurs convergent. Siège des principaux producteurs indépendants et des grands groupes télévisuels du pays[305], Toronto représentait 39 % de la production canadienne en 2009-2010, totalisant 5 milliards de dollars. Depuis 2003, les industries du domaine sont rassemblées par FilmOntario, consortium de 30 000 membres venus de toutes les branches du secteur et qui promeut la province comme centre de production cinématographique et télévisuel « de classe mondiale ». FilmOntario a aussi le mandat d'influencer les politiques publiques incluant la production digitale. L'organisme bénéficie du vaste réseau de services et de contacts de la SODIMO, une agence du gouvernement provincial qui sert les intérêts de l'édition, des médias digitaux interactifs, de l'industrie de la musique et enfin du film et de la télévision.

Sur le plan de la production télévisuelle, l'Ontario occupe le premier rang avec 45 % de la production canadienne et 61 % de la production interne des réseaux de télévision. Dans ce domaine, plus de

---

305. CBC Television, réseau public propriété de la Canadian Broadcasting Corporation ; CTV et CTV Two, réseaux privés, propriétés de Bell Média, succursale de Bell Corporation exploitée depuis la capitale ontarienne même si son siège social est toujours officiellement situé au Québec ; Global, réseau privé appartenant à Shaw Media ; Citytv, un réseau privé appartenant à Rogers Communications et diffusant en Ontario et dans d'autres provinces ; OMNI Television, un groupe de deux stations multiculturelles appartenant à Rogers Media ; TVO-TFO, le réseau de télévision éducative de l'Ontario.

deux œuvres canadiennes sur cinq sont produites à Toronto.

Quant à la production cinématographique, il faut étendre l'analyse sur une longue période tant la situation fluctue d'une année à l'autre. Cependant, ces dernières années, la province a vu sa part croître constamment. Ainsi, en 2007-2008, 37 % du volume global de la production cinématographique et télévisuelle canadienne, et 32 % des œuvres étrangères et des services réalisés au pays l'ont été en Ontario, équivalant à plus de 40 000 emplois directs ou dérivés et totalisant 1,9 milliard de dollars[306].

Ce positionnement découle de plusieurs causes historiques et actuelles, dont une politique dynamique du gouvernement ontarien, notamment en matière de crédit d'impôt. Cette dernière couvre 35 % des dépenses de personnel engagé dans la province et 40 % dans le cas des producteurs qui en sont à leur première œuvre. Un crédit additionnel de 10 % est accordé lorsque le tournage est effectué à l'extérieur de la région du Grand Toronto.

Cette politique a porté ses fruits. De 1990 à 2010, les productions canadiennes et étrangères en Ontario ont été multipliées par six et par trois respectivement. Le cinéma canadien, y compris l'ontarien, a lentement émergé depuis 1970. Des programmes fédéraux de financement et de crédits d'impôt, auxquels se sont ajoutées des interventions du gouvernement provincial, ont permis la production d'un nombre croissant de films. Mais l'absence de réseaux de distribution et de promotion pèse lourdement sur l'industrie. Malgré ces obstacles et la concurrence américaine, des cinéastes ontariens ont réussi à imposer leurs œuvres et à se constituer un public canadien. Certains d'entre

---

[306]. Association canadienne de production de films et de télévision, *Rapport économique sur la production cinématographique et télévisuelle au Canada*, Montréal, 2008, p. 14.

eux sont aussi reconnus sur le plan international, dont Norman Jewison, David Cronenberg, Atom Egoyan, Deepa Metha, Sturla Gunnarsson.

Les images proviennent de l'Ontario, mais c'est également le cas des politiques éditoriales, des scénarios, des grilles horaires, des emplois supérieurs du domaine et les autres – par milliers –, de la gouvernance et des budgets, des rumeurs et des guerres d'audimat… Les critiques aussi, puisque Toronto loge les quotidiens les plus influents du pays et 70 % de tous les magazines canadiens en langue anglaise.

La CBC est elle aussi torontoise et, mandat national oblige, elle dispose d'antennes régionales d'une mer à l'autre. Comme l'illustre son plan quinquennal 2011-2016, elle n'a de cesse de se redéfinir afin d'être davantage canadienne, même si elle l'est en vérité fort peu sauf pour l'information, qui demeure sa première qualité et l'un de ses rares mérites véritables. Le reste oscille entre la diffusion massive de produits américains et une production locale qui, à défaut d'audience, respecte les quotas de contenu canadien. La culture devrait normalement être au cœur de sa programmation, sa signature originale, sa contribution essentielle. En fait, elle est quasi absente de son réseau télévisuel, mais heureusement encore discernable dans son réseau radiophonique.

Prise 2 : l'édition

L'Ontario domine aussi l'industrie de l'édition au Canada[307]. En effet, la province accueille plus de 50 % des éditeurs du pays, qui produisent annuellement 16 000 ouvrages, génèrent un milliard de dollars de revenus et soutiennent près de 6 000 emplois. Présente sur l'ensemble du territoire ontarien puisque près du

---

[307]. Organization of Book Publishers of Ontario, *A Strategic Study for the Book Publishing Industry in Ontario*, Toronto, Castledale Inc, 2008, p. 10.

tiers des éditeurs de la province ont pignon sur rue dans ses régions, l'industrie de l'édition est majoritairement installée dans la grande région de Toronto qui compte près de cinquante maisons d'édition. Certaines sont très anciennes, plus que centenaires dans le cas de McClelland & Stewart et des Presses de l'Université de Toronto, et leurs catalogues constituent de véritables thesaurus de l'évolution intellectuelle et culturelle du pays. D'autres connaissent un rayonnement certain, ont marqué et marquent toujours l'évolution de la société ontarienne. On pense notamment à House of Anansi Press, où plusieurs écrivains ontariens ont eu leur première chance, et où l'on publie des traductions d'œuvres québécoises. On pense aussi, parmi bien d'autres, à Playwrights Canada Press, qui a révélé les œuvres d'un grand nombre de dramaturges ontariens et canadiens ; à Shumack Press, spécialisée dans la littérature féminine et féministe, et à plusieurs maisons d'édition jeunesse, dont l'Ontario est une grande productrice pour son propre marché et pour le marché international. D'autres éditeurs torontois se spécialisent dans la publication et la diffusion d'œuvres d'auteurs issus de l'immigration, telle la maison d'Antonio Delfonso, les Éditions Guernica, la South Asian Review, spécialisée dans les œuvres portant la signature d'auteurs d'origine asiatique, la maison Groundwood Books, sans oublier Mosaic Press d'Oakville, dont le catalogue est d'une grande richesse. Enfin, la communauté des éditeurs torontois comprend aussi les Éditions du GREF, l'une des neuf maisons d'édition francophones de l'Ontario.

Carolyn Wood
Sans craindre la contradiction, la directrice de l'Association of Canadian Publishers évoque, en début d'entretien, la plus ancienne maison d'édition du monde, les Presses de l'Université Cambridge,

dont le modèle perdure à ce jour. Puis elle diserte longuement sur les changements continus de l'industrie dont elle a la garde au Canada. Dans un ancien édifice rénové, au 174 de l'avenue Spadina à Toronto, Carolyn Wood se promène ainsi dans le passé, puis revient calmement mais sûrement aux exigences du présent.

Son association compte cent trente membres dans tout le pays, dont une bonne moitié en Ontario où se trouve concentrée l'industrie de l'édition canadienne de langue anglaise. Les propos de Carolyn Wood sont clairs: les éditeurs canadiens contrôlent 25 % du marché, enregistrent des marges bénéficiaires extrêmement limitées, équivalant aux appuis financiers reçus par les gouvernements d'Ottawa et de Queen's Park, sans plus. La part du lion revient aux multinationales du domaine, Random House contrôlée par des intérêts allemands, ou Penguin Canada, par des intérêts britanniques, ainsi qu'aux grands éditeurs américains qui ont envahi tous les secteurs, y compris celui de l'édition scolaire. Ils disposent de moyens considérables pour faire la promotion de leur produit, quitte à mobiliser Oprah Winfrey ou d'autres grands lecteurs relais. S'il fut un temps où ces éditeurs publiaient quelques auteurs canadiens et les intégraient dans la publicité de tous leurs titres, ce n'est plus le cas aujourd'hui. Les ouvrages canadiens sont maintenant très peu visibles, sauf brièvement s'ils bénéficient de la promotion accompagnant l'obtention d'un prix.

> La situation n'est pas encourageante. Les petits éditeurs disparaissent et même les entreprises de taille moyenne sont de moins en moins nombreuses. La capacité de chacun de publier ses écrits et les exigences découlant de l'ère digitale renforcent leur précarité. Enfin, la domination étrangère et la concentration dans la

distribution ajoutent à cette fragilité. Le maintien de l'aide publique à l'édition constitue une rare bonne nouvelle. Sans cette aide, l'industrie disparaîtrait sans aucun doute.

Carolyn Wood a son franc-parler, et ses inquiétudes sont tangibles. La situation qu'elle décrit avec passion et réalisme est d'autant plus troublante que le livre occupe une vraie place dans l'espace public et que ses institutions, telle la bibliothèque de Toronto, sont parmi les plus fréquentées du monde.

Le livre occupe cette place dans l'espace public torontois grâce à certaines manifestations récurrentes d'importance : le festival The Word on the Street, qui mobilise annuellement 250 exposants et un nombre équivalent d'auteurs, et que fréquentent 250 000 Torontois; l'International Festival of Authors qui, en 2011, a accueilli 190 écrivains invités à une tournée dans 17 villes ontariennes; le Toronto Book Fair et le Salon du livre francophone de Toronto, dont l'évocation permet de rappeler la chaîne des salons du livre ailleurs dans la province, notamment à Sudbury, Hearst, Brockville, Perth, London, Kingston, Elora, Norfolk sans oublier le Salon du livre ancien d'Ottawa. De plus, Toronto loge un grand nombre de regroupements et d'associations du domaine, notamment Access Copyright, l'Association of Canadian Publishers déjà évoquée, le Canadian Children's Book Centre, la Writers' Union of Canada, Book Net Canada et la section canadienne du PEN International.

Prise 3 : les bibliothèques

La rencontre des responsables de la bibliothèque publique de Toronto, la visite de sa succursale principale et de certaines autres de ses nombreuses adresses ainsi que les conversations avec ses usagers constituent autant d'expériences inoubliables. À son entrée en fonction, le maire ultraconservateur de la ville Rob Ford a proposé une réduction de 10 % du budget de cette superbe institution et la fermeture de certaines de ses 99 succursales. Il a même évoqué sa privatisation. Consultés par sondage, 77 % des Torontois interrogés ont signifié leur opposition. Des écrivains, notamment Michael Ondaatje, Vincent Lam, Linwood Barclay et Susan Swan, se sont mobilisés sous la houlette de Margaret Atwood[308]. Forte de ses 290 000 abonnés sur Twitter, la célèbre romancière et essayiste a été suivie par des milliers de ses concitoyens qui sont montés au créneau. Pas mal pour un réseau de bibliothèques. Comme les armées de Napoléon durant la campagne de Russie, le maire et sa troupe ont dû retraiter piteusement.

Pour l'instant, la plus fréquentée des bibliothèques publiques dans le monde pour les villes de plus de 2 millions d'habitants est sauvée. En 2009, elle a reçu 17,5 millions de visiteurs, dont 8 millions qui ont travaillé sur place. Elle leur a prêté 32 millions de livres, de disques compacts, de DVD, de livres électroniques, de livres audio et d'ordinateurs. De plus, 23 millions de personnes ont visité son site internet ; 17 millions ont consulté ses bases de données, près de 600 000 se sont inscrites à ses divers programmes, et 30 000 enfants et 7 000 personnes âgées ont écouté des histoires en 12 langues sur les lignes téléphoniques dédiées à cette fonction. Enfin, diversité oblige, la collection de la bibliothèque comprend des ouvrages en plus de 100 langues. Majeur, le programme culturel de la bibliothèque s'est déployé, en 2010, sous la forme de 2 500 événements littéraires ou artistiques et, la même année, 16 500 Torontois ont assisté aux rencontres

---

[308]. V. Lam, « Modern citizens know a library's worth », *The Globe and Mail*, 31 août 2011.

avec des écrivains canadiens ou étrangers, dont Nino Ricci, Austin Clarke, Adrienne Clarkson, Jane Urquhart et Salman Rushdie.

En cette période de crise économique, la bibliothèque a enrichi ses collections de 35 000 ouvrages spécialisés sur l'emploi et les carrières. Elle a conçu des programmes dédiés à ces nécessités, qui ont été suivis par 6 000 personnes, elle a offert des services en ligne pour cette clientèle et accru son offre de formation pour contrer l'illettrisme.

Le financement de cet ensemble de services provient essentiellement de la Ville de Toronto et, pour une proportion infime, des gouvernements ontarien et canadien. La bibliothèque peut aussi compter sur la contribution de la fondation qui porte son nom. Depuis sa création en 1998, son apport a totalisé 57,8 millions de dollars et elle mène présentement une campagne spéciale de financement, *Revitalize*, ayant pour objectif d'investir 10 millions additionnels dans le renouvellement des équipements de l'institution. Lisa Rochon a visité des succursales rénovées. Elle a été tout simplement séduite[309].

Les statistiques citées montrent incontestablement le lien puissant qu'entretient la bibliothèque avec les Torontois. Cette relation est encore plus riche en raison des activités multiples que l'institution organise chaque année : en avril, *Keep Toronto Reading*, un plein mois d'événements autour de la lecture accomplis avec le collectif Friends of Toronto Public Library : ateliers, conférences, remises de prix et le Book Lover's Ball au Fairmont Royal York, qui attire plus de 500 personnes. Enfin, quand elle consulte électroniquement ses usagers, ils sont plus de 5 000 à répondre à l'appel.

---

309. L. Rochon, « New library architecture is a clear victory », *The Globe and Mail*, 14 avril 2009.

Jane Pyper
Tout semble léger dans cette superbe institution de savoir, de culture et de convivialité qu'est la Reference Library, succursale principale de la bibliothèque publique, rue Yonge, au cœur de la ville. Tout y est blanc : les hauts plafonds qui ont l'air sculptés comme les alvéoles d'une ruche gigantesque et les vastes espaces étagés inondés de lumière naturelle abondante. Dessiné par le célèbre architecte Raymond Moriyama, le bâtiment subit une cure de rajeunissement. On y consacre 34 millions de dollars, dont le tiers est le résultat d'une campagne de financement spécifique. Malgré ces travaux, une petite demi-heure après l'ouverture, la grande salle de lecture est déjà à moitié pleine, et les zones de travail informatique, envahies par une clientèle de jeunes et d'aînés qui forment comme une escouade besogneuse et heureuse. Cette bibliothèque comprend aussi des services publics en matière de généalogie, de santé, d'aide aux handicapés et d'information gouvernementale. Depuis trois ans, Jane Pyper dirige et anime le réseau de la bibliothèque publique à partir de ce siège social atypique où se conjuguent l'esthétique et le fonctionnel, le calme apparent et les exigences d'une grande organisation. Elle répond à notre curiosité avec assurance et précision.

> Cinquante-cinq pour cent des citoyens de cette ville sont abonnés à la bibliothèque et 72 %, dont une majorité significative de jeunes, utilisent ses services. Ces chiffres sont de 10 % à 15 % plus élevés que ceux prévalant dans les grandes villes américaines. Vous me demandez pourquoi ? Les explications sont multiples.
> Nous avons, dans ce pays, une tradition très ancienne de bibliothèques publiques, qui remonte au XVIIIe siècle. De plus, nous facilitons au maximum la venue dans notre institution des immigrants et des citoyens issus

de l'immigration en limitant au strict minimum les exigences bureaucratiques et les paperasseries. La clientèle qu'ils forment fréquente notre institution davantage que la moyenne des Torontois. Ils trouvent dans nos collections, nos services, nos programmes et l'ensemble de nos activités des ouvrages, des documents, des outils pour l'intégration au marché du travail, des animateurs qui parlent leur langue et des équipements informatiques mis à leur disposition. Nous célébrons aussi leur héritage et prenons grand soin de les inclure dans nos groupes de discussions. J'ajouterais que notre grand nombre de succursales signifie aussi un accès près des lieux de résidence ou de travail de l'ensemble des Torontois. Enfin, notre bibliothèque et ses relais sur tout le territoire constituent l'une des rares, sinon la seule institution publique ouverte en tout temps et à tous, et dont l'accès est gratuit en vertu des dispositions du Public Library Act. Ces facteurs expliquent, en grande partie du moins, l'allégeance et la loyauté des Torontois à l'endroit de leur bibliothèque publique, qui est financée à 93 % par la Ville de Toronto.

Dans son grand bureau dépouillé, Jane Pyper poursuit :

> Nous n'accueillons pas seulement les nouveaux citoyens qui, très nombreux, fréquentent notre bibliothèque. Nous allons à leur rencontre dans les communautés. Des agents, dans nos succursales, s'y emploient. Nous leur offrons les services classiques d'une bibliothèque, mais aussi des ouvertures sur les institutions culturelles en raison des partenariats que nous avons élaborés avec les musées, l'opéra, le TIFF, les théâtres… Certains nous reprochent cet éloignement de ce qu'ils considèrent comme notre mandat. Pour nous, ces services font partie de la mission culturelle de notre institution. Il en va de même pour la transition vers le monde

digital, le soutien à la création qu'il rend possible et sa conservation à long terme.

Dans ce domaine, Toronto ne constitue pas une exception en Ontario, puisque 425 municipalités, petites et grandes, offrent un service de bibliothèques publiques qu'elles financent à 95 %. Nous en avons vu et visité plusieurs, et constaté leur importance incontestable pour les communautés, les quartiers des villes et leurs millions d'usagers. Nous avons observé l'effervescence qui les anime et les travaux considérables entrepris pour en faire de véritables institutions du savoir, de la culture, de la cohésion sociale et du développement économique.

Nous avons choisi dix de ces établissements dans autant de villes, sélection non scientifique, pour illustrer la vitalité et la modernité de ce vaste réseau[310]. Ensemble, ces dix établissements ont disposé d'un budget totalisant près de 3 milliards de dollars entre 1998 et 2008. Ces importantes ressources leur viennent essentiellement des gouvernements locaux. En 2008-2009, elles ont accueilli physiquement plus de 65 millions de visiteurs, et 35 millions sur leurs sites internet, usagers auxquels elles ont prêté plus de 85 millions d'ouvrages sous les supports traditionnels et numériques[311].

Certains de ces établissements sont anciens, telle la bibliothèque de Windsor, créée en 1855 à la suite d'une pétition de 542 citoyens, et celle d'Ottawa qui a plus d'un siècle d'existence. D'autres sont plus récentes, comme celle de Mississauga qui vient de célébrer ses vingt ans. Souvent, les bâtiments sont beaux, tels ceux que nous avons visités à Windsor,

---

[310]. Outre la bibliothèque de Toronto, nous avons sélectionné celles d'Ottawa, de Mississauga, de Hamilton, de Brampton, de London, de Windsor, de Kitchener, de Waterloo, de Burlington et de Sudbury.
[311]. *Rapport annuel*, Toronto, Fédération des bibliothèques publiques de l'Ontario, 2010.

Mississauga et Hamilton. Selon le plan stratégique de la bibliothèque d'Ottawa, cette dernière se dotera sous peu d'un nouveau bâtiment central : la chance de créer du beau ! Elles ont en commun des préoccupations d'importance : lutter contre l'illettrisme ; promouvoir la lecture chez les nouvelles générations ; offrir, comme le font déjà certaines d'entre elles, des services adaptés pour les aînés ; contribuer à l'intégration des immigrants ; et servir les diverses communautés ontariennes. Une majorité de ces établissements dispose de collections multilingues faisant une place à la langue française. Le site de la bibliothèque de Mississauga peut être consulté en cinquante-deux langues et l'institution fait la promotion de sa World Language Collection ; la bibliothèque de London comprend, quant à elle, des ouvrages en trente langues et une collection en français.

Prise 4 : les musées

Considérant le grand nombre et la qualité de ses musées et institutions apparentées, l'Ontario occupe le tout premier rang à cet égard au Canada et une situation enviable comparativement aux régions du continent et du monde qui ont le même âge et la même taille. Ses plus anciens lieux de mémoire, d'éducation et de création que sont les institutions muséologiques ont à peine un siècle, mais certaines d'entre elles appartiennent au cercle restreint des grands musées du monde.

Dans ce domaine, tout ce qui existe en Ontario a été construit en trois ou quatre courtes générations. Comme pour le TIFF, les expressions « entreprise chimérique » et « succès remarquable » viennent spontanément à l'esprit. En témoignent les six cents musées ou institutions apparentées sur le territoire ontarien, de même que leur qualité. En témoignent aussi l'ampleur et la constance de leurs initiatives, le fort appui que leur donnent les autorités publiques, provinciales ou locales, les sociétés d'affaires, les fondations et les simples citoyens qui constituent le volume croissant de leurs usagers. En témoigne enfin l'investissement milliardaire qui, ces dernières années, a contribué à l'agrandissement et à la modernisation de bon nombre des institutions muséales ontariennes.

L'Art Gallery of Hamilton
Le musée est né à la fin du XIXe siècle grâce à une coalition de citoyens rassemblés dans trois associations : The Canadian Club, créé en 1893, la City Art Association, en 1894, et la Art Students' League of Hamilton en 1895[312]. Le musée célébrera son 100e anniversaire en 2014. Après avoir déménagé à plusieurs reprises, il s'est installé dans ses beaux locaux actuels en 1997. Le musée a accueilli 155 000 visiteurs et 57 000 autres sur son site internet en 2010, a offert des programmes d'éducation, des conférences, des ateliers de création, et montré des films sur l'art. Ces programmes ressemblent à l'offre de nombreux musées ontariens. Le musée dispose d'un budget de 10 millions de dollars. Comme 275 autres institutions ontariennes, ce musée dispose d'un fonds à la Fondation des arts de l'Ontario qui, depuis 1991, gère les dons des personnes, des fondations, des associations et des sociétés.

Le musée s'est enrichi de nombreux legs d'importance : la collection William Blair Bruce en 1906 ; celle de W. A. Wood en 1928 et, parmi d'autres, une sélection de qualité de peintures européennes du XIXe siècle rassemblée par Joey et Toby Tanenbaum. Elle a montré de grandes expositions : en 2001, *Jade, the Ultimate Treasure of Ancient China*, qui a attiré plus de visiteurs à Hamilton qu'à Vancouver ; *Future*

---

[312]. R. Fox et G. Ingles, *The Art Gallery of Hamilton, Seventy-Five Years (1914-1989)*, Hamilton, The Gallery, 1989.

Cities en 2004; *Forging a Path: Quebec Women Artists 1900-1965* en coopération avec le Musée des beaux-arts de Montréal en 2010; *The French Connection*, thématique de l'année 2011 et comprenant des expositions comme *Masters of French Realism* et *Passe-partout: A Century of Canadians in France*. À l'été 2010, l'Art Gallery of Hamilton expose les œuvres de Jesse Boles, d'immenses et lumineuses photos des Grands Lacs, ces « paysages indissociables du destin ontarien ». Impressionnant pour une ville de 500 000 habitants qui compte par ailleurs dix-neuf autres musées et institutions apparentées dont celui, majeur, de l'Université McMaster.

Ces institutions sont de diverses natures. Patrimoniales, telle la maison Griffin, modeste dans ses habits de bois brut, mais vitale dans sa fonction de relais sur la route du chemin de fer souterrain empruntée par les esclaves noirs américains fuyant, à la fin du XIXe siècle, les États-Unis; le superbe château Dundurn construit par Allan Napier MacNab, entrepreneur, administrateur, politicien hostile à la rébellion de 1837 et premier ministre du Canada de 1854 à 1856. Militaires, tels la Battlefield House et le Musée militaire riche en documents et artefacts relatifs à la guerre de 1812, à la rébellion de 1837 et à la guerre civile américaine. Industrielles, tel le Hamilton Museum of Steam and Technology, installé dans un impressionnant bâtiment de pierre abritant les plus anciennes pompes à eau du pays.

Ce détour culturel par Hamilton nécessite une explication. Nous voulions montrer, à l'aide d'un exemple précis, que la culture en Ontario n'est pas toute contenue à Toronto. Elle abonde sur tout le territoire. Elle trouve dans les régions de solides assises institutionnelles, politiques et associatives, de même qu'un consentement et une participation des Ontariens qui y vivent et manifestent un attachement profond pour leur patrimoine et un intérêt pour l'offre culturelle dans leur communauté. Nous aurions pu choisir d'autres villes, Mississauga et ses six musées; London qui en compte quatorze, dont un remarquable musée d'art régional et un intéressant musée d'archéologie; Kleinburg et sa célèbre collection d'art canadien; Windsor et sa très belle Art Gallery fondée en 1943 et ses six autres institutions apparentées; Kitchener et Sudbury, qui en comptent respectivement vingt et cinq dont, dans la première de ces villes, THEMUSEUM, dédié à l'art et aux technologies électroniques; Kingston, qualifiée de capitale des musées avec ses vingt-deux institutions muséales, et Ottawa, qui, sans gêne, affiche sa grande forme culturelle avec ses trente-six musées et institutions apparentées, dont certains de réputation internationale.

Nous pourrions présenter les musées ontariens selon d'autres classifications, choisir par exemple une typologie thématique: musées consacrés aux Premières Nations[313], aux pionniers[314], aux diverses communautés[315] et à la science[316]. En raison de leur singularité, certains seraient restés hors catégorie, tel le Niagara Falls History Museum retraçant l'histoire de ce spectaculaire site naturel qui est aussi l'attraction la plus visitée du Canada.

Toronto : cent vingt-trois musées
Toronto compte bien cent vingt-trois musées et institutions apparentées! Superbes et connus, certains

---

[313]. L'Algonquin Logging Museum de Withney.
[314]. Le Mill Pioneer Village à O'Hara et le Windham Township Pioneer Museum à Delhi.
[315]. Le North American Black Historical Museum d'Amherstburg, le Buxton National Historic Site and Museum de North Buxton, le Canadian Museum of Hindu Civilization de Richmond Hill, le Amici Museum & Italian Canadian Interpretive Centre de Maple et le Chinese Cultural Centre de Scarborough.
[316]. Le Earth Sciences Museum de Waterloo, l'Arboretum de Guelph et le Canadian Automotive Museum d'Oshawa.

conservent leurs trésors dans leur palais nouvellement agrandi et redessiné par de célèbres architectes. D'autres sont dissimulés dans la ville. Ensemble, ils forment une chaîne de souvenirs qui en retracent l'histoire, montrent leur diversité, leur lien à la nature, à la science et à l'art créés ici ou ailleurs dans le monde, leur appartenance aux drames et aux bonheurs des gens. Ce sont aussi des vitrines pour les créations et les inventions actuelles tels l'art et les installations numériques.

Au 82, rue Bond, se trouve la petite maison de William Lyon Mackenzie, chef de la rébellion de 1837 après avoir été premier maire de la ville, et, au nord de Toronto, le fort York, immense complexe en reconstruction dédié à l'histoire de Toronto. Cette histoire se laisse aussi voir à la Market Gallery et au Black Creek Pioneer Village ainsi que dans d'autres lieux de mémoire pour les diverses communautés, dont la juive[317], la japonaise[318] et l'africaine[319].

Voici l'autre dimension de l'évolution montrant la science et la technologie à l'œuvre: le Allan Gardens Conservatory, le Textile Museum of Canada, le Redpath Sugar Museum, le Musée canadien de santé et de médecine, le Canadian Air & Space Museum, le Bata Shoe Museum et le Centre des sciences de l'Ontario, inauguré il y a quarante ans. Ce dernier a accueilli, depuis sa création, plus de 40 millions de visiteurs et compte 72 000 membres. En 2009, il a reçu plus d'un million de visiteurs en personne et cinq millions de visiteurs virtuels. La même année, quatre de ses expositions ont été présentées en Chine, en Europe et aux États-Unis. L'institution jouit d'une excellente réputation au pays et sur le plan international, comme l'a montré la tenue dans ses murs, en juin 2008,

---

317. Le Beth Tzedec's Reuben & Helene Dennis Museum.
318. The Japan Foundation.
319. The Underground Railroad Museum of Toronto.

du cinquième Congrès mondial des Centres des sciences[320]. Cette réputation d'excellence est aussi celle des deux grands musées d'art qui ajoutent au rayonnement de Toronto comme ville de culture.

Le Musée royal de l'Ontario

Au cœur de la métropole, le Musée royal de l'Ontario (ROM) illustre la diversité des cultures du monde et celle, complémentaire, de la diversité naturelle de la planète : âge des dinosaures et archéologie de l'Asie du Nord; biodiversité et premiers peuples; richesses de la terre et celles de la Chine, de la Corée, du Japon, de l'Inde, de Turquie, de la Grèce, de l'Italie et de pays du Moyen-Orient. Bienvenue dans ce temple, l'un des plus importants en Amérique du Nord, montrant les passés multiples de la famille humaine et de la petite planète qui fut, est et sera son habitat encore longtemps. Monumentales, les galeries se succèdent. Elles présentent, comme on le voit dans les rues de Toronto, les multiples visages de l'humanité.

Paradoxe, ce musée centenaire qu'est le ROM est aussi une invention récente. Le vieux bâtiment baroque et victorien a été agrandi et complètement réinventé en 2007 par le célèbre architecte Daniel Libeskind. Il l'a comme enveloppé dans un ruban d'acier, d'aluminium et de verre et, depuis, cette invention entretient la polémique. Pour certains, il appartient désormais à la sélecte confrérie des beaux musées du monde. Pour d'autres, l'addition est un grand ouvrage manqué. Cette réinvention a coûté 244 millions de dollars, comprenant un don de 30 millions de Michael Lee-Chin, cet immigrant venu de la Jamaïque. On croit rêver en consultant le rapport de l'institution pour l'année 2009-2010. Ce sont

---

320. *Au premier plan, Rapport annuel 2008-2009*, Toronto, Centre des sciences de l'Ontario, 2009.

37 fondations, sociétés et individus qui ont soutenu le financement du nouveau ROM par des contributions se situant entre 1 et 5 millions de dollars ; 48 autres par des contributions allant de 250 000 à 1 million de dollars, puis une multitude de dons plus modestes venus d'un grand nombre.

Le ROM, ce sont six millions d'objets présentés en français et en anglais, des merveilles en abondance tels de superbes textiles chinois, des porcelaines iraniennes translucides, des sculptures africaines raffinées et des bijoux portés jadis par les chefs incas. Ce sont également des traces à suivre, tout aussi abondantes, pour faire un tour du monde en choisissant l'époque, fût-elle préhistorique, liée au passé canadien ou à l'Europe moderne. D'autres galeries du ROM, celles-là interactives, proposent des expositions remarquables telle celle qui a fait voir *Les manuscrits de la mer Morte : des mots qui ont changé le monde*. Certaines, plus près des réalités actuelles, ont montré les affiches et les souvenirs du cinéma de Bollywood, des années 1950 à 1980 et celles, subtiles et magnifiques, des paysages captés par iPhone et iPad. Le ROM a établi des partenariats prestigieux avec le Centre Pompidou, le Withney Museum of American Art, le Conseil suprême des Antiquités égyptiennes, le National Museum of the American Indian, le Victoria and Albert Museum de Londres parmi d'autres. Il a également des partenaires ontariens, les musées de la province relayant l'offre du grand musée torontois[321].

En 2009-2010, plus d'un million de visiteurs sont venus voir ces merveilles, participer aux ateliers, assister aux conférences, rencontrer des créateurs et autres célébrités sans oublier ceux et celles qui,

---

[321]. Les données concernant le ROM sont extraites du Rapport annuel pour l'année 2009-2010.

par milliers, ont suivi les activités du musée sur ses espaces sociaux virtuels : Twitter, YouTube et Facebook. Le ROM ouvre ses portes quand la ville est en fête, étant parfois lui-même l'instigateur de la fête. Caribana, Nuit blanche et le TIFF, entre autres, ont désormais leurs habitudes au ROM. De nouveaux publics s'impliquent également : des jeunes, des citoyens moins nantis, grâce à un partenariat entre le ROM, la bibliothèque de Toronto et Centraide ; des immigrants, enfin, grâce à un remarquable programme de l'Institut pour la citoyenneté canadienne, créé par Adrienne Clarkson et John Ralston Saul. Dans l'édition du 4 octobre 2011 du *Globe and Mail*, Dawn Walton raconte l'histoire de la famille de Darshan Harrinanan, heureuse bénéficiaire de ce programme de l'institut présidé par l'ancienne gouverneure générale[322].

Depuis leur Trinidad natal, Darshan Harrinanan et son épouse décident d'émigrer au Canada avec leurs trois jeunes enfants. Leur défi, pour emprunter les mots de Darshan, aujourd'hui analyste commercial à l'Université de Toronto, « n'est pas de perdre leur identité, mais de l'ajouter au tissu canadien ». L'entreprise est considérable, spécifique, pleine de risques et d'espoir. Tous les gestes du pays d'accueil comptent pour les arrivants vivant un changement de monde et prospectant leur nouvel environnement sociétal. Celui de l'Institut pour la citoyenneté canadienne est réel et convivial, novateur et très significatif pour les nouveaux citoyens. Un don d'un laissez-passer donnant accès, pendant un an, à toute une gamme d'institutions culturelles et de parcs, bref pour, par la voie de la culture, découvrir et explorer la société, se mêler à la foule dans des lieux privilégiés, se créer des

---

[322]. D. Walton, « Helping new Canadians feel at home : Popular program gives new Canadians free access to cultural institutions », *The Globe and Mail*, 4 octobre 2011.

repères et des souvenirs communs. Ce laissez-passer ouvre de multiples portes visibles et invisibles. Grâce à lui, la famille Harrinanan a effectué gratuitement vingt visites dans divers hauts lieux de culture, dont le ROM, durant l'année qui a suivi leur venue au pays. Plus de mille musées et parcs dans le pays sont ainsi ouverts aujourd'hui aux nouveaux arrivants détenteurs du fameux laissez-passer.

Le Musée des beaux-arts de l'Ontario
Parmi les attractions architecturales du quartier culturel de Toronto, le Musée des beaux-arts de l'Ontario (AGO) occupe, avec le Musée royal, le tout premier rang. Sur Dundas Ouest, entre les avenues Spadina et University, il se dresse, impérial, dans une nouvelle allure théâtrale portant la signature réputée de Frank Gehry. Moins visibles, des ajouts d'importance, le Weston Family Learning Centre qui offre des programmes d'initiation à l'art et un vaste ensemble de studios ainsi qu'une nouvelle aile dédiée à l'art contemporain sont venus compléter les espaces initiaux du musée. Les connaisseurs de l'architecture actuelle et les critiques nationaux et internationaux sont unanimes: «Frank Gehry a réussi à faire quelque chose d'exceptionnellement significatif en 2008[323]», selon le critique new-yorkais Paul Goldenberg. Le *Globe and Mail* a consacré cinq pages superbement illustrées à l'ouverture du musée ainsi recréé, et Lisa Rochon l'a radiographié dans un texte magnifique: «Frank Gehry a un appétit insatiable pour la profusion. Son architecture traduit un désir d'abondance. [...] Grisante, cette œuvre d'architecture honore l'art que loge le musée, procure une nouvelle vie au centre-ville de Toronto et confirme le statut de

---

[323]. P. Goldberger, «Architecture's ten best of 2008», *The New Yorker*, décembre 2008.

l'architecte comme l'un des plus grands génies créatifs du monde[324]. »

Amorcée en 2000 et complétée en 2008, la transformation de l'institution a ajouté 50 % à sa surface d'exposition et créé des niches immenses et sobres pour ses collections géographiques : africaine, océanienne et sud-américaine. Elle offre aussi une grande galerie sculpturale, la Galeria Italiana, et des arches gigantesques ouvrant sur des rubans baroques dissimulant de larges escaliers suspendus à l'intérieur et à l'extérieur du bâtiment. Et toutes ces beautés baignent dans une lumière naturelle descendant du ciel sur les espaces et les œuvres. Enfin, une spectaculaire façade de verre de 183 mètres de long et 21 mètres de haut reflète la vie urbaine qui enveloppe le musée. Nul ne peut rester indifférent à la beauté changeante du spectacle permanent qu'offre ce miroir gigantesque : les petites maisons colorées qui lui font face et qui, légèrement déformées, se reflètent sur la devanture du musée ; la marche pressée des personnes et celle, plus lente, des groupes ; les lumières naturelles et artificielles qui la font varier en permanence. Bref, cet ouvrage architectural appartient en propre à la vocation du musée. Il est une pièce majeure de sa collection, telle une œuvre d'art cinétique montrée en permanence.

On vient à l'AGO pour ses collections comptant 80 000 pièces présentées en anglais et en français, pour ses expositions et les activités offertes : programmes d'éducation, ateliers, bibliothèques, publications, artistes en résidence et autres animations notamment organisées par le Conseil des jeunes adhérents au musée.

Cette œuvre remarquable est celle d'un architecte torontois renommé dans le monde. Mais elle est aussi

---

[324]. L. Rochon, « A monumental moment », *The Globe and Mail*, 8 novembre 2008.

celle des responsables de l'institution, de son conseil d'administration et de son comité de financement. Elle est enfin celle d'un très grand nombre d'Ontariens qui y ont contribué concrètement. Extrait du rapport du musée pour l'année 2008-2009, le texte suivant rappelle ce fait et illustre, d'une manière indiscutable, leur engagement envers la culture et sa place dans leur société. Faisant référence à l'inauguration du nouveau Musée des beaux-arts de l'Ontario, le président du conseil d'administration et le directeur de l'institution écrivent :

> En ce jour historique, le musée a annoncé que la campagne pour sa transformation a récolté 300 millions de dollars, surpassant son objectif de 76 millions, un succès sans précédent. Des milliers de contributions ont été reçues, dont 47 généreuses donations d'un million de dollars ou plus. La famille Thompson a maintenu son appui remarquable à notre institution. En plus du don de la collection qui porte son nom, elle a fait une contribution de 100 millions de dollars pour la transformation du musée.

Ces résultats sont la conséquence de nombreux partenariats entre le musée, d'autres institutions de la ville, les grandes manifestations culturelles qui s'y déploient et les Torontois. Parmi d'autres, et nous en avons nommé quelques-uns déjà dans le cas du ROM, citons la bibliothèque de Toronto, l'Institut pour la citoyenneté canadienne, Luminato, le Mois de l'histoire des Noirs et la grande fête Nuit blanche, qui à elle seule a attiré 16 000 personnes au musée en douze heures lors de l'édition 2007-2008 !

« L'art importe », proclament les responsables de l'institution. Ils ne doivent pas être déçus par la réponse des Torontois et des Ontariens. Faisant partie du ministère du Tourisme et de la Culture de l'Ontario, le musée est financé à un tiers par le gouvernement provincial et aux deux tiers par des dons privés, ses propres activités et son fonds de dotation. Vingt et une fondations ont apporté leur soutien financier à l'institution en 2009-2010.

Neuf cents bénévoles et 878 500 visiteurs, deux fois plus qu'avant sa transformation, ont animé, soutenu et fréquenté le Musée des beaux-arts en 2009-2010. Ils y ont vu des fragments de ses vastes collections canadiennes et européennes; celle, considérable, léguée à l'institution par Ken Thompson; et une unique collection de photographies. Ils ont pu y admirer aussi la plus importante collection d'œuvres du célèbre sculpteur britannique Henry Moore. Enfin, dans la galerie *Toronto now*, ils ont pu admirer les œuvres de Will Munro et de grandes expositions.

Spectaculaires, ces investissements transforment les anciens musées torontois, concourent à la révision de leurs programmes et au développement de leurs liens avec les citoyens de la ville. Pour le directeur du Musée des beaux-arts, Matthew Teitelbaum, il s'agit « d'un changement visible de la centralité de la ville. Désormais, la plus populeuse et la plus cosmopolite des villes canadiennes s'est redéfinie comme une ville portée par la culture et la créativité et non plus par le commerce. Dans ce domaine, nous pouvons dominer à l'échelle de la planète[325] ».

Prise 5: les arts de la scène et les arts populaires
La scène ontarienne déborde d'activités variées: la grande musique de Mozart ou Bartók au Festival Kompa Zouk célébrant la créolité du monde; la scène théâtrale qui fait voir *Lipsynch* de Robert Lepage à Toronto et Shakespeare à Stratford; les trois troupes

---

[325]. S. Milroy, « Arts person of the year: Matthew Teitelbaum », *The Globe and Mail*, 27 décembre 2008.

d'opéra installées à Toronto[326] au National Ballet of Canada; les deux festivals de jazz lancés voilà 25 ans, celui de Toronto et celui de Beaches; les autres festivals qui rassemblent les orchestres à vent à Etobicoke, les tambourineurs à Mississauga et les amoureux du patrimoine à London; et enfin les fameuses comédies musicales qui, entre New York et Londres, font un détour par Toronto.

Depuis les années 1980, les manifestations culturelles se sont multipliées, leur offre s'est consolidée, et les programmations, telle celle audacieuse et cosmopolite du Harbourfront Centre à Toronto, se sont enrichies sur tout le territoire ontarien. Il paraît impossible de rendre compte d'une telle abondance.

Comment en effet évaluer et parler des activités de chacun des 125 théâtres que compte la province, des plus de 68 orchestres, dont l'Orchestre symphonique de Toronto, créé en 1922 par Luigi von Kunitz, un immigrant autrichien[327]? Comment évaluer et rendre compte des 230 festivals soutenus par Celebrate Ontario, des 157 subventionnés par le Conseil des arts de l'Ontario et des 237 troupes professionnelles en danse, musique et théâtre sans but lucratif qui ont reçu un appui du même conseil et accueilli plus de cinq millions de spectateurs en 2010[328]? Il nous a fallu choisir.

Certaines de ces manifestations méritent un bref rappel en raison de leur ancrage dans la société ontarienne ou de ce qu'elles nous apprennent sur les rapports des Ontariens à la culture.

Dans la première catégorie se situe l'inclassable et vénérable Exposition nationale canadienne qui, en

---

326. Canadian Opera Company, Opera Atelier et Opera in Concert.
327. L'Orchestre symphonique de Toronto comptait, en 2010, 225 000 abonnés et, depuis 2004, sous son chef actuel, Peter Oundjian, il a inauguré la série New Creations Festival, exclusivement consacrée à la musique nouvelle.
328. Rencontre avec la direction du Conseil des arts de l'Ontario et correspondance avec Kathryn Townshend.

2011, a tenu sa 133ᵉ édition. Chaque année depuis 1879, sur les rives du lac Ontario, elle se déploie dans une profusion de genres : fêtes foraines ; spectacles musicaux consacrés au blues, à la soul et à la pop ; arts du cirque ; concours et tombolas ; cuisine gastronomique, les toqués du continent y ayant leurs habitudes. En 2011, sa programmation offrait 500 attractions, accueillait 700 exposants pour satisfaire plus d'un million de visiteurs qui ont franchi la grande arche hollywoodienne pour participer à ces mondes fugaces et fantastiques.

Le défilé Caribana appartient aussi à cette catégorie. Première grande manifestation publique montrant la diversité ontarienne, le défilé se déploie pour une première fois en 1967, comme contribution circonstancielle aux fêtes du centenaire du pays. Son succès est immédiat et considérable. La célébration frappe l'imaginaire des Torontois qui découvrent une partie dissimulée d'eux-mêmes, exubérante, talentueuse, colorée et bruyante, tout en danse et en musique. Leur ville pouvait donc, elle aussi, être festive, et les Torontois, envahir l'espace urbain dans une convivialité contagieuse ! Elle doit cette découverte à une minorité qui avait choisi de se révéler dans sa singularité et sa créativité. Toronto s'avère diverse et heureuse de l'être. Sur la lancée de Caribana, d'autres communautés sortent du placard ethnique et offrent à tous des représentations publiques typiques de leur originalité : Hispanic Fiesta en 1981 ; Hina Matsuri l'année suivante ; l'Afrofest en 1990 ; le Canadian Aboriginal festival en 1992 ; le Toronto International Dragon Boat Race Festival en 1999 ; le Brazilfest en 2002 ; la Diwali Fiesta en 2006 et bien d'autres encore, notamment le Sri Lankan Festival, la Franco-Fête et l'Arab Canadian Heritage Festival.

Depuis près d'un demi-siècle, Caribana est inscrit à l'agenda culturel et festif de la Ville reine, et le restera durablement. On vient de partout et par centaines de milliers pour assister au grand défilé annuel, applaudir ses 10 000 figurants et participer au plus important festival nord-américain célébrant les cultures caribéennes.

Dans leur niche particulière, le Festival du vin de glace en janvier, le Festival de la moisson nouvelle en juin, et celui des vins du Niagara en septembre célèbrent une production séculaire, sa modernisation au début des années 1980 à la suite du remplacement des vignes indigènes par des vignes importées et sa croissance spectaculaire depuis. Aujourd'hui, les vignobles s'étendent sur 15 000 acres longeant le fleuve Niagara et le lac Ontario. Ils alimentent plus de 100 producteurs et emploient 6 000 travailleurs. Soirées de gala, concerts, visites des vignobles, colloques, conférences et dégustations animent ces festivals. On dira qu'il s'agit de campagnes de promotion déguisées, mais ces événements attirent néanmoins 750 000 amateurs, collectionneurs, curieux et fêtards qui viennent célébrer le vin dans cette région magnifique.

En ce qui a trait aux arts populaires, de grandes manifestations plus intimement associées à la culture mériteraient mieux que les quelques paragraphes que nous leur consacrons.

Les festivals
Le Stratford Shakespeare Festival occupe le premier rang de ces grands rendez-vous en raison notamment de la qualité reconnue et célébrée de ses productions et de sa notoriété internationale. On y vient pour la beauté naturelle de la petite ville de Stratford, pour ses parcs soignés et ondulants, et le serpent d'eau qui la divise, pour ses maisons victoriennes contrant apparemment l'intrusion du laid dans cet îlot d'harmonie. Le poète James Reaney en a célébré la splendeur dans ses *Twelve Letters to a Small Town*.

On y vient depuis 1953 pour le plus célèbre festival de théâtre du continent, qui se déploie dans quatre salles totalisant 3 466 sièges qui ne désemplissent pas d'avril à novembre.

Le calme du lieu est rompu dans ces salles par la fureur des situations et des mots inventés par Shakespeare voilà quatre cents ans et qui constituent la substance de ce festival. Ce dernier a ouvert sa première saison avec *Richard III* et, en 2012, a montré trois des œuvres du célèbre dramaturge anglais[329], des œuvres des auteurs canadiens Daniel MacIvor[330] et Paul Thompson[331] ainsi qu'*Électre*, de Sophocle. On y vient pour le jeu des acteurs, le festival ayant accueilli les plus grands noms du domaine depuis qu'Alec Guinness, le premier, a prêté son immense talent au festival naissant. On y vient enfin pour une programmation souvent audacieuse, des mises en scène qui font autorité et, selon les publics, pour ce qu'offre le festival d'activités diverses: ateliers de maîtres, conférences et concerts. En outre, le festival compte un important volet dédié à la musique classique et, dans ce domaine, il a pris l'habitude de recevoir les plus grands: Glenn Gould, Claudio Arrau, Oscar Shumsky à maintes reprises, mais aussi Isaac Stern, Elisabeth Schwarzkopf, Lois Marshall, Benjamin Britten, Ella Fitzgerald.

Dans le même registre de manifestations dédiées en priorité aux œuvres d'un dramaturge consacré, le Shaw Festival, créé il y a un demi-siècle à Niagara-on-the-Lake, montre en priorité les œuvres de George Bernard Shaw, de ses contemporains ou d'auteurs qui situent leurs écrits dans sa longue vie (1856-1950). Disposant de quatre théâtres comportant en tout 1 724 sièges, le festival produit annuellement

---

329. *Much Ado About Nothing, Henry V* et *Cyberline*.
330. *The Best Brothers*.
331. *Hirsch*.

de 10 à 12 pièces, offre près de 800 représentations à un auditoire qui, en une seule saison, totalise 300 000 personnes. Virginia Woolf, Pirandello, Oscar Wilde, Agatha Christie, Federico Garcia Lorca, Eugene O'Neill, Anton Tchekhov, William Somerset Maugham, Georges Feydeau, Kurt Weill ont tenu l'affiche dans des œuvres originales ou adaptées de leurs écrits à côté de leurs collègues canadiens, tels Michel Marc Bouchard et Michel Tremblay. Un théâtre non dépourvu de vigueur, dans l'esprit de Shaw qui plaça dans ses écrits ses idées réformistes et politiquement incorrectes à l'époque.

Les deux festivals ont dû s'ajuster à la diversité de la société ontarienne. Celui de Stratford en a pris l'initiative en 2005. Depuis, sa direction a augmenté les commandes aux écrivains des diverses communautés, notamment ceux de la communauté noire, faisant ainsi une place à ses dramaturges et à ses acteurs. Sous la pression d'auteurs réputés, le Shaw Festival a dû répondre à quelques questions redoutables. « Le festival a-t-il une politique d'exclusion fondée sur la race ? » demande Andrew Moodie en 2008. La direction du festival réplique que, même si le mouvement a été plus lent que prévu, l'arrivée de Jackie Maxwell à la fonction de directrice artistique en 2002 a donné lieu à une politique « de redressement de l'équilibre genre et race[332] ».

L'International Festival of Authors et Luminato appartiennent aussi à la catégorie des grandes manifestations culturelles ontariennes.

Le premier célébrait sa 32ᵉ édition en 2011 en accueillant 150 auteurs venus de 25 pays, dont l'Inde, la Somalie, le Danemark, Israël, la République démocratique du Congo, les Pays-Bas, la France, le Nigeria,

---

[332]. J. Ajaiera, « Shaw Festival urged to diversify line up », *The Globe and Mail*, 13 août 2008.

la Norvège, les États-Unis, la Grande-Bretagne, l'Irlande, l'Écosse, l'Allemagne et le Canada[333]. Depuis Harbourfront, à Toronto, où sont concentrées bon nombre de manifestations du festival, ces auteurs se répandent dans la ville pour animer ateliers, lectures, conférences, tables rondes, classes de maître. Pendant deux semaines, les littératures du monde font vibrer la ville. Ici, la diversité se manifeste par la provenance des écrivains ou par la double nationalité, canadienne et autre, de plusieurs d'entre eux. Les moins de 25 ans accèdent gratuitement aux activités du festival qui, après, son déploiement à Toronto, déplace ses invités dans seize villes ontariennes.

Luminato constitue une superbe intrusion culturelle dans la vie urbaine. Inauguré en 2007, il s'est imposé comme une parenthèse festive originale et populaire. Le festival montre les créations là où on ne les attend pas, de préférence des œuvres faisant se rencontrer les cultures et reflétant la diversité locale et celle du monde. L'édition 2011 a notamment accueilli des écrivains et des acteurs du Moyen-Orient, des auteurs et des artistes chinois, des chorégraphes et des danseurs indiens, célébré le 150e anniversaire de l'Italie unifiée, montré les grandes œuvres du cinéma égyptien, recréé l'ambiance de New York dans les années 1950 et donné la parole aux artisans du magazine *The New Yorker*, présenté la première de la tournée continentale de K. D. Lang, fait voir le ciel à travers les œuvres de photographes célèbres, présenté une adaptation de Tim Supple de *A Midsummer Night's Dream* et interprétée par trente acteurs du monde arabe, et fait entendre la *Symphonie n° 5* de Mahler par l'Orchestre symphonique de Toronto. Elle a mis ces créations en lien les unes avec les autres

---

[333]. Quatre-vingt-dix auteurs canadiens ont participé à l'édition 2011 de l'International Festival of Authors.

dans des prestations croisées souvent offertes sur les places publiques, les halls et autres lieux imprévisibles. On a qualifié Luminato de « raz de marée » culturel sur la ville. Lui succède le Toronto Summer Music festival, créé en 2004 et devenu depuis un important rendez-vous de la musique sur le continent et dans le monde.

Appartenant à une même intention, le festival Found in Translation illustre, d'une façon originale, la diversité du monde et de l'Ontario. Les auteurs invités ont en commun d'avoir réalisé leurs œuvres dans une langue autre que leur langue maternelle. En 2010, le festival accueillait des auteurs ayant choisi le français pour s'exprimer plutôt que leur propre langue : Ying Chen, originaire de Chine ; Louis-Philippe Dalembert, d'Haïti ; le Guinéen Tierno Monénembo, prix Renaudot ; Laura Alcoba, d'Argentine ; Kebir Mustapha Ammi du Maroc et le Russe Andreï Makine, prix Goncourt et Médicis.

Le Festival CONTACT prolonge en images ces fêtes des mots. En 2010, il rassemblait plus de 1 000 photographes de partout qui ont exposé leurs œuvres dans les espaces culturels de la ville, 32 expositions-vedettes et 160 autres. Cette année-là, des artistes ont exploré l'héritage de Marshall McLuhan et ses vues dans trois montages d'importance, *The Mechanical Bride*, montré au Musée d'art contemporain canadien, *The Brothel Without Walls* et *Through the Vanishing Point*, qui ont été présentés au University of Toronto Art Centre.

Enfin, puisqu'il faut choisir, la Nuit blanche transforme la ville, un soir d'octobre, en une vaste salle de spectacle. Les galeries, les musées, les bibliothèques, les théâtres, les places publiques et les halls des grands immeubles deviennent des lieux de rencontres autour d'œuvres et de créations originales, modernes et, forcément, éphémères.

Guy Mignault

Il entame sa 43ᵉ saison, présente neuf spectacles en 2011, contre trois en 2000, et voit son public croître année après année. Voici le Théâtre français de Toronto! Molière, Gratien Gélinas, Marcel Dubé et Michel Tremblay sont à l'affiche. Les Franco-Ontariens, les francophones de partout et les francophiles parlant ou non la langue – mais qui peuvent suivre les spectacles grâce aux surtitres anglais – s'y pressent, participent à son financement et en redemandent. Acteurs, dramaturges et techniciens sont de toute provenance. Un spectacle est en cours d'écriture et les plumes sont tenues par trois actrices d'origine haïtienne. Des coproductions sont négociées avec d'autres théâtres ontariens et québécois; des tournées, en préparation.

Guy Mignault est un homme heureux. Venu de Montréal voilà quinze ans, il dirige depuis ce théâtre dont la santé est manifestement florissante. Il nous reçoit dans les bureaux de l'institution, en plein cœur de Toronto. Avec faconde, il nous raconte son aventure torontoise; deux ou trois années difficiles, une menace de fermeture évitée à la suite d'une intervention majeure de mécènes francophones de la métropole et l'entrée dans un long cycle de consolidation et de croissance. Il a également le sentiment profond, que les francophones de Toronto tiennent à ce théâtre et le montrent sans ambages. « Dès mon arrivée, j'ai constaté cette adhésion et elle m'a beaucoup touché. »

Du Théâtre français, nous élargissons le débat à l'ensemble de la production du domaine. La réponse vient spontanément:

> Toronto est devenue une ville culturelle phénoménale. Il y a ici une pléthore de troupes, beaucoup de théâtres et de grands festivals tels Fringe, construit sur le

modèle du festival d'Édimbourg portant le même nom, et Summer Works, plus classique et plus rigoureux. Il y a également des institutions qui ne font que des créations et qui montrent les œuvres des dramaturges ontariens, comme le théâtre Tarragon. Dans ce domaine, Toronto est en voie de devenir l'une des villes les plus excitantes du continent en raison des œuvres montrées, mais aussi de l'adhésion large d'un public toujours plus nombreux.

Prise 6 : les arts digitaux
Ils étaient cinq cents réunis pour la cinquième édition du X-Summit organisé par Interactive Ontario, à la fin d'octobre 2011, afin d'explorer les tendances actuelles, liant les médias des nouvelles générations à ceux qui s'imposeront à moyen et à long terme. L'organisation fédère les sociétés du domaine et offre annuellement une plateforme d'échange, de réseautage et de partenariat aux industries digitales ontariennes. Elle compte parmi ses partenaires le regroupement des studios d'animation de l'Ontario (CASO) et la Société de développement de l'industrie des médias (SODIMO). Le langage est ici quasi ésotérique : vitrines et convergence digitale interactives, nouvelles applications pour plateformes mobiles.

En quelques brèves décennies, le domaine a connu une croissance spectaculaire. Les générations des premiers usagers des années 1970 sont restées fidèles à ce nouvel outil de divertissement désormais privilégié majoritairement par les individus de 20 à 40 ans. En conséquence, le marché des jeux vidéo a atteint sur le plan mondial les 56 milliards de dollars en 2010, « deux fois le volume des ventes de l'industrie de la musique[334] ».

---

334. « Video games : The serious business of fun », *The Economist*, 10 décembre 2011.

La reconnaissance du domaine a été plutôt tardive à Toronto, comparativement à Montréal ou Vancouver, mais son développement récent a été rapide et significatif. En 2002-2003, les entreprises spécialisées dans la production d'œuvres d'animation et d'effets spéciaux digitaux comptaient huit mille employés. Ils étaient vingt mille cinq années plus tard.

Fédérés par Interactive Ontario, plus de cent studios, auxquels vient de s'ajouter le géant Ubisoft récemment arrivé à Toronto, assurent la croissance de l'industrie dont la production a atteint 1,5 milliard de dollars en 2008-2009. Certes, ce mouvement dépend en priorité des entrepreneurs et créateurs du domaine, et de leur accès à du rare capital de développement. Mais il a aussi été fortement soutenu par le gouvernement ontarien qui, directement ou grâce à ses organismes spécialisés, dont la SODIMO, n'a ménagé aucun effort pour rattraper le temps perdu : soutien significatif à la tenue de sommets en 2006 et en 2008, rassemblant tous les acteurs du domaine ; généreuse politique de crédit d'impôt dont bénéficient près de deux cents projets par année depuis dix ans. Il a enfin profité de la diversité de la ville et de son statut de carrefour du cinéma mondial, éléments évoqués par les dirigeants d'Ubisoft pour expliquer leur décision de s'installer dans la capitale ontarienne.

Année après année, les rapports de la SODIMO illustrent cette progression. En 2008-2009, on rappelait l'existence de nouveaux instruments : le programme Initiative d'aide à la production de contenus pour écran et le Fonds pour l'exportation des contenus multimédias interactifs numériques. Le secteur est trop récent pour tirer quelque conclusion que ce soit au sujet de son avenir, sinon pour signifier qu'il appartient aux ambitions culturelles et économiques de l'Ontario.

Conclusion

Comment mesurer la dimension culturelle d'une société à un moment précis de son histoire et, dans le cas de la société ontarienne, au début de la deuxième décennie du XXIe siècle?

L'offre culturelle constitue sans doute l'un des critères à privilégier, mais aussi la réponse à cette offre. Or, comme il a été établi tout au long de ce chapitre, l'offre culturelle est abondante, diversifiée et répartie sur tout le territoire de l'Ontario. Si Toronto est incontestablement la capitale culturelle du pays et la vitrine culturelle de l'Ontario, elle n'est pas, dans ce domaine, en situation de monopole sur le territoire provincial. Ses autres régions et villes disposent elles aussi d'une offre culturelle appréciable et sont capables d'initiatives de qualité, y compris grâce à des arrangements intelligents entre les institutions de Toronto et celles de la province.

Depuis vingt ans, l'offre culturelle en Ontario s'est considérablement enrichie en volume et en qualité, grâce aux politiques publiques du gouvernement ontarien et aux administrations locales, ainsi qu'aux investissements du secteur privé comprenant les entreprises à but lucratif, les fondations et des associations de toute nature. Sans une politique culturelle ambitieuse, cet enrichissement n'aurait pas eu lieu. Or, le gouvernement ontarien a défini et financé cette politique, même en période de crise économique. Il n'a pas hésité à investir pour renforcer certaines initiatives de grande envergure ou attirer en Ontario des manifestations culturelles d'importance. Cette politique a bénéficié d'un véritable partenariat entre les secteurs public et privé, un partenariat dont les investissements croisés ont été spectaculaires et ont transformé la vitrine culturelle ontarienne.

L'offre culturelle s'est enrichie aussi à la suite des initiatives majeures des individus et des groupes évoqués dans ce chapitre, et dont les ambitions réalisées ont eu pour effet de refonder un grand nombre d'institutions culturelles existantes et d'en créer de nouvelles, de mettre en place d'innombrables rendez-vous culturels publics, locaux, provinciaux ou internationaux. Ainsi sont montrés en pleine lumière et en permanence les produits et les œuvres de la culture. En Ontario, cette dernière est assurément sortie de ses ghettos les plus prestigieux pour se répandre dans les collectivités, pour les animer et les séduire.

Dans les documents officiels, dans la promotion de la province et des villes ainsi que dans les plans de développement des régions, des quartiers et des agglomérations urbaines, la dimension culturelle occupe une place significative et constante. Cette dimension est intégrée à l'analyse et à la planification de la société et son devenir, y compris économique. La trilogie des gourous ontariens – innovation, créativité et productivité – inclut la culture comme un élément essentiel de leurs propositions. Bref, la culture est devenue une composante majeure de la vision ontarienne de la croissance et du développement. Né des convictions de quelques-uns, ce passage a été facilité par le succès de leurs entreprises qui se voit à Toronto, mais aussi dans les régions de la province.

Ce passage constitue une mutation considérable en elle-même et en raison de l'appui indéniable et solide des Ontariens. Leur participation massive aux activités culturelles, l'engagement d'un grand nombre d'entre eux dans des activités de soutien aux institutions culturelles ou dans des associations à vocation culturelle ainsi que le résultat favorable de multiples campagnes de financement témoignent incontestablement de cet appui. Mais ce qui ne peut se mesurer précisément, c'est l'adhésion profonde des Ontariens à cette dimension de leur vie collective. À Toronto, les citoyens se sont mobilisés et ont forcé le maire à reporter *sine die* son plan de compressions dans les budgets de la bibliothèque municipale. Cet événement vaut bien quelques sondages.

Dans notre traversée de l'Ontario, bon nombre de nos interlocuteurs à Toronto, à London, Sudbury, Windsor, Niagara, Kingston et en bien d'autres lieux encore ont évoqué leur bonheur de vivre dans une communauté culturellement vibrante. Ils en ont parlé comme d'un élément majeur de la qualité de leur vie. Les termes qu'ils ont utilisés méritent un rappel précis. Pour la plupart d'entre eux, « vivre dans une communauté culturellement vibrante » fait référence à la diversité de l'offre culturelle, à ce que cette dernière montre des cultures du monde, ce miroir de la réalité ontarienne. La culture ontarienne est définie par cette référence.

L'alchimie entre l'offre culturelle et la réponse des Ontariens a eu des résultats probants. La société ontarienne est aujourd'hui à l'œuvre, avec confiance, pour réaliser son projet culturel. Pour soutenir cette ambition, elle dispose de ressources humaines de qualité – créateurs, gestionnaires, publicistes – qui suivent une même aspiration. Il s'agit de conforter les acquis culturels existants et de les développer et, dans certains cas, de les porter à un haut niveau de rayonnement comme l'a réussi le TIFF.

Le centre de la culture ontarienne a son nom, son identité de même que son horizon de création : la diversité. En elle se concentrent l'idée de société, sa mémoire constitutive et son espérance partagée. En elle s'éclaire un vaste espace pour le déploiement de toutes les formes d'hybridation culturelle en attente de leur réalisation et de leur exploration, douloureuses ou lumineuses. Dans cet espace, les concepts de majorité et de minorités comme représentation et hiérarchie s'estompent. Une autre représentation de la commune humanité émerge. S'y conjuguent les destins personnels, les repères des diverses communautés et les valeurs partagées par tous les Ontariens. La culture ontarienne tient son objet central. Ses créateurs ont déjà commencé à le débusquer avec ses chimères et ses vérités. L'universel ontarien est indissociable de sa diversité constitutive. Il est son quotidien.

Montrer les produits et les œuvres de la culture est une chose. Les créer en est une autre. L'état des lieux de la culture en Ontario a montré que la société ontarienne est devenue une société sensible à la création et qui, en littérature entre autres, compte d'innombrables créateurs venus de tous les horizons, certains jouissant d'un rayonnement international. La journaliste québécoise Émilie Folie-Boivin évoque « la vibrante communauté de créateurs et d'artistes qui crèchent dans les quartiers de Toronto[335] ». Lisa Rochon, Rita Davies, John Brotman ont tous attiré notre attention vers cette communauté en expansion, et Guy Mignault nous a parlé des théâtres torontois « qui ne font que des créations et montrent les œuvres des dramaturges ontariens ».

Je retrouve une note prise à Windsor, dans le beau musée de la ville alors dévastée par la crise économique. Son maire, Eddie Francis, venait de m'en résumer les conséquences calamiteuses. Le président du musée ne cachait pas ses inquiétudes, mais affirmait avec force que cette institution n'est pas « une pièce rapportée » de la vie de sa communauté et qu'elle contribuera à la relance de l'activité d'ensemble. J'inscris dans mon calepin : *une société culturelle*. J'y inscrirai à nouveau les mêmes mots à la suite de mon entretien avec Jane Pyper à la bibliothèque publique de Toronto. Elle vient de gagner la

---

[335]. É. Folie-Boivin, « La surprise ou la découverte », *Le Devoir*, 4 décembre 2011.

bataille de sa vie. Le réseau des bibliothèques de la ville que fréquentent 72 % des Torontois ne sera pas réduit. Je note : *une société culturelle*. Telle est l'origine du titre de ce chapitre que notre traversée de l'Ontario a confirmé sans cesse.

ÉPILOGUE

L'idée de changement domine aujourd'hui l'ensemble des sociétés dans le monde, celles qui gagnent en puissance et en influence, celles qui voient leur positionnement historique mis à mal par les bouleversements en cours, et toutes les autres qui sont touchées par les mutations qui redessinent les paramètres des rapports internationaux. La société ontarienne ne fait pas exception. Elle aussi est engagée, et fortement, dans une vaste opération de repositionnement.

Des défis historiques

Du succès de cette opération dépend le maintien d'un régime de libertés, de croissance, de bien-être et de solidarité parmi les plus accomplis du monde. Construit par quelques générations, ce régime a attiré vers cette société des millions d'hommes et de femmes en provenance de tous les horizons. Son maintien devrait permettre la continuité de ces flux dans les années qui viennent, ainsi que l'approfondissement d'une gestion réussie de la diversité qui distingue cette société d'un grand nombre de sociétés occidentales profondément fissurées par leur pluralisme et, enfin, la consolidation d'une politique culturelle qui, ces dernières années, a connu un remarquable épanouissement.

Ces acquis sont le résultat d'une économie solide, l'une des économies sous-nationales les plus performantes du monde. De plus, ces dernières années, ils ont été possibles grâce à une politique expansionniste et volontariste privilégiant l'investissement dans les ressources humaines ; au développement du système éducatif dans son ensemble en mettant l'accent sur la recherche, l'innovation et la promotion de la créativité ; à la mise en place d'infrastructures intelligentes ; à une politique verte audacieuse même si controversée ; et au soutien aux institutions et aux entreprises du domaine de la culture.

De leur succès dépend aussi l'évolution du système politique canadien tel que nous le connaissons et des politiques qui le singularisent. Ni refuge dans le *statu quo*, ni attachement frileux aux acquis, mais, selon des formes adaptées aux exigences du temps, le maintien de l'égalité des chances pour tous les Canadiens, en raison de la création et du partage de la richesse, de même que de l'attachement à la dimension sociale de la vie commune et de la vie individuelle de chacun et de tous. Mesurés aux idéaux d'ensemble définissant les aspirations de nos contemporains où qu'ils vivent dans le monde – régime de droits et de libertés, niveau de vie, politique avancée de protections sociales –, les acquis des Ontariens et des Canadiens sont impressionnants. Ils valent bien un effort concerté et prodigieux pour leur sauvegarde.

L'affaiblissement de l'Ontario aurait des conséquences désastreuses sur ces valeurs distinctives, la solidité de l'économie canadienne, sa masse critique dans l'économie internationale, la capacité de négocier du pays et le niveau de vie des Ontariens et de tous les Canadiens. Dans la conjoncture continentale, atlantique et mondiale actuelle, notre union a besoin de régions fortes. Les avancées des unes ne doivent pas se mesurer au déclin des autres ! L'Ontario doit être accommodée dans le système canadien, comme le réclament avec insistance certains des meilleurs penseurs de tout le pays, rien de moins, rien de plus ! Telle est la raison d'être du fédéralisme canadien, son sens initial et actuel, son défi et sa promesse.

Les entités avec lesquelles il nous faudra négocier dans les années à venir sont toutes impressionnantes par leur taille et celle de leur économie réelle ou virtuelle : l'Union européenne, l'Inde, la Chine, le Brésil et les États-Unis, et certains autres pays comme la Turquie et l'Indonésie. Une guérilla entre les provinces, une politique fédérale détachée de leur succès commun, indifférente à la conjugaison de leurs intérêts ou concentrant les investissements dans telle région au détriment des autres, conduiraient inexorablement à l'affaiblissement de l'ensemble sur le double plan interne et externe. Voilà pourquoi il nous faut souhaiter le succès de l'Ontario qui peut et doit se penser en parallèle avec celui de l'Ouest, du Québec et des provinces atlantiques.

Pour réussir son passage d'un fragment de l'économie continentale à un fragment de l'économie mondiale, opération difficile et considérable, l'Ontario a besoin de leviers additionnels qu'ont réclamés ses gouvernements depuis au moins un quart de siècle. La conjoncture politique et les convictions se conjuguent dans ces moments de tension entre les capitales, tant Ottawa que Toronto. Les travaux du Mowat Centre sont d'une autre nature. Ils montrent le caractère obsolète de certains des fondamentaux du pays arrêtés au xixe siècle et leurs effets néfastes sur la croissance et le développement de la société ontarienne, et plus largement sur le pays tout entier, en ce début du XXIe siècle.

Sans les œillères idéologiques limitant le champ de vision d'autres groupes de réflexion et de propositions, ses travaux servent en priorité les besoins et les intérêts de l'Ontario, mais sont aussi d'une grande importance pour ses partenaires de la fédération. Enfin, la nature des politiques du gouvernement fédéral dans ses champs de juridiction peut ou non concourir à l'atteinte des objectifs des États fédérés. La cécité du gouvernement Harper devant l'Asie, cécité qu'il a corrigée récemment, illustre cette évidence. Que peuvent faire l'Ontario et les autres provinces pour conquérir des parts de marché dans ce nouveau centre du monde si l'État fédéral les ignore ? Comment redessiner la politique de la main-d'œuvre en fonction de la nouvelle économie si elle procède d'une vision pancanadienne sans rapport avec la diversité des économies des régions ou des provinces ? Quelle pratique du fédéralisme adopter dans ce temps de tous les écueils ? Ces interrogations ne sont pas théoriques.

L'effort que l'Ontario et ses partenaires de la fédération doivent consentir pour transformer leur économie est sans précédent en raison des effets cumulés de la mondialisation et de la crise financière, économique et sociale venue des États-Unis. L'avenir immédiat sera rude. La mondialisation a fait émerger une compétition internationale qui se répand dans de nouveaux domaines, dont la conception et la gestion des grands travaux à l'échelle de la planète ; la production de biens technologiques avancés ; l'invention de nouveaux matériaux ; les sciences et la maîtrise de l'espace ; les sciences de la santé ; le développement et l'instrumentalisation de l'intelligence artificielle ; l'exploitation et l'utilisation des énergies nouvelles ; les services financiers mondialisés ; l'aménagement urbain. Pour sa part, la crise a mis fin à une espèce d'assurance tous risques que constituait pour les Canadiens l'accès privilégié à ce qui était le premier marché solvable de la planète.

Compte tenu de la demande mondiale, le secteur des ressources occupera une place significative dans le positionnement économique du pays, et certaines provinces de l'Ouest bénéficient, dans ce nouveau monde, d'une position privilégiée. Mais, comme nous l'avons affirmé précédemment, construire l'avenir économique du pays sur le seul secteur des ressources naturelles constituerait une régression coûteuse socialement et économiquement. Il nous faut assurer le développement de nos ressources naturelles, mais également conserver et faire croître un secteur industriel fort pour les emplois et la recherche qu'il soutient, favoriser le développement d'un secteur des produits technologiques avancés qui constitue une indispensable franchise dans ce siècle et renforcer un secteur de services, y compris financiers, dont la valeur ajoutée nous permettrait de soutenir la compétition internationale. Pour l'Ontario comme pour le reste du Canada, ces défis sont historiques.

Des ressources considérables

Pour mener concurremment ces travaux majeurs et les réaliser avec succès, la société ontarienne dispose de ressources considérables recensées tout au long de cet ouvrage.

– Une diversité constitutive qui en fait un condensé du monde et qui lui donne accès à un capital précieux pour les réseautages internationaux de toute nature dans ce monde de diasporas, de même que pour l'enrichissement de ses capacités d'innovation.

– Un éventail de politiques axées sur des objectifs de développement moderne que le gouvernement ontarien a maintenues jusqu'en 2012, à la poursuite de finalités essentielles : garder intact l'équilibre entre le social et l'économique, et préparer l'avenir par le maintien de politiques publiques et d'investissements ciblés.

– Un positionnement culturel certes inachevé, mais dont le développement récent a fait de l'Ontario l'une des sociétés les plus attrayantes du continent et, de Toronto, un centre culturel rayonnant. Il est incontestable que la culture appartient désormais à l'idée que les Ontariens se font d'eux-mêmes et qu'elle répond à une part de leur identité, de leurs ambitions et de leurs intérêts.

L'Ontario peut aussi compter sur les travaux d'un nombre impressionnant de groupes de réflexion et de propositions, de groupes de réflexion des secteurs privé et public axés sur l'innovation, la créativité et la productivité et engagés dans une entreprise indispensable : penser l'avenir autrement.

La société ontarienne bénéficie enfin de sa situation, à équivalente distance des communautés humaines au destin accompli et de celles qui, sans être dépourvues de racines dans le temps, ne sont pas toutes définies par leur passé. Parlant de Toronto, Lisa Rochon faisait observer qu'« il y a ici comme une légèreté due à l'absence du poids historique. Toronto n'est pas emprisonnée par ou dans son histoire ». Cette opinion peut être étendue à la société ontarienne tout entière. D'une certaine manière, elle est toujours une société de pionniers, statut que lui confère peut-être ce flux ininterrompu de nouveaux citoyens en provenance de toutes les régions du monde.

Malgré les incertitudes actuelles, la société ontarienne peut tirer de son histoire récente un optimisme raisonnable tant ses accomplissements ont été remarquables. Pour considérables qu'elles soient, ces ressources seraient peu utiles si l'économie de la zone atlantique ou celle du monde devaient connaître une contraction sévère dans les années qui viennent. Elles seraient peu utiles si l'économie ontarienne, tirée vers le bas par un déficit continu des finances publiques et un positionnement conservateur de son secteur privé, ne pouvait se reconstituer, se développer et produire de la richesse. Ces défis sont redoutables.

Une société avancée

Comment conclure cette longue traversée de l'Ontario et ces heures innombrables de visites et d'entretiens avec des Ontariens de toutes conditions effectués ces trois dernières années ?

Sa diversité humaine nous a constamment interpellés. Elle constitue en effet une donnée immédiate de la société ontarienne. Elle n'est pas sans problème comme nous l'avons montré. Cependant, la masse critique des nouveaux Ontariens est telle, et leur apport économique, social et culturel si déterminant que toute apologie de la différence y est littéralement impensable. Cette masse critique a conduit les gouvernements provincial et municipaux ainsi qu'un grand nombre d'institutions publiques à pratiquer un multilinguisme avancé en matière d'information et de services sans équivalent au pays et peut-être même sur le continent. Cela a aussi mené à prêter attention à la diversité qui situe la province à l'avant-garde des sociétés occidentales dans la gestion pragmatique des situations inédites que ce pluralisme pose. Enfin, cette diversité la protège d'un face-à-face entre une majorité et une minorité, et des injonctions qui souvent en découlent. D'où, malgré certaines difficultés, l'atmosphère de normalité, et non de tolérance, qui se dégage du vivre ensemble ontarien.

Ces constats ne sont pas spéculatifs. Nous avons certes tenu compte des travaux des nombreux lieux de réflexion et de propositions spécialisés, universitaires ou autres, portant sur la diversité de l'Ontario. Mais nous sommes aussi allés à la rencontre des diverses communautés à Toronto et ailleurs dans la province, et avons directement interpellé leurs dirigeants, leurs animateurs et leurs créateurs. Nos questions ont été reçues différemment par les uns et les autres. Certains de nos interlocuteurs ont énoncé des critiques notamment quant à l'insertion dans le monde du travail, à l'accès aux corporations professionnelles, à une présence dans la haute administration des sociétés privées et dans les médias. Mais, dans l'ensemble, leurs témoignages concordent.

La société ontarienne n'est pas ethniquement morcelée ou à la recherche d'accommodements entre ses diverses communautés, même si des inquiétudes sont exprimées quant à certains risques de ghettoïsation. Sa diversité est assumée hors de toute apologie de la différence ou de toute tentation de nivellement. Comment en effet braquer les minorités dans une société où, ensemble, elles constituent une majorité potentielle ? Si elle est une donnée objective de la société ontarienne, la diversité y est aussi une valeur partagée et non dissimulée. Elle se laisse voir dans les politiques publiques qui se mobilisent pour inclure les membres des communautés diverses dans leur clientèle, dans la pratique des institutions qui déploient leurs services en prenant en compte la diversité des communautés qu'elles servent, dans les fêtes publiques qui, de communautaires, sont devenues communes. Elle se laisse voir également dans une révision du discours historique qui fait une place aux multiples mémoires du passé. La trame centrale de l'histoire ontarienne n'est pas niée, notamment sa dimension britannique. Elle est cependant substantiellement enrichie des expériences et des apports des communautés diverses qui constituent aujourd'hui la société ontarienne. Sans que nous l'ayons cherché ou voulu ainsi, une bonne moitié de nos interlocuteurs, généralement en position d'autorité, n'étaient pas nés en Ontario.

Les personnes interrogées ont toutes exprimé ce qui constitue, à leur avis, les lieux d'intégration des Ontariens d'où qu'ils viennent : l'école au premier rang, les lieux de travail et l'appartenance professionnelle, le monde associatif très élaboré dans la province, la consommation, les réussites et accomplissements individuels, les mariages ou unions interethniques, mais aussi l'État de droit et les libertés qu'il garantit. Nul ne connaît précisément l'aboutissement de cette mutation. Mais une synthèse se dessine dans la société ontarienne, s'agissant de son ADN multiple qui, en matière de civilisation, est d'une grande signification. Ce postmulticulturalisme appartient à l'Ontario comme une réalité constitutive, tangible et irréversible. Son identité se recompose dans un lien unité-diversité qui lui est propre et dans une promesse rassemblant tous les Ontariens autour d'objectifs matériels et immatériels partagés.

En parcourant le territoire de la province, nous avons été interpellés par l'intérêt complémentaire des Ontariens pour leur passé et pour leur avenir. Cette société relativement jeune voue un véritable culte à son patrimoine, qui est recensé, protégé et promu. Cet attachement est visible à Toronto après des années de négligence, mais aussi à London, Kingston, Oakville, Hamilton, Mississauga, Kitchener, Sudbury et sur l'ensemble du territoire qui s'en trouve enrichi et embelli.

Mais comme nous l'avons établi précédemment, une vaste constellation de regroupements de toute nature, certains créés par la puissance publique, d'autres issus de la volonté des milieux d'affaires, des universités et des milieux sociaux cherchent à éclairer leur avenir commun. Cette investigation du futur témoigne de valeurs présentes aujourd'hui dans la société ontarienne : une certaine assurance quant à la maîtrise de l'avenir qui ne dissimule pas les défis à relever ; une capacité de dialogue entre les différents interlocuteurs sociaux, qui fait une place aux droits fondamentaux ; une capacité critique qui s'exerce franchement ; une volonté de trouver les voies et moyens pour maintenir la croissance et le développement, le niveau de vie et l'investissement qui ont fait le succès économique de l'Ontario, « la métaphore fondamentale de son histoire » selon John Ibbitson.

Notre traversée de l'Ontario nous a aussi fait découvrir une société qui, en quelques décennies décisives, a intégré la culture comme un élément majeur de son développement, de sa cohésion et de son identité. Tous les témoins ont évoqué ce passage comme l'un des acquis les plus précieux de la société ontarienne, comme un contrepoids salutaire à la dimension matérielle de leur civilisation. Ce que nous avons observé et documenté se rapporte à bien davantage que les acquis institutionnels incontestables qui, à Toronto comme dans la province, ont métamorphosé les lieux de culture là où ils existaient et en ont créé de nouveaux là où ils faisaient défaut. Il se rapporte aussi à la montée progressive de la création culturelle propre dans une société qui avait la réputation de consommer massivement la production culturelle étrangère. Le vrai test de ce qui s'est produit a trait à l'adhésion des Ontariens à cette dimension de leur vie commune et, en conséquence, à leur soutien aux politiques et aux initiatives qui la rendent possible.

Un grand nombre de nos interlocuteurs ont lié cette évolution de la société ontarienne à sa diversité constitutive non pas comme une relation de cause à effet, mais comme un enrichissement progressif des espaces matériels et immatériels communs. Caribana a, en premier, convié les Ontariens à une

Épilogue

grande fête populaire, bruyante, colorée, caribéenne et devenue avec le temps commune. La culture a toujours été gourmande de diversité. Elle est bien servie en Ontario.

Devenus l'une de ses ressources les plus visibles, les événements culturels ontariens se sont progressivement arrimés aux autres cultures et à leurs créateurs, tant en littérature, en photographie, en muséologie, en musique qu'en cinéma. L'ambition avouée de l'Ontario de devenir un relais majeur des cultures du monde n'est certes pas atteinte. Mais en transformant et en internationalisant son offre culturelle, l'Ontario et sa capitale créent deux mouvements complémentaires : celui qui rend accessibles les cultures du monde aux Ontariens et celui qui fait connaître la province, notamment sa capitale, dans le monde.

Trois questions sont à l'origine de ce livre. Elles se rapportaient à la mutation démographique de l'Ontario qui en a fait l'une des sociétés les plus diverses de la planète et la gestion d'une telle diversité ; à la transformation de son économie comme conséquence des changements du monde et à la mutation du rapport de la société ontarienne à la culture.

Le dialogue avec les Ontariens a permis d'y apporter des réponses sans doute incomplètes et provisoires, l'histoire n'étant jamais accomplie.

Ce dialogue a permis de mieux connaître une société parmi les plus diverses et les plus avancées du monde sur les plans des libertés, du bien-être matériel et de la qualité de la vie. Il a aussi permis de comprendre l'offensive majeure engagée par les Ontariens pour renforcer ce statut en ces temps incertains. Il nous a enfin mis en présence d'acteurs engagés dont les travaux et les réalisations nous ont constamment rappelé le propos de Northrop Frye, dans *The Educated Imagination*, l'un des grands textes de la littérature ontarienne :

Le monde dans lequel nous voulons vivre est un monde humain et non un monde objectif: il n'est pas un environnement mais un domicile. Il n'est pas le monde que nous voyons, mais celui que nous construisons à partir de celui que nous voyons[336].

---

336. N. Frye, *The Educated Imagination, op. cit.*, p. 5.

BIBLIOGRAPHIE

Abel, K.M., *Changing places, History, Community, and Identity in North-Eastern Ontario*, Toronto, McGill-Queen's University Press, 2006.

Abella, I. et H. Troper, *None is Too Many, Canada and the Jews of Europe, 1933-1948*, Toronto, Key Porter, 2000.

Abu-Laban, B., « The Canadian Muslim Community: The need for a new survival », dans *The Muslim Community in North America*, Edmonton, University of Alberta Press, 1981.

Alexander, L.M., *Go to School, You're a Little Black Boy*, Toronto, Dundurn Press, 2006.

Archives publiques de l'Ontario, *Documenting a Province. The Archives of Ontario at 100. Chronique d'une province. Le centenaire des Archives publiques de l'Ontario*, Toronto, Queen's Printer for Ontario, 2003.

Arthur, E., *Toronto, No Mean City*, Toronto, University of Toronto Press, 2003.

Atwood, M., *Moving Targets: Writing with Intent, 1982-2004*, Toronto, House of Anansi Press, 2004.

— *Survival: A Thematic Guide to Canadian Literature*, Toronto, House of Anansi Press, 1972.

Barou, J., *La Planète des migrants. Circulations migratoires et constitutions de diasporas à l'aube du XXIe siècle*, Grenoble, Presses universitaires de Grenoble, 2007.

Benjamin, D., *A North-Side View of Slavery. The Refugee: or the Narratives of Fugitive Slave in Canada, Related by Themselves, with an Account of the History and Conditions of the Colored Population of Upper Canada*, Boston, John P. Jewett and Company, 1856.

Bissoondath, N., *Le Marché aux illusions : la méprise du multiculturalisme*, Montréal, Boréal, 1995.

Bode, C., *La Nuit du rédacteur*, Ottawa, Éditions du Nordir, 1996.

Boily F., *Stephen Harper – De l'École de Calgary au Parti conservateur : les nouveaux visages du conservatisme canadien*, Québec, Presses de l'Université Laval, 2007.

Boudreau, F., J. Cotman, Y. Frenette et A. Whitfield, *La Francophonie ontarienne : bilan et perspectives de recherche*, Hearst, Éditions du Nordir, 1995.

Bouraoui, H., *Ainsi parle la Tour CN*, Ottawa, Éditions l'Interligne, 1999.

Boyden, J., *Là-haut vers le nord*, Paris, Albin Michel, 2008.

— *Born with a Tooth*, Toronto, Cormorant Books, 2009.

Brand, D., *What We All Long For*, Toronto, Alfred A. Knopf, 2005.

Brown, R., *Unusual Things to See in Ontario*, Erin, The Boston Mills Press, 2007.

Browne, K., *Bold Visions: the Architecture of the Royal Ontario Museum*, Toronto, ROM Media, 2007.

Callagan, M., *Strange Fugitive*, Vermont et Tokyo, Charles E. Tuttle Company Inc, 1970.

— *The New Yorker Stories*, Toronto, Exile Editions Limited, 2001.

— *A Literary Life*, Holstein, Exile Editions, 2008.

Canadian Parents for French, *French Second Language Education in Ontario, Report and Recommendations to the Ontario Minister of Education*, Mississauga, 2008.

Carpenter, T., *Queen's. The First One Hundred and Fifty Years*, Newburg, Hedgehog Productions, 1990.

Centre francophone de Toronto, *Annuaire des ressources francophones*, Toronto, 2008.

Chambre de commerce du Canada, *Perspectives économiques de 2010 : sur la voie de la relance*, Toronto, décembre 2009.

Chinese Canadian National Council, *Upping the Antiracism : Chinese Canadian Youth against Racism*, Toronto, 2007.

Citoyenneté et Immigration Canada, *Découvrir le Canada – Les droits et responsabilités liés à la citoyenneté*.

CivicAction, *Breaking Boundaries : Time to Think and Act Like a Region*, Toronto, 2011.

Clarke, A., *More*, Toronto, Thomas Allen Publishers, 2008.

Clarkson, A., *Heart Matters*, Toronto, Penguin Books, 2008.

Coady, L., *The Anansi Reader, Forty Years of Very Good Books*, Toronto, House of Anansi Press, 2007.

Cohen, A., *The Unfinished Canadian : The People We Are*, Toronto, McClelland & Stewart, 2007.

Commissariat aux services en français de l'Ontario, *Premier Rapport annuel du Commissariat aux services en français*, Ontario, Ouvrir la voie, 2008.

— *Rapport spécial sur la planification des services de santé en français*, Ontario, Imprimeur de la reine pour l'Ontario, 2009.

Commission ontarienne des droits de la personne, *Un prix trop élevé : les coûts humains du profilage racial*, Toronto, 2003.

Conseil des arts de l'Ontario, *Rapport annuel et liste des subventions 2009-2010*, Toronto, 2011.
— *Étude sur l'engagement dans les arts en Ontario*, Toronto, 2011.
Conseil des sciences, de la technologie et de l'innovation du Canada, *De l'imagination à l'innovation: le parcours du Canada vers la prospérité*, Ottawa, Gouvernement du Canada, 2011.
Corbeil, J.-P., C. Grenier et S. Lafrenière, *Les minorités prennent la parole: résultats de l'Enquête sur la vitalité des minorités de langue officielle*, Ottawa, Statistique Canada, 2006.
Corbeil, J.-P. et C. Blaser, *Le Portrait linguistique en évolution, recensement de 2006: résultats*, Ottawa, Statistique Canada, 2007.
Cook, R., *Watching Quebec, Selected Essays*, Kingston et Montréal, McGill-Queen's University Press, 2005.
Cooper, S., *Ride the Wave, Taking Control in a Turbulent Financial Age*, Toronto, Financial Times – Prentice Hall, 2011.
Creative Capital Advisory Council, *Creative Capital Gains: An Action Plan for Toronto*, 2011.
Crowley, B.L., *Fearful Symmetry: the Fall and Rise of Canada's Founding Values*, Toronto, Key Porter Books, 2009.
Dabydeen, C., *A Shapely Fire: Changing the Literacy Landscape*, Oakville, Mosaic Press, 1987.
Dean, W.G., *Economic Atlas of Ontario – Atlas économique de l'Ontario*, Toronto, University of Toronto Press, 1969.
DeMaria Harney, N., *Eh, Paesan! Being Italian in Toronto*, Toronto, University of Toronto Press, 1999.
Di Giovanni, C.M., *Italian Canadian Voices: A Literary Anthology, 1946-2004*, Oakville, Mosaic Press, 2006.
Diversity Institute, *Diversity Counts 3*, Toronto, Ryerson University Press, 2011.

Exportation et développement Canada, *Les Dividendes de la diversification, Prévisions à l'exportation*, Ottawa, Gouvernement du Canada, 2011.

Fraser, G., *Vous m'intéressez*, Montréal, Boréal, 2001.

Frost, K.S., W. Bryan, H.B. Neary et H.A. Frederick, *Ontario's African-Canadian Heritage*, Toronto, Dundurn Press, 2009.

Frye, N., *The Educated Imagination*, Toronto, House of Anansi Press, 1963.

— « Across the River and Out of the Trees », dans *The Arts in Canada: The Last Fifty Years*, Toronto, University of Toronto Press, 1980.

Godard, B., *Canadian Literature at the Crossroads of Language and Culture*, Edmonton, Newest Press, 2008.

Goh, C.H., *Beyond the Dance, a Ballerina's Life*, Toronto, Tundra Book, 2002.

Gouvernement de l'Ontario, ministère des Finances, *Budget de l'Ontario 2009*, Toronto, Imprimeur de la reine pour l'Ontario, 2009.

— *Loi sur les services en français, Lois refondues de l'Ontario de 1990*, Toronto, Imprimeur de la reine pour l'Ontario, 2002.

Gouvernement de l'Ontario et Fondation Trillium, *Le Profil de la communauté francophone de l'Ontario*, Toronto, Imprimeur de la reine pour l'Ontario, 2010.

Green, N., *Les Politiques de départ*, Paris, Édition de l'Éhess, 2007.

Griffiths, R., *Canada in 2020: Twenty Leading Voices Imagine Canada's Future*, Toronto, Key Porter Books, 2008.

— *American Myths: What Canadians Think They Know About the United States*, Toronto, Key Porter Books, 2008.

Harber, R.J., *Go Canada, The Coming Boom in the Toronto Stock Market & How to Profit from it*, Bolton, Feen Publishing Company, 2010.

Hillmer, N. et J.L. Granatstein, *The Land Newly Found: Eyewitness Accounts of the Canadian Immigrant Experience*, Toronto, Thomas Allen Publishers, 2006.

Holden, M., *Activités de commerce et d'investissement du Canada. Le Canada et les États-Unis*, Ottawa, Bibliothèque du Parlement, 2010.

Hood, M., *Oshawa, Canada's Motor City*, Oshawa, McLaughlin Public Library, 1967.

Hoolboom, M., *Practical Dreamers. Conversations with Movie Artists*, Toronto, Coach House, 2009.

Ibbitson, J., *Loyal No More: Ontario's Struggle for a Separate Destiny*, Toronto, Harper Collins, 2001.

— *The Polite Revolution*, Toronto, McClelland & Stewart, 2005.

Innis, H.A., *Empire and Communications*, Toronto, Dundurn Press, 2007.

Institute for Competitiveness and Prosperity, *Canada's Innovation Imperative, Report on Canada*, Toronto, 2009.

Jacobs, J., « The ecstasy of Saint Jane subtitled : Toronto, in the midst of becoming, learns to embrace risk, variety and complexity », *Azure Magazine*, septembre 2008.

Keith, W.J., *Canadian Literature in English, volumes one and two*, Erin, The Porcupine's Quill, 2006.

Keith, W.J. et B.Z. Shek, *The Arts in Canada, the Last Fifty Years*, Toronto, University of Toronto Press, 1980.

Kerry, P., *The Story of Four Canadians Tortured in the Name of Fighting Terror*, Toronto, Viking Canada, 2008.

Kettani, A.M., *Muslim Minorities in the World Today*, London, Mansell, 1986.

Kilbourn, W. et R. Christl, *Toronto*, Toronto, McClelland & Stewart, 1977.

King, M., *Le Canada et la Guerre*, Montréal, Bernard Valiquette, sans date.

Kneebone, R., *National stabilization Policy and its Implication for Western Canada*, Calgary, Canada West Foundation, 2008.

Knowles, V., *Strangers at our Gates: Canadian Immigration and Immigration Policy, 1540-1997*, Toronto, Dundurn Press, 1997.

Labrie, N. et G. Forlot, *L'Enjeu de la langue en Ontario français*, Sudbury, Prise de parole, 1999.

Landon, F., *Ontario's African-Canadian Heritage: Collected Writings*, London, London Free Press, 1951.

Lapierre, A., *Toponymie française en Ontario*, Montréal, Éditions Études vivantes, 1981.

Leclair, D., *Toronto, je t'aime*, Ottawa, Édition du Vermillon, 2000.

Lewis, S., «Racism in Ontario», dans *Report to the Premier*, Toronto, Office of the Premier, juin 1992.

Lopes, S., *Charting Prosperity: Practical Ideas for a Stronger Canada*, Toronto, Maytree, 2011.

Lyotard, J.-F., *La Condition postmoderne*, Paris, Les Éditions de Minuit, 1979.

MacBride J. et Alana W., *Utopia Towards a New Toronto*, Toronto, Coach House books, 2005.

MacGregor, R., *Canadians: a Portrait of a Country and its People*, Toronto, Penguin Canada, 2007.

MacLennan, H., *Seven Rivers of Canada*, Toronto, Macmillan, 1961.

Maharaj, R., *The Amazing Absorbing Boy*, Toronto, Alfred A. Knopf, 2010.

Mahbubani, K., *The New Asian Hemisphere*, New York, Public Affairs, 2008.

Martel, F., *De la culture en Amérique*, Paris, Gallimard, 2006.

— *Mainstream – Enquête sur cette culture qui plaît à tout le monde*, Paris, Flammarion, 2010.

Martin Prosperity Institute, *Exploiter les possibilités offertes par une plus grande coopération économique entre l'Ontario et le Québec*, Toronto, 2009.

Martin, R.L., *Ontario in the Creative Age*, Toronto, Rotman School of Management, University of Toronto, 2009.
— *Fixing the Game*, Boston, Harvard Business Review, 2011.
McClelland, M. et G. Stewart, *Concrete Toronto: a Guidebook to Concrete Architecture from the Fifties to the Seventies*, Toronto, Coach House Books et E.R.A architects, 2007.
McKillop, A.B., *Pierre Berton: A Biography*, Toronto, McClelland & Stewart, 2008.
McLuhan, M., *The Gutenberg Galaxy*, Toronto, University of Toronto Press, 2008.
McQueen, R., *Blackberry*, Toronto, Key Porter Books, 2010.
Melnyk, G., *The Young, the Restless and the Dead: Interviews with Canadian Fimmakers*, Waterloo, Laurier University Press, 2008.
Mendelsohn, M. et J. Scott Matthews, *The New Ontario. The Shifting Attitudes of Ontarians Towards the Federation*, Toronto, Mowat Centre for Policy Innovation, 2010.
Mika, N. et Elma, *The Shaping of Ontario. From Exploration to Confederation*, Belleville, Mika Publishing Company, 1985.
Moffett, S., *The Americanization of Canada*, Toronto, University of Toronto Press, 1972.
Moldoveanu, M. et R.L. Martin, *Diaminds: Decoding the Mental Habits of Successful Thinkers*, Toronto, University of Toronto Press, 2010.
Montigny, E.A. et Lori C., *Ontario Since Confederation, A Reader*, Toronto, University of Toronto Press, 2000.
Morris, D. et J.F. Krauter, *The Other Canadians, Profiles of Six Minorities*, Toronto, Methuen Publications, 1971.
OCDE, *Le Monde en 2020: vers une nouvelle ère mondiale*, Paris, 1997.

— *La Croissance et la Compétitivité dans la nouvelle économie mondiale*, Paris, 1998.
— *La Société créatrice du XXIe siècle*, Paris, 2000.
— *Perspectives du développement mondial – 2010, Le basculement de la richesse*, Paris, 2010.
Ondaatje, M., *Canadian Stories: From Ink Lake*, Toronto, Vintage, 1995.
— *In the Skin of a Lion*, Toronto, Vintage, 1996.
Ontario Human Rights Commission, *Paying the Price: The Human Cost of Racial Profiling*, Inquiry Report, 2004.
Paci, F.G., *The Italians*, Toronto, Oberon Press, 1978.
— *Essays on His Works*, Toronto, Guernica Editions, 2003.
Paikin, S., *Public Triumph Private Tragedy, the Double Life of John P. Robarts*, Toronto, Penguin Books, 2006.
Parameswaran, U., « The Door I Shut Behind Me », dans *Selected Fiction, Poetry and Drama*, Madras, Affiliated East-West Press, 1990.
Peterborough, Land of Shining Waters, Peterborough, University of Toronto Press, 1967.
Pitts, G., *Stampede! The Rise of the West and Canada's New Power Elite*, Toronto, Key Porter Books, 2008.
PricewaterhouseCoopers, *La Production mondiale automobile dopée par les pays émergents*, 2011.
Redhill, M., *Consolation*, Toronto, Doubleday Canada, 2006.
Reid, D., *A Concise History of Canadian Painting*, London, Oxford University Press, troisième édition, 1989.
Roach, R., *State of the West 2010: Western Canadian Demographic and Economic Trends*, Calgary, Canada West Foundation, 2010.
Roberts, J.M., *The Penguin History of the Twentieth Century*, New York, Penguin Books, 1999.
Rochon, L., *Up North. Where Canada's Architecture Meets the Land*, Toronto, Key Porter Books, 2005.

Rosenblum, R., *Once*, Toronto, Biblioasis, 2008.
Roy, J.-L., *Technologies et géopolitique à l'aube du XXIe siècle*, Montréal, Hurtubise HMH, 2003.
— *Quel avenir pour la langue française? Francophonie et concurrence culturelle au XXIe siècle*, Montréal, Hurtubise HMH, 2008.
— *Le Débat constitutionnel Québec-Canada, 1960-1976*, Montréal, Leméac, 1978.
Ryerson University's Diversity Institute School of Management, *Diversecity Counts: A Snapshot of Diverse Leadership in the GTA*, Toronto, 2010.
Santur, H.G., *Something remains*, Toronto, Dundurn, 2010.
Saul, J.R., *Mon pays métis*, Montréal, Boréal, 2009.
Saul, J.R., A. Dubuc et G. Erasmus, *The Lafontaine-Baldwin Lectures: A Dialogue on Democracy in Canada*, Toronto, Penguin Canada, 2002.
Schachter, D., *The Cultural Intelligence Difference*, New York, Amacom, 2011.
Schlesinger, A.M., *La Désunion de l'Amérique*, Paris, Nouveaux Horizons, 1993.
Selvadurai, S., *Story-Wallah! A Celebration of South Asian Fiction*, Toronto, Thomas Allen Publishers, 2004.
— *Story-Wallah: Short Fiction from South Asian Writers*, Houghton Mifflin Company, New York, 2005.
Simpson, J., *Star-Spangled Canadians, Canadians Living the American Dream*, Toronto, Harper Collins, 2000.
Singh, K.N., *The Argument for India*, The Inaugural India lecture, The News Service, Brown University, 2005.
Smart, T., *The Collection, London Canada*, London, London Regional Art and Historical Museum, 1990.
Sugunasiri, S., *The Whistling Thorn: An Anthology of South Asian Canadian Fiction*, Oakville, Mosaic Press, 1994.

Sylvestre, P.F., *L'Ontario français au jour le jour, 1 384 éphémérides de 1610 à nos jours*, Toronto, Éditions du Gref, 2005.
— *Toronto s'écrit. La Ville reine dans notre littérature*, Toronto, Éditions du Gref, 2007.
— *Cent ans de leadership Franco-Ontarien*, Ottawa, Éditions David, 2010.

The Boston Consulting Group for the Toronto Financial Services Working Group, Partnership and Action, *Mobilizing Toronto's Financial Sector for Global Advantage, an Action Plan*, Toronto, 2009.

The Canadian Ethnic Journalists' and Writers' Club, *Mosaic in Media I, Selected Works of Ethnic Journalists and Writers*, Toronto, 1986.
— *Mosaic in Media II, An Ethnic Anthology, a Fresh Perspective*, Toronto, 2004.

The Conference Board of Canada, *How Canada Performs*, Toronto, 2009.
— *Provincial Outlook : Long Term Economic Forecast*, Toronto, 2011.
— *Immigrants as Innovators. Boosting Canada's Global Competitiveness*, Toronto, 2010.

Thériault, J.-Y., *Francophonies minoritaires au Canada – L'état des lieux*, Moncton, Éditions d'Acadie, 1999.

The United Empire Loyalists Associaton of Canada, *Loyal she Remains : A Pictorial History of Ontario*, Toronto, 1934.

Trad, K., *Les Caractéristiques du migrant interprovincial au Canada*, mémoire de maîtrise, Université de Montréal, 2007.

Trudeau, P.E., *Le Fédéralisme et la Société canadienne française*, Montréal, Éditions HMH, 1967.

Vachon, A., V. Chabot et A. Desrosiers, *Rêves d'empire, le Canada avant 1700*, Ottawa, Archives publiques du Canada, 1982.

Védrine, H., *Rapport pour le président de la République sur la France et la mondialisation*, Paris, Fayard, 2007.

Waite, P.B., *Macdonald, His Life and World*, Toronto, McGraw-Hill Ryerson Ltd., 1975.

Waterfrontoronto, *Annual Report: 2002-2003*, Toronto, Waterfrontoronto, 2003.

— *Management Report*, 2010-2011, Toronto, Waterfrontoronto, 2011.

Winks, R.W., *The Blacks in Canada: A Long History*, deuxième édition, Montréal et Kingston, Carleton Library Series 192, McGill-Queen's University Press, 1997.

Wright, J.V., *La Préhistoire de l'Ontario*, Musée national de l'homme, Montréal, Fides, 1981.

Wright, J. et Darrell B., *We Know What You're Thinking: From Dollars to Donuts-Canada's Premiere Pollsters Reveal what Canadians Think and Why*, Toronto, Harper Collins, 2009.

Young, P., *Canadian Obsessions: A Century of National Preoccupations, as Seen by Maclean's*, Vancouver, Douglas & McIntyre, 2005.

PUBLICATIONS CITÉES

Azure Magazine
Bloomberg Businessweek
Cityspace
Courrier international
Expansion
Financial Times
Foreign Affairs
India Abroad
La Presse
Le Devoir
Le Droit
Le Métropolitain
Le Monde
Le Point
Les Affaires
Maclean's
Polyphony
Revue du Nouvel Ontario
The Economist
The Globe and Mail
The Magazine of the Rotman School of Management
The National Post
The New Yorker
The New York Times
The Wall Street Journal
Toronto Star
University of Toronto Quarterly

REMERCIEMENTS

Mes premiers remerciements sont pour les Ontariens qui, en grand nombre, ont généreusement accepté de recevoir les enquêteurs inconnus que nous étions pour eux. Un courriel ou un bref échange téléphonique nous a ouvert leurs portes, leurs dossiers, leurs réseaux, leur histoire ainsi que dévoilé leurs craintes et espoirs pour eux-mêmes, leur communauté et leur société. Vous les retrouverez, avisés, enthousiastes, précis ou poètes, mais toujours disponibles, attentifs et bienveillants. Abondamment cités dans les pages qui précèdent, leurs mots constituent la trame de ce livre. Il est leur œuvre autant que la mienne.

Jonathan Burnham, Jérôme Lankoandé et Yves Ngorbo ont participé à des degrés divers à la recherche, aux entretiens et autres performances que suppose l'exploration d'une société voisine, proche et éloignée, semblable et différente à la fois de ce que nous pensions savoir d'elle. Ils ont participé à la déconstruction et à la reconstruction de cette société, partagé mes doutes et absorbé mes impatiences. Je les remercie. Jonathan a fait toute la trajectoire à mes côtés, depuis le premier déplacement à Toronto jusqu'à l'étape de l'écriture. On lui doit aussi la traduction en langue anglaise du texte original écrit en français. Pour ces fortes contributions, deux ou même trois étoiles. Yves a été l'orfèvre des dernières étapes, peut-être les plus sensibles. Cela vaut bien un nombre équivalent d'étoiles.

Notre travail a bénéficié de la contribution du Secrétariat aux affaires intergouvernementales canadiennes du gouvernement du Québec. Il a aussi pu compter sur l'hospitalité du collège Glendon de l'Université York de Toronto; mieux, sur l'amitié, l'appui et les encouragements de son directeur, Kent McRoberts, de sa directrice des relations extérieures, Marie Thérèse Chaput, et de son administrateur, Gilles Fortin. Les membres de l'équipe du Groupe Librex, notamment André Bastien, m'ont accueilli avec enthousiasme et ils ont confectionné ce livre avec professionnalisme et confiance. Qu'ils soient ici tous et toutes remerciés chaleureusement.

Enfin, je dédie ce livre à Ben Marc et à Bryan, le premier pour son appui indéfectible; le second pour ses questions d'enfant qui ont parfois allégé mes longues soirées d'écriture, notamment celle qui me hante encore: « Dis-moi, pourquoi tu écris ce livre? »